公共政策简明原理

李　妮　编著

西安电子科技大学出版社

内 容 简 介

本书是一部公共政策入门教材。全书以公共政策过程为研究框架，系统地阐述了公共政策的基本理论和相关知识，分析了政策周期的一系列活动，旨在帮助读者理解公共政策的学科框架，认识公共政策的基本研究领域。本书主要内容包括绪论，公共政策系统，公共政策工具，公共政策模型，公共政策的制定，公共政策的执行，公共政策的评估与监控，公共政策的调整、终结与周期，公共政策分析等。

本书可作为公共管理类、政治学类本科专业的教材，也可作为相关专业研究生的教材。

图书在版编目(CIP)数据

公共政策简明原理 / 李妮编著. —西安：西安电子科技大学出版社，2023.2(2026.1 重印)
ISBN 978-7-5606-6729-4

Ⅰ. ①公…　Ⅱ. ①李…　Ⅲ. ①公共政策—高等学校—教材　Ⅳ. ①D035-01

中国版本图书馆 CIP 数据核字(2022)第 239569 号

责任编辑　阎　彬　刘芳芳
出版发行　西安电子科技大学出版社(西安市太白南路 2 号)
电　　话　(029)88202421　88201467　　邮　　编　710071
网　　址　www.xduph.com　　电子邮箱　xdupfxb001@163.com
经　　销　新华书店
印刷单位　西安报业传媒集团(西安日报社)
版　　次　2023 年 2 月第 1 版　2026 年 1 月第 3 次印刷
开　　本　787 毫米×1092 毫米　1/16　印 张　12.75
字　　数　298 千字
定　　价　34.00 元
ISBN 978-7-5606-6729-4
XDUP 7031001-3

前　言

本书是作者在多年从事“公共政策”课程教学和学术研究的基础上编写而成的。书中内容吸收了学界最新的研究成果，结构体系科学、新颖、合理，将理论与实际、原理与方法紧密地结合起来，是一部全面、系统地介绍和研究公共政策基本原理的专业教材。本书具有以下特点：

第一，简明扼要，重点突出。本书摒弃冗长繁杂、长篇累牍的理论介绍，简明扼要地介绍了公共政策的主要框架、主要环节的基本理论和相关知识，帮助读者理解公共政策的学科框架，认识公共政策的基本研究领域，掌握公共政策的基本原理。

第二，系统完整。本书全面系统地介绍了公共政策的基本概念和历史发展，公共政策系统，公共政策模型，公共政策工具，公共政策的制定，公共政策的执行，公共政策的评估与监控，公共政策的调整、终结与周期，公共政策分析等基本原理知识，丰富了其他教材提及较少的内容，如公共政策的历史发展、公共政策工具、上下来去模型等，力图使读者了解公共政策的基本概念和基本原理，具有很强的理论性、系统性。

第三，始终强调理论研究与现实相结合。本书力图把理论与实践结合起来，反映新时代中国国家治理的新举措，聚焦中国政策的新变化，特别是党的十九大以来的新变化；紧跟中国社会形势的发展，追踪社会热点问题，援引最新政策案例，每一章都对现实中我国公共政策中的热点问题进行了案例分析，具有很强的实践性、可读性。

本书从 2019 年开始撰写到出版历时三年有余。在撰写过程中，编者参考了有关专家关于公共政策方面的相关文献，研究生计雨涵、李晓丽、计晓钰、朱岐玥、程泽雪璇、赵润楠在资料收集方面付出了辛勤的劳动，西安电子科技大学出版社戚文艳编辑提供了很多帮助，在此一并表示感谢。

限于编著者的学识水平，书中难免存在疏漏，敬请读者批评指正。

编著者

2022 年 9 月

目　录

第一章 绪 论

公共政策是现代国家最为常见和有效的治理工具，作为国家进行公共管理的重要手段，发挥着重要的作用。学习与了解公共政策，首先要了解它产生与发展的历史；其次要知晓它的含义，理解它的基本概念、本质内涵、主要表现形式、分类和基本特征，另外也需要掌握它的结构以及功能；最后要知道学习公共政策的意义，并做到学以致用。

第一节 公共政策学的产生与发展

中国古代社会就已经有了公共政策的雏形。20 世纪中叶，公共政策正式作为一门学科诞生并逐渐发展。该学科重视理论与实践的结合，研究的重点偏向于解决现实问题而非知识生产。这门新的学科在当时的公共管理学界乃至其他社会科学领域都引起了巨大的轰动，是对社会科学研究方式的革命，对国家管理的科学化、民主化以及社会发展有着重要作用。

公共政策学在我国的发展开始于 20 世纪 70 年代末至 80 年代初。这个时期，改革开放加速推动了我国的现代化进程，国际交流更加频繁，加之国家管理的民主化与科学化需求不断增加，公共政策学在这期间被我国的高等教育机构、研究机构以及政府管理者关注并重视。经过十余年的发展，20 世纪 90 年代之后，公共政策学在我国的发展开始走向系统化与体系化，逐渐形成了中国化的概念界定、研究框架、政策过程以及政策结果，越来越多的学者开始用公共政策学知识解决我国各个领域的现实问题，为我国各领域的发展做出了重要贡献。

一、古代的政策研究

公共政策学有着悠久的历史渊源，从古代中国和古代西方的历史资料中都可以搜集到与公共政策相关的思想，古代中国对公共政策的产生与发展有着较大的贡献。

在我国古代，国家建立且封建等级分化产生之后，掌握国家权力的统治者更加需要通过规则和制度来管理国家，这种规则和制度为公共政策的产生奠定了重要的历史基础。

(一) 史官制度

“史官”始于西周时期，是指国家重大活动、重要历史的记录者以及资料的收集者与撰写者。《尚书·周书》是由西周时期的史官记录的、中国最早的史书。在随后的各朝各代，史官都是国家体制内的重要角色，每一个朝代都会为上一个朝代修史。著名的史著有《史记》《资治通鉴》等，这些著作中对于国家统治的记录和总结能够为后世带来极大启发。由此看来，史官制度在古代中国的政治统治中具有很关键的作用，统治者能够“以史为鉴”，进行更好的决策。从这种意义上说，古代中国所保留下来的史学著作可以被称为政策研究著作，对当代中国的国家治理有着重要的影响。

(二) 策士制度

“策士”始于春秋战国时期，他们是古代“知识分子”的代表，依靠扎实的学识为国家的政策制定出谋划策。春秋时期，各个诸侯国内出现了一批“知识分子”，他们是从王宫内流散出来的；与此同时，私学的成立又使很多接受过教育的平民成为了“知识分子”，这两部分“知识分子”共同促进了“士”阶层的产生。“士”阶层的组成十分丰富，也承担着不同的事务，其中对诸侯国影响最大的“士”是策士，他们文武双全、能力出众。策士想要得到赏识与重用，需要向卿大夫或国君游说自荐，在游说的过程中，他们凭借自身对政策的规划、分析、预测来获得赏识。因此从这种意义上说，他们可以被称为中国最早的一批政策研究者。《论语》《孟子》《吕氏春秋》《战国策》等论著都堪称是政策研究的优秀著作。

(三) 谏议制度

在实行君主制的中国古代社会，只有君主一人拥有决策权，但是君主在进行决策时，通常会听取或采纳臣子的建议。帮助君主分析问题、辅助君主进行决策的群体，被称为“谏官”或“谏臣”（中国古代官职之一），他们有权利在君主决策后继续表达意见，甚至要求收回成命。在我国历史上，汉代晁错所著的《守边劝农疏》、唐代韩愈所著的《谏迎佛骨表》、北宋王安石所著的《本朝百年无事札子》等都是较为著名的上书，也是政策规划与分析的杰作。在谏议制度的推行下，很多谏诤的内容都属于政策问题，并且与政策制定相关，该制度对我国的公共政策研究具有重要的意义。

(四) 科举制度

科举制始于隋代，该制度通过科举考试的方式为国家选拔学识与能力兼备的“官”，这一制度对中国乃至世界的政治录用机制都产生了重要影响。该制度的发展历程梳理如下：隋炀帝时期，采用了“以试策取士”的方式进行考核，设置了进士科这一科目；唐代科举考试增加了明法、明策等新的科目；宋代更进一步重视政策能力，以“先策论后诗赋”设置考试内容；王安石变法后，科举考试取消了诗赋这一门，而只考经义和时务策；明清时期，乡试和会试都会重点考察应试者的行政和政策能力。科举考试将政策能力纳入重点考察内容，足以看出政策对于治国的重要性。

在古代西方，对公共政策相关知识的积累没有古代中国丰富。在中世纪中晚期的欧洲国家，伴随着有自治权的城市的发展，逐渐出现了一些掌握财政、法律等知识的人才，他们负责为国家或城市的统治者提供相关政策建议。

二、18、19 世纪西方国家的政策研究

18、19 世纪，西方国家的封建主义日渐衰落，新的生产力与生产关系日渐兴起，国家的政策理念与政策取向随之发生变化。同时，产业革命爆发后，公共政策的研究方法也随

着新兴技术的发展而不断更新。例如，统计学在19世纪前叶成为独立的学科，加之英国、法国等国家的研究人员开始通过深入基层开展社会调查的方式获得研究对象的第一手资料，这样就可以通过经验观察和量化研究检验研究对象的思维逻辑与事实逻辑是否一致。另外，产业革命的爆发也使得学科发展出现了一定的变化：一是通过实验方法进行研究的自然科学学科从哲学体系中独立出来；二是一些属于社会科学的学科，比如语言学等学科，也逐渐从哲学体系中独立出来。自19世纪中期开始，政治学逐渐从思辨的哲学变成了实证的科学。自产业革命开始到20世纪初的历史阶段，以下五位学者对公共政策的研究做出了重大的贡献。

一是亚当·斯密，他对公共政策研究的主要贡献体现在以下三个方面：

(1) 他谴责和抨击所有的封建关系，力证资本主义生产关系的合理性；证明增进整体社会福利的方式是让社会分工进一步发展；批判所有妨碍经济自由的学说与政策，并提出新的理论和经济政策。

(2) 他主张经济自由，认为国家不应该对经济实施干预，提倡自由放任的经济政策。他认为市场能够自主地调节社会生产以及生产规模，而政府部门只是扮演着“守夜人”的角色。其关于政府与市场关系的理论，为自由资本主义时期各国的经济、社会政策提供了基本的政策理念，也进一步明确了政策的范围和方向。

(3) 在研究方法上，他以经济人的利己心为立论基础，认为利己主义是人的本性。在经济活动中，个人通常会从利己的角度出发，最大程度地寻求个人利益，但结果是产生了相互的或者共同的利益。“经济人假设”是以尽可能少的投入获得尽可能多的收益，这是亚当·斯密政治经济学体系中的基本分析方法，也被随后的一些学者继承并发展成为理性选择理论或公共选择理论。

二是卡尔·克劳塞维茨，他对公共政策研究的主要贡献体现在以下三个方面：

(1) 他提出了系统的战略决策思想。他将战争或部分战局当作一条由各场战斗所构成的彼此链接的锁链，把每一场战斗都当作锁链中的一个环节。他从军事的角度出发，科学地界定了战略、战术和策略的相互关系，公共政策学中的“政策链”“政策群”等概念就是在此基础上产生的。

(2) 他把战备要素分成了精神要素、物质要素、地理要素和统计要素四种。军队的武德、统帅的才能、政府的智慧、民族精神是精神要素中最为重要的几个要素，精神要素和其他的要素一起决定战争胜负，这为后世公共政策研究中的因素分析奠定了重要的基础。

(3) 他提出了战略决策要因时制宜，依据内外部环境的变化而变化的观点，这给公共决策因内部形势和外部环境的改变而进行完善和修正提供了指引。

三是卡尔·马克思和弗里德里希·恩格斯，他们对公共政策研究的主要贡献体现在以下三个方面：

(1) 马克思主义的全部理论给各个国家无产阶级政党提供了战略和策略方面的理论指导，对政策目标以及如何实现目标做出了具体的规定，同时也从政策的理念、范围和方向上给社会主义国家的政策提供了指引。

(2) 马克思主义的辩证唯物主义认识论给政策研究从注重研究结果到注重研究过程的转变提供了更加清晰的方向，在该认识论的指导下，政策研究能准确勾勒出政策过程和各主要阶段的一般特点。

(3) 社会现象的研究和社会发展规律的探索在马克思主义认识论的影响下都有了更加科学的方法论指导，政策研究者也可以更确切地认识到政策的本质，认识到政策系统和政策环境之间、政策过程的各个环节之间、政策过程的各个环节及其影响因素之间存在的关系。

四是马克思·韦伯，他对政策研究的贡献可以概括成以下几点：

(1) 他认为应该对政治现象和社会现象进行文化解释，甚至将社会学科称为文化科学。在他看来，价值关联决定了社会科学和自然科学的划分。价值关联即价值判断，是指持有一定价值观念的人与一定的实在发生联系，它是解释社会科学领域的研究人员选择研究对象的根据。同时，他也认为价值分析是价值关联和因果分析之间的一个十分关键的步骤，是经验分析的重要前提。

(2) 韦伯认为动机和目标是人或社会行动中的两个基本因素，该观点对公共政策评估具有重要意义。实际上，人们是无法做出完全理性的行动的，完全理性只是一种理想化的、难以真正实现的、重要的行动范例。

(3) 韦伯提出了官僚制理想模型，在该模型下，只有极少数人能够控制决策系统，其他的行政人员只能根据极少数人的决策来具体执行，决策与执行的关系是“自上而下”的单向关系。

(4) 韦伯在社会科学方法论上提出了理想类型，同时也主张价值无涉。具体而言，理想类型是一种主观的存在，是存在于人的想象中的“思维图像”，是一种抽象的概念结构、概念集合和概念框架。价值无涉用于厘清科学认识和价值判断两者的关系，科学知识必须要遵循客观性原则。在韦伯看来，经验研究只能使人们知道事实是怎样的、它有可能会怎样，但是无法使人们知道它应该怎样，应该怎样应取决于人们的价值判断。价值无涉体现为一种原则和规范，但不是政策研究的分析方法。

上述各位学者从各自不同的学科研究角度出发，做了大量的理论与方法探索，这为公共政策学理论与方法论的形成奠定了重要的基础。

三、20世纪前半期的政策研究

如前所述，亚当·斯密等五位学者分别从经济学、军事学、社会学和一般社会科学等领域为公共政策学的产生和发展奠定了理论基础，尽管以上的理论与思想为公共政策的产生提供了一定的历史条件，然而，在公共政策的产生与发展中还存在以下四个重要的条件。

(一) 系统论、信息论和控制论的产生

系统论由美籍生物学家路得维希·冯·贝塔朗菲于1945年发表的《关于一般系统论》一文中首次正式提出，它也被称为系统科学，是对系统本身的含义、特征、规律等进行一般性界定，并根据实际需要对系统进行构建的一门科学。系统论主要由三部分组成：一是系统论的原理，它是具有普遍性的对系统概念、内涵、性质的界定。二是系统论的方法，它有广义和狭义之分：广义方法是指从系统整体角度出发，对系统的内部各要素以及系统与外部大环境之间的作用关系进行全面和综合的指导与分析；狭义方法是对系统运行的实践中出现的具体问题进行指导的方法。三是系统工程，它是综合系统方法与计算机信息技术对系统进行设计与优化的工程。

信息论的建立离不开系统论，它是由美国的克劳德·艾尔伍德·香农在1948年发表的论文《通信的数学理论》基础上建立起来的。信息论是通信中对信息的度量、存储、传输、检验等一系列过程、方法与规律的介绍，被后人用于文科和理科的广泛学科研究中。

控制论是美国数学家诺伯特·维纳于1948年在信息论的基础上提出的，它是一门研究不同系统之间以及相同系统的各个组成部分之间运行规律与运行机制的科学。由此，控制论也作为一门学科诞生并延续至今。

20世纪70年代后，学者将以上的三种“论”合为一个大的系统论体系，管理者在这个大的体系内依据一定的目标实施决策与管理，为公共政策学奠定了方法论基础。

(二) 决策科学的产生

决策科学是运用现代的科学研究方法对决策的原理、机制、运行规律等内容进行认识和分析的综合性学科。它的主要研究内容是整个社会的决策活动，包括个体的、群体的和组织的决策，研究范围涉及社会生活的方方面面。决策科学的雏形形成于20世纪初，是在不同的理性人假设基础上逐渐形成的。1947年赫伯特·西蒙所著的《管理行为》将“决策科学”规范引入学者的研究视野，正式开创了“决策科学”的研究先河。西蒙将理性人界定为管理人，以公共管理领域为主要研究范围，辅之以军事领域、工商业领域以及个别的私人领域。西蒙对“决策科学”的研究主要做出了两个重要的贡献：一是建立了有限理性决策模型，二是建立了以心理学为基础的决策过程理论。这也是现代公共政策学的基础内容。

(三) 行为科学和行为主义政治学的产生

行为科学诞生于20世纪初，最先产生于管理学领域，随后逐渐被应用在心理学、经济学、社会学等多领域。它主要探究的是社会中人的行为以及人与人之间的行为关系，以此来解释和预测人们的行为规律。行为主义是进行行为科学研究的重要方法论，它研究社会中的生命有机体在环境作用下的应激反应，从他们的行为中发现事物本身固有的属性与依存关系。20世纪30年代到40年代之间，行为主义被应用于政治学的研究中，主要代表人物有哈罗德·拉斯韦尔、戴维·伊斯顿、G.A. 阿尔蒙德、K.W. 多伊奇等，这些学者的研究成果在随后被运用到公共政策学中。从这种意义上讲，公共政策学的部分研究内容直接建立在了行为主义政治学的研究成果之上。

(四) 凯恩斯主义的诞生

1929—1933年世界经济危机的爆发催生了凯恩斯主义并使其得到了政府部门的极大认可，凯恩斯主义在西方国家逐渐盛行。凯恩斯主义认为放任市场自由运作是导致经济危机出现的最主要原因，因此必须让国家对经济运行实行宏观的调控，平衡需求和供给的关系，以此来降低经济危机发生的可能性，促进经济平稳发展。凯恩斯主义的出台也影响了公共政策的制定，这具体体现在两个方面：一是凯恩斯主义倡导的国家干预经济与社会生活扩大了对公共政策的需求，公共政策是国家进行宏观管理的重要手段，从这种意义上说凯恩斯主义“呼唤”了公共政策的发展；二是公共政策的制定和执行不仅需要政府部门的力量，还需要专家学者参与进来进行政策咨询和政策评估，进而催生了专门进行政策咨询与政策评估的职业人员，间接推动了公共政策学的产生与发展。

四、20世纪中期至今的政策研究

公共政策学正式诞生于 20 世纪中期的美国，随后在其他国家也得以产生并发展。在公共政策学的发展过程中，它的研究方法、价值取向、研究重点等都相继取得了重大的突破，推动着该学科逐步走向成熟。

（一）公共政策学的诞生

公共政策学诞生的标志是 1951 年《政策科学：视野与方法的近期发展》一书的问世。该书是一本学术会议的论文集，由美国著名的政治学家 D. 勒纳和拉斯韦尔共同主编。“政策科学”在该书中被解释为一种工具，能够用来解决社会问题，尤其是结构和关系复杂的社会问题，该解释也是对“政策科学”含义的第一次正式界定。同时，该书首次对公共政策做了较为系统的阐述，具有重要的里程碑意义，因而被后来的学者称为公共政策学产生的标志。

行为主义范式在公共政策学中占据着主导地位，这种范式是以拉斯韦尔为代表的学者们创建的，拉斯韦尔也因此被称作是公共政策学的奠基者和创立者。拉斯韦尔将公共政策学界定在政治科学的范畴之内。他在《政策方向》一文中对政策科学的内涵做了如下阐述：

(1) 它是有关民主主义的学问；

(2) 它的哲学基础是逻辑经验主义；

(3) 它对时间和空间都很敏感；

(4) 它具有跨学科的特点；

(5) 它与政府部门紧密相连；

(6) 它以社会的变迁与发展为研究对象、以动态模型为核心研究方法。

除此之外，西蒙在管理科学的范畴内建立了决策科学，行为主义范式同样在其中占据主导地位。时至今日，关于公共政策学在政治科学的范畴内还是管理科学的范畴内这一问题，学界仍无定论。

公共政策学在产生的初期主要取得了以下两方面的突破：一是公共政策在分析方法上对定量分析的研究与应用取得了明显提升；二是政治学领域内有越来越多的学者从政治科学的角度研究公共政策，对公共政策学的发展起到了重要的作用。

（二）公共政策学的发展

在经历了诞生初期的探索后，公共政策学又经历了两次具有转折意义的发展，这两次转折分别发生在20世纪60年代末至90年代和20世纪90年代以后。

由叶海卡·德洛尔所著的《重新审查公共政策的制定过程》《政策科学探索：概念与使用》《政策科学构想》三本专著的诞生，标志着公共政策学的第一次重要发展。之前的主流思想将公共政策学纳入政治科学，但德洛尔认为公共政策学应当被纳入公共管理学的范畴，他在公共政策学领域的研究突破主要有以下几点：

(1) 区分并指明了行为科学和管理科学之前被争议的误区；

(2) 从 14 个方面对美国未来的政策科学发展方向做了规划性阐述；

(3) 提出公共政策学要更加注重跨学科和实践的特性；

(4) 公共政策的学习过程中要更加注重感性知识的应用，积极引进具有丰富实践经验的人进行公共政策的教学。

整体来看，第一次公共政策学的发展所取得的成就可以概括如下：

(1) 多元的方法论。此次发展不仅批判了仅以行为主义为主导的政策取向，同时也提出了要重视公共选择方法论、博弈论以及个案研究法在公共政策学上的应用与研究，进一步丰富了公共政策学的方法论。

(2) 政策过程的研究重心发生了变化。政策学家在之前的政策研究中，更倾向于将研究重心放在政策制定上，忽略了其他的环节。经过此次发展，公共政策的执行过程、评估过程以及最后的政策终结过程等环节都逐渐成为了公共政策的研究重心。

(3) 更加关注政策过程中的价值因素和伦理因素。无论是政策本身，还是政策执行的过程，都体现出一定的价值观，都具有一定的伦理导向与要求，因而只有重视价值和伦理因素，才能更好地发挥公共政策的效用。

(4) 开始了公共政策的比较研究。在 20 世纪 70 年代之前，比较公共政策的研究几乎空白，但是随着公共政策学的第一次发展，公共政策的比较研究正式开启。

20 世纪 90 年代后，公共政策学经历了第二次重要的发展，在这段时间内除了美国以外，其他国家的公共政策学也都相继实现了重要的突破，但是对公共政策学第二次发展贡献最大的还是它的产生地美国。美国在以下方面为公共政策学的发展做出了突出贡献：

(1) 课题选择的新取向。

一是伦理取向，即公共政策从政策问题的产生到政策执行再到政策终结的整个生命周期都更加注重对某个或某些价值标准的遵循，这些价值标准共同组成了公共政策的伦理取向；二是管理取向，公共政策表现为战略管理的一种方式，公共政策的执行过程需要借助一定的管理工具才能实现预期的政策目标，随着公共政策涉及的问题日渐复杂，管理取向将是大势所趋；三是政府改革取向，政府部门是公共政策制定与执行的重要主体，政府部门的行政方式、行政特点等因素都会对公共政策的质量产生影响，因而要实现公共政策质量的提升，就需要不断地实行政府改革，构建新型政府。

(2) 方法论的非科学倾向。

由于政策问题并非都可以通过理性化的原则与方法进行解决，因而在公共政策的研究过程中更加偏向于使用主观、非理性的政策研究方法。支持主观研究方法的研究人员认为客观的研究过于经济化和技术化，政策方案选择与制定中的“经济人”现象明显，主观的研究方法，即通过法律进行约束的方法更加合理。

(3) 公共政策学的建制化。

这标志着公共政策学正在逐渐成为独立的学科，具体表现为如下三个方面：一是学会和相关专业研究刊物的建立。学会是当某学科领域的学者达到一定的规模而建立起来的为学者提供学术交流的平台。公共政策学也随着学科的不断发展建立了政策研究学会、政策分析与管理学会、评估研究学会等专业学会。专业研究刊物是专门登载某研究领域研究内容的出版物，是学者进行科学研究的重要参考，公共政策学领域逐渐出现了《政策科学杂志》《政策研究评论》等专业期刊。二是专业研究机构的成立，公共政策学领域的专业研究机构通常是辅助政府部门进行政策决策的“智囊团”，他们能够运用自己的专业知识为政府部门提供政策建议，比如美国的兰德公司就是政策学界大名鼎鼎的专业研究机构。三是大学中公共政策专业与公共政策课程的建立，这是为了培养专业性政策人才所采取的重要举措。公共政策被作为公共管理学科或政治学科的一项必修课纳入大学课程体系，同时一些大学还相继成立了公共政策方向的博士点来培养高级的公共政策研究人才。

五、公共政策学的中国化

公共政策学产生于美国，其概念、理论和分析的路径都是基于西方的实践建立起来的，而公共政策学被引入中国后，必须要对其进行适应中国国情的改进，构建具有中国特色的公共政策学科体系，而不是照搬西方国家的学科体系。

(一) 公共政策学的中国化起步

改革开放后，我国需要进一步提升公共决策的科学性与民主性，在此背景下，公共政策学作为一门学科在中国的发展被提上日程，随后自中央至地方的各级政府部门都成立了相应的公共政策研究机构。处于起步阶段的公共政策学侧重于中国特色的公共政策构建，比如“马克思主义政策学”“社会主义政策学”等内容的出现，是基于我国国情对先前公共政策学的创新。

(二) 公共政策学的中国化发展

20 世纪 80 年代后，公共政策学在我国逐渐实现了较大范围的发展，其中国化发展的进程可以从研究和教学两个方面进行阐述。在研究方面主要体现为体制内与体制外的公共政策专业研究机构的建立与发展。体制内的研究机构包括从中央到地方的各级政府部门内部设有的政策研究机构、中国社会科学研究院以及各地区的社会科学院下设的政策研究部门、从中央到地方的各级党校下设的政策研究室等。体制外的研究机构主要是全国各高校所创建的公共政策研究部门，比如中国社会科学院创建的公共政策研究中心、清华大学公共管理学院创建的公共政策研究所等。在教学方面主要体现为公共政策学科领域的专业教学和专业人才的培养。自 20 世纪 90 年代起，北京大学、武汉大学、厦门大学等多所著名高校陆续在本科和硕士生的课程体系中设置了公共政策学，随后各级党校也相继开展了对公共政策的教学。直至 20 世纪 90 年代后期，全国高等教育自学考试委员会将行政管理专业纳入高校招生目录并将公共政策学作为该专业下的必修科目。20 世纪 90 年代末至 21 世纪初，我国高校逐渐开始成立了行政管理学的博士点以及公共管理专业硕士学位(MPA)点，使我国公共政策的研究迈入了更高的台阶。近年来，随着公共政策在公共管理中地位的提升，越来越多的高校相继成立了专业的公共政策研究院。比如，东北大学在 2008 年成立了公共政策研究院，云南省政府发展研究中心与云南大学在 2017 年 11 月共同成立了云南省公共政策研究院，北京航空航天大学在 2019 年 4 月成立了科技组织与公共政策研究院。此外，浙江大学、华南理工大学、中国人民大学、复旦大学等多所著名高校都相继成立了公共政策研究院，大大推动了公共政策学在我国的发展。

公共政策学在数十年的发展中取得了大量的中国化研究成果，主要表现为：

(1) 在借鉴与继承国外研究成果的基础上，取得了大量以马克思主义和中国国情为出发点、以中国的政策实践为落脚点的研究成果；

(2) 以马克思主义为理论指导，形成了以研究报告为主要形式的定量研究成果和以论文、专著、教材为主要形式的定性研究成果，公共政策的定量与定性研究并驾齐驱；

(3) 在政策实践的基础上，实现了对公共政策学原有的理论、分析模型与运行路径的本土化创新。

构建中国特色的公共政策学科体系，实现中国化的公共政策目标，需要明确公共政策的发展方向，主要有以下几点：

(1) 要提高政策研究者的主体意识，充分发挥主观能动性，为中国的发展实践提供更加科学的政策指引；

(2) 提高对政策哲学的重视，即要求公共政策在研究与实践的过程中加强对哲学思想的应用，这样有助于挖掘问题的本质，制定高质量的公共政策；

(3) 在立足实践的基础上提高对本土资源的利用，充分发掘中华民族丰富的资源沉淀，在实践中加强对公共政策的完善与创新，使其与时代发展同频共振，使其更具中国特色。

第二节 公共政策的含义

公共政策的含义是对公共政策本身多方面的界定，本节从公共政策的概念、本质、形式、分类以及特征几个方面对公共政策的含义做出具体的阐述。

一、公共政策的概念及本质

公共政策在产生与不断发展的过程中逐渐成为一门独立的学科，政策学家也在不断的科学研究中对公共政策的概念与本质内涵做出了规范的界定。西方国家和我国的学者基于各自的研究，对其概念做出了不同角度的界定。

(一) 公共政策的概念

对于公共政策的概念，西方国家的学者以及我国的学者都对其做出了适应不同发展时期的界定，至今未完全统一。

西方国家的学者们对公共政策的界定有多个角度，其中主要有如下四个角度：

第一，政策主体的角度。伍德罗·威尔逊将公共政策界定为由政治家制定的并由行政人员执行的法律和法规。罗伯特·艾斯顿认为：“公共政策是政府机构和周围环境之间的关系。”托马斯·戴伊认为：“公共政策是一个政府选择要做的任何事，或者它选择不去做的任何事。”该概念既包含了政府的行为也包含了政府的无为，政府无为也会对社会产生重要影响，给政策研究带来重要启发。詹姆斯·安德森认为：“公共政策是由政府机关或政府官员所制定的政策。”盖伊·彼得斯认为：“公共政策是政府活动的总和，无论行为是直接的还是通过代理的，因为其行为对公民的生活产生影响。”劳伦斯·E. 林恩认为：“公共政策可以被描述为不同个体所构成的扩散过程的产出，这些个体在一个正式组织占主导地位的小群体中相互作用，在一个由政治制度、各种规定和措施组成的体系中运行，它们都处于社会和文化的影响下。”威廉·邓恩认为：“公共政策是一系列由政府机关和官员制定的多少相关联的选择(包括不起作用的决定)。”

第二，政策方案的角度。哈罗德·拉斯韦尔和拉普兰认为：“公共政策是一种含有目标、价值与策略的大型计划。”该概念重点突出了公共政策的目标与价值取向。后现代主义者查尔斯·J. 福克斯等人认为："公共政策不是纯粹理性地发现客观真理，然后由政府从真理中推导出相应的、正确的解决方案的结果。"他们对理性客观分析主义持批评的态度，主张"最好把公共政策的形成、实施和管理理解成能量场，它是形成围绕着'下一步我们该做什么这一问题'而松散地组织在一起的人类意向性的交叉点。"

第三，政策结果的角度。戴维·伊斯顿认为："公共政策是一个社会进行的权威性价值分配，即一项政策包含着一系列分配价值的决定和行动。"该定义在公共政策学界产生了深远的影响。拉雷·格斯顿从主客体互动的层面将公共政策界定为"由那些掌握或影响政府正式职能的人们所做的基本决策、承担的义务和他们行为的结合。大多数情况下，这些组合由那些要求变化者、决策者和受到该政策影响的人们之间的互动而产生。"该界定注重政策行为者的互动结果，即"社会因政府的活动而受益或者受损""社会的一部分以另一部门的牺牲为代价而受益"。

第四，综合的角度。E. R. 克鲁斯克等人认为："政治系统的产出，通常以条例、规章、法律、法令、法庭裁决、行政决议等其他的形式出现。"同时，他们认为公共政策是一个动态过程，是一个包含目的、计划、实施过程的程序；公共政策可以对国家或社会团体进行资源的管理、分配与再分配；公共政策建立在法律和权威的基础上，具有合法性，也可以执行。

我国的政策研究学者也对公共政策的概念做出了如下界定：张世贤认为公共政策是政策为解决公共问题、达成公共目标，经由政治过程，所产出的策略；吴定认为公共政策是政府机关为解决某项公共问题或满足公众需求，决定作为或不作为，以及如何作为的相关活动。张金马认为公共政策是党和政府用以规范、引导有关机构、团体和个人行动的准则或行动指南。宁骚认为公共政策是公共权力机关经由政治过程所选择和制定的为解决公共问题、达成公共目标、实现公共利益的方案。

综上，公共政策是国家公共权力机关经过一定的政治过程，以解决公共问题、达成公共目标、实现公共利益为目的而制定的方案，它包括法规、制度、条例、命令、指示等书面或口头的形式。该定义主要有如下内涵：

(1) 公共政策是决定、决策、对策、政策的特殊形态，同时具有它们的一般特征；

(2) 公共政策是公共权力机关的基本活动方式与活动过程，体现着它们的权力意志；

(3) 公共政策是经过政治过程进行方案初拟、优化和择定的结果，公共权力机关和公民的关系主导这一过程；

(4) 公共问题、公共目标、公共利益共同组成了公共政策的三要素，其中公共利益的实现是公共政策的灵魂和目的；

(5) 公共政策是一种权威性的价值分配方案，能够通过规范和引导机关、团体、个人的社会行为来分配社会资源；

(6) 公共政策的形式既可以是积极的也可以是消极的。积极政策是政府部门为了解决特定问题而采取的特定行动，消极政策是政府部门面对公众的要求而不作为的现象。

(二) 公共政策的本质

公共政策是公共权力机关为了实现政策目标而进行的社会资源的配置以及社会价值的分配，这是公共政策众多规定性中发挥着决定性作用的一个，也是公共政策的本质。对于政策目标而言，它有三点主要内涵：一是掌握公共权力的群体或个人以他们自己的利益为核心所追求的目标；二是这些群体或个人在一定社会关系或生产关系中的地位，决定了他们代表着一定的社会阶级，代表者和被代表者不是完全等同的关系，被代表者的阶级会对公共利益与公共目标有特殊界定；三是公民作为公共权力形式上的委托人，他们自身的利益要求进入政治系统后，众多人的利益凝聚成了公共利益，在此基础上形成了公共目标。自利性、阶级性与公共性共同组成了政策目标的属性。在公共权力机关政治风气不良的情况下，政策目标会表现出自利性属性；在社会阶级之间出现矛盾与紧张状态时，政策目标会表现出阶级性属性；在政策主体的自律能力及监督能力强的情况下，政策目标的公共性属性就更加明显。

社会资源配置是指政策制定的主体为实现特定时期下可行的政策目标而对各方社会资源进行分配与协调的过程。政策主体具体要制定何种政策、实现何种目标，不单单由他们的主观认识所决定，也由他们能配置的资源所决定。社会资源配置这一过程得以顺利执行的条件有两点：一是政策主体的科学决断，要求政策主体在制定政策内容时要对政策涉及的相关领域有全面的了解，具备长远意识和风险意识，只有这样才能进行科学的资源配置；二是政策内容的客观合理，要求社会资源本身及其分配方式不能超过社会资源的供给界限与分配主体的能力界限，否则无法进行有效的资源配置。

最优化的社会价值分配建立在最优化的社会资源配置基础之上，是指在对社会资源进行配置后，给资源配置收益者带来的包含财力、权力、物力、名誉、地位等实体或非实体形式的价值分布与配置。这种价值的分配存在着显著的不均衡特征，因为价值收益存在着直接或间接、及时或延时、多或少甚至有或无的区别，它由政策制定者在生产关系、社会关系和政治体系中的地位而决定，这对社会价值的最优配置提出了较高挑战。政策学家拉斯韦尔曾提到：“权势人物是在可取得的价值中获得最多的人群。可以取得的价值包含尊重、收入、安全等，其中社会精英群体能够取得最多价值。”此外，他还依据社会精英在人格、技能、阶级等方面的特点，阐述了公共政策是怎样在不同的社会群体之间进行价值的分配的。政策分配和调整利益关系的途径有两种：一种是直接分配与调整利益关系的政策，如价格政策、财政政策、社会分配政策等；二是间接分配与调整利益关系的政策，比如国家推动并实施的有关高科技发展的政策，在这其中直接的受益者是研究、开发、生产、销售高科技产品的个人或群体。

政府部门作为公共权力的占有者，将价值分配给谁并不是任意的或无目的的。政府部门在进行价值分配时，会选择与他们价值取向相一致的群体进行有重点的分配。在西方国家，在人口比例中占据很少部分的资本拥有者是社会价值分配的重点对象。同时，政府部门还会依据社会力量对比等相关因素，通过制定不同的公共政策让不同类型的资本拥有者得到差异化的价值分配。除此之外，一些“按资分配”的利益关系也需要通过制定公共政策来调整，以此来保证劳动者的利益，也有利于进一步稳固统治者的整体利益。西方国家的政策学家们从这些政策实践出发，把政策认作是由政治系统所作出的权威性的价值分配，这从一定意义上体现了公共政策的本质。

二、公共政策的形式及分类

国家的政策有着各种各样的表现形式，这些形式都遵循统一的标准且都符合规范化的要求。政策制定主体权力的划分与配置决定了公共政策的具体形式。不同的标准下公共政策有不同的分类方式。

(一) 公共政策的形式

1. 横向划分的公共政策形式

国家的政治体制是横向划分公共政策形式的重要影响因素。当前，世界各国的政治体制类型主要有六大类：一是人民代表大会制，以中国为代表；二是总统制，以美国为代表；三是议会制，以英国为代表；四是半总统、半议会制，以颁布了法兰西第五共和国宪法之后的法国为代表，之后东欧的一些前社会主义国家也采取了这一制度；五是超级总统制，以苏联解体之后的俄罗斯为代表；六是委员会制，这种制度仅有1848年之后的瑞士采用。基于此，本书将公共政策的形式横向划分为以下几个方面。

1) 立法决策

世界主要的六种国家政治体制内都有立法决策的存在，但是各个国家的立法决策又各具特色，有各自的决策特殊性。由于不同类型、不同国家的立法决策各有特色，因此这里重点阐述中国的人民代表大会决策和美国的国会决策。

在中国，人民代表大会有极大的立法决策权，具体体现在行政机关、检察机关以及审判机关都是由人大选举产生的，同时人民代表大会对其还拥有领导和监督的权力。人民代表大会制度下国家的立法权是由全国人大来行使的，这主要体现在以下几个方面：

(1) 宪法。宪法是国家根本大法，是党的意志与中国人民意志的共同体现，是党的方针政策在法律上的展现。我国现行的宪法为1982年宪法，至今经历了5次修订，每一次修订都是对公共政策的重新调整。

(2) 基本法律。基本法律包括刑法、民法、合同法、婚姻法等，它们是由全国人民代表大会制定和修改的，反映并践行着宪法的原则与精神。

(3) 其他法律。这里指的是基本法律外的其他行为规范，且这些行为规范皆是由全国人大或全国人大常委会制定的，它区别于普遍意义上的法律，外交法律、环保法律、专利法律等都属于其他法律。

(4) 人大决定。决定权是人民代表大会的四大职权之一，决定权的行使方式主要有决议、决定、命令和条例四种。

美国的公共政策基本形式是通过国会行使立法权来体现的，国会也具有非立法权。二者的差异在公共政策领域中体现为政策的直接制定和间接制定权。立法权是国会的首要权力。非立法权中重要的是财政权、战争权以及管理权。立法权除了被作为授予权力外，还被作为默示权力。默示权力是指国会能以任何方式制定与宪法不相违背的法案。只有在授予权力和默示权力的权力范围之内才能行使立法权。表现为间接制定权的非立法权则实际上是指国会对行政机关和司法机关行使的监督权，具体包括预算审批权、立法监督权以及立法否决权等。

2) 国家元首决策

世界主要的六种国家政治体制内都设有国家的领导者即国家元首，但不是每种政治体制都存在国家元首决策，美国、法国、俄罗斯等国家的政治体制存在国家元首决策，美国的国家元首决策是行政决策。

以美国为例，美国的总统决策主要有：

(1) 立法建议。美国总统会就社会发展的各领域比如民生、环保、国防等向国会提交咨文，作为立法建议被国会采纳并商讨，随后成为国家的法律政策。

(2) 立法否决。这是指总统对于国会的立法具有一票否决的权力，总统不满意任何一项立法文案，都可以签署否决书，并且国会反抗成功的概率极低。

(3) 委托立法。这是指在紧急情况下且涉及国家对外事务时所采用的、由国会将相关的立法权委托给总统进行行使的特殊决策方式。

(4) 外交决策。在外交决策上总统拥有极大的决定权，外交条约等涉及外交事务的政策法律不需要通过国会这一环节，总统可以直接决定并签署，并具有不可违的法律效力。

(5) 防务政策。这是指在国家安全和军事方面，总统有在世界任何地区派驻军队和指导作战的权力，并制定相应的防务决策。

3) 行政决策

每一个国家的政治体制内都有行政决策，但是美国的行政决策具有一些与其他国家明显不同的地方。首先，美国行政决策的界限缺乏准确性；其次，总统决策和行政决策具有一致性，其他国家的行政决策界限清晰且特色明显。本书主要选取中国和美国为代表，对其公共政策的形式进行详细介绍。

作为公共政策的重要组成部分之一，行政决策权是指政府行政机关依照法律规定的程序和流程针对某一事务做出决定的权力。行政决策的主体可以是组织也可以是个人，但必须符合法律对主体的规定；行政决策客体则是指决策的作用对象，包括行政机关及其组织成员，以及受行政权力约束管辖的个体、非政府组织等。

行政决策在中国主要有三方面的表现形式：

(1) 行政法规。在我国，行政法规的制定权主要依照宪法的规定由国务院行使，或是经全国人大授权的机关行使，行政法规的出台大都以“主席令”的形式体现。

(2) 行政类的措施、决定及命令。在我国，行政措施、决定和命令与前述的行政法规类似，但仍然存在一些区别。类似之处在于行政措施、决定和命令的制定主体也是国务院；区别之处在于行政措施、决定和命令的发布大多是以国务院或国务院办公厅文件的形式进行的，并且它属于政策性文件。

(3) 部门规章。部门规章的制定是由国务院各部门在内部制定的具体规章制度，部门规章的形式一般为部长令，且与行政法规、行政措施、决定和命令相比更为明确且规范。

对于美国，总统决策在大部分的情形下同行政决策是没有区别的。除此之外，制定政策的主体还包括受总统领导的行政机构，这些行政机构具体分为以下四类：一为内阁部，具体包括国务院、内务部、商务部、财政部、运输部、国防部等部门；二为独立管制机构，具体包括平等就业机会委员会、州际商业委员会、核管制委员会等委员会；三为其他的独立机构，具体包括联邦选举委员会、国家航空和航天局、人事管理局、中央情报局等机构；四为政府公司，具体包括美国的进出口银行。美国的行政机构的决策主要包括以下三种形式：

(1) 针对国会立法和总统决策所做出的解释。行政机构的行政官员在法律和政策的实施中，会根据现实情况做出相关解释以决定政策该怎样执行，这种解释起到了制定政策的作用。

(2) 制定规章条例。国会通常会将正式的权力赋予行政机构，让他们做出具有法律效力的选择，从这种意义上说，行政部门制定的规章、条例、细则等都属于公共政策的范畴。

(3) 行政裁决。依据美国国会立法，在个人与个人间、个人与企业间、社团与社团间以及个人、社会、企业三者之间产生矛盾的情形下，由行政机构受理申诉并做出裁决，这也是政策制定的一种表现。

4) 司法决策

司法决策同样存在于每个主要的国家政治体制内，由于每个国家的司法体制存在差异，因此司法决策的地位、作用、影响力等都存在差异。这里重点阐述中国的司法决策和美国的司法决策。

在中国，人民法院和人民检察院作为审判与检察机关，主要承担着政策执行与政策监督的作用。这两个部门对政策制定的作用不显著，其主要的原因在于：

(1) 我国司法机关行使职权的重要原则就是独立行使职权，但他们职权的行使必须接受人民代表大会的监督，这是由人民代表大会的性质决定的。

(2) 在我国起草法律草案和提出法律议案是立法过程中的重要部分，同时法律的起草者和议案的提出者往往是同一的，且立法一旦进入了实质阶段，司法机关的主体地位便不复存在了。

(3) 法律解释是在法律实施中具体解释法律内容的一种特殊活动。我国对宪法和法律的最终解释权归全国人民代表大会所有和行使，中国的司法解释是国家最高司法机关在适用法律的过程中对具体应用法律问题所做出的解释，包括审判解释和检查解释，解释权分别归全国最高人民法院和最高人民检察院所有。司法解释的形式具体包括批复、通知、解答、规定等多种类型，它不能任意改变法律的规定且不能违背宪法和法律。

在美国，最高法院是公共政策的直接制定者。美国司法决策的主要形式包括以下三种：

(1) 司法审查。它作为美国最高法院所享有的一项权力，可以使美国最高法院对国会通过的法律进行裁决。若最高法院认为该项法律不合法，那么该项法律则无效，同时最高法院也能通过行使该权力阻止某一政策的制定或者制定某项政策。

(2) 推翻先前的裁决。美国最高法院在审判时通常遵循先例，维持先前判决的效力是司法裁决的一个非正式规则。但许多法学文献力图展示法官作为政策分析者的作用，这一政策分析者至少在原则上能发现一种适合当前问题的科学的或理性的政策。

(3) 司法命令。进行案件审理的法院，能根据宪法或法律发出司法命令来规定纠正不公正或者不合理的情况的办法。司法命令能够像其他形式的公共政策一样对国家的各领域产生重要的影响。

5) 执政党决策

在六种主要的国家政治体制内，执政党都对政策的产生、制定与执行有很大的影响。在我国，中国共产党所制定的决议通过全国人民代表大会审议后能够转变为公共政策，而其他国家执政党的决议则需要经过更为复杂的程序才有机会成为公共政策。

我国实行的是中国共产党领导的议行合一的政治体制，该体制具有以下两个鲜明的特征：第一，根据国家最高法《宪法》，全国人民代表大会是我国的最高权力机关，它在国家的机构系统内拥有最高的权力地位，不受其他机关或组织的约束，由它所派生出的各个政府机构都要接受它的领导与监督，并对它负责；第二，从行政系统与执政党之间的关系来看，中国共产党在行政系统中占核心领导地位，在我国公共政策的制定中中国共产党是核心，政策的执行受中国共产党的监督。

以直接和间接为区分标准，中国共产党的政策成为公共政策的形式包括以下两种：第一，直接形式，指中国共产党通过人民代表大会及中央全会批准通过的政策文件和领导人发表的讲话等，指导着国家与社会的发展。第二，间接形式，党通过法定的程序使党的政策成为公共政策。其中法定程序包括以下三点：一是中央和其他国家机构联合下发的政策文件；二是先由党中央提出政策倡议，再由国家机构制定政策；三是国家有关机构以党的政策为指导原则而制定的政策。

2. 纵向划分的公共政策形式

国家结构形式和不同层级国家机关的权力大小是纵向划分公共政策形式的主要依据。单一制国家的公共政策因其结构形式而被划分为中央政策、地方政策以及地方政策体系中最低层级的基层政策，地方政府不能擅自修改或另行制定政策。对于联邦制国家而言，国家结构分为联邦政府(或中央政府)、州政府、地方政府三个层级，其中联邦政府和州政府都能够在宪法允许的范围内单独制定政策，并且州政府的内部结构通常也是单一制，地方政策与州政策是服从与被服从的关系。鉴于中国是典型的单一制国家，美国是典型的联邦制国家，我们从中国公共政策的纵向形式和美国公共政策的纵向形式来阐述纵向划分的公共政策形式。

1) 中国公共政策的纵向形式

中国的公共政策纵向分为中央政策和地方政策。中央政府拥有制定国家公共政策的权力，它所制定的政策被称为中央政策或“宏观政策”。地方政策是各地方政府以中央政策为指导所制定的符合地方实际的政策，也被称为“中观政策”，具体分为省级政策、市级政策和县级政策三个层级。由于乡级政府没有制定政策的职能或决策职能不完备，因而乡级政策不属于地方政策的范畴，被称为“基层政策”。综上，我国的公共政策构成可纵向分为中央政策、省级政策、市级政策和县级政策。

地方政策虽然接受中央政策的控制和指导，但它也具有自身的能动性。这主要体现在两个方面：一是地方政策的制定与执行效果会直接影响中央政策的政策效果，影响中央政策的质量。这是因为地方政策的实施范围比较广泛，如果有多数地方没有良好地遵循中央政策指示，那么中央政策也无法实现其政策目标。二是地方政策以及基层政策的实施经验是中央政策制定的基础，对中央政策有着重要的参考作用。这是因为公共政策的制定是为了最大限度地满足公共需求、实现公共利益，地方政策与基层政策是距离社会公众生活最近的政策，能更加准确地反映民意。

2) 美国公共政策的纵向形式

由于美国的绝大多数州不设置乡，因此美国公共政策的纵向构成主要包括中央政府、各个州、地方与县四个等级。

与我国不同的是，虽然在法律意义上联邦的地位比各州要高，但是美国中央政府政策与各州政府政策之间的关系没有从属关系与高低之分。这有两个原因：一是中央政府和各州政府的权力同样都来自于人民，都有法律赋予的权力，各州权力不是来自于中央政府；二是宪法明确规定了中央政府和各州政府在各自的权力范围内制定公共政策，同时宪法还明确限定了各自行使权力的范围，不得相互越界行使权力。

各州与地方之间存在从属关系，根据州宪法的规定，各州的政府掌握着对各州的权力，地方政府无法单独行使权力，地方政府的权力是被州政府赋予的而不是人民和法律赋予的。

各个县是从属于各个州的行政单位，其职能更偏向于对州政策的具体执行。美国的县级政府多由独立机构组成，几乎没有立法权，因而也不会有制定政策的权力。委员会制是县级政权形式。

(二) 公共政策的分类

由于公共政策涉及公共生活的各领域，内容丰富多样，其分类方式也较为多样。在不同的依据下公共政策有不同的分类，比如可以根据政策领域来划分，也可以根据政策层次来划分，还可以根据政策制定主体来划分。本书对公共政策划分主要依据以下三个标准。

1. 依据同政策体系中各政策之间是否存在涵盖与衍生关系进行划分

在这种结构分类下，公共政策可划分为元政策、基本政策和部门政策，三者之间存在着层次性的涵盖与衍生关系。

元政策是政策制定主体在某个历史阶段结合时代特征与发展目标而制定的起统领作用的政策方针，也被称为总政策。它能够指导其他的政策，也是其他政策制定的参考和依据。基本政策是专门就社会中的某一个领域制定的只在该领域内发挥统领作用的政策方针，是元政策在某个领域内的具象化延伸，也被称为方针性政策、基本国策和纲领性政策，反映着该领域内统治者的政治价值观。部门政策是专门就某个部门的特定问题而制定的只在该部门内部起作用的具体行动指南，也被称为具体政策或方面政策。部门政策最为广泛，因为除了元政策和基本政策，其他政策在层次上都可以被归为部门政策。

2. 依据同政策体系中各政策时间与空间结合角度进行划分

在同一政策体系中的各政策也可从时间维度与空间维度进行划分：在时间维度上可分为短期政策、中期政策与长期政策；在空间维度上可分为全局性政策和局部性政策；从时间和空间两者结合的角度可分为战略、策略和战术。

战略是政策制定者所制定的能够在长远意义上起指导作用的全局性方略，包括对资源的配置、对具体行动的计划等，这种战略性政策思想是我国经历过的战争时代与民主建设时代的经验总结，被称为“宏观决策”。好的战略规划能够在很长时间内指导社会有序、健康与向上发展。策略是政策制定者专门就某个阶段的发展形势所制定的相对具体的行动规划，是依据战略的指导思想进行制定的，是战略在某个方面上的进一步延伸，被称为“中观决策”。战术是战略和策略的具体化，是政策制定者为解决某个时间阶段的某个方面而制定的详细、具体的行动步骤，被称为“微观决策”。毛泽东曾清晰地阐明了这三种政策的关系。他认为，战略不能脱离策略和战术而存在，因为全局性的东西不能脱离局部而独立，全局是由它的一切局部所构成的。

3. 依据政策的社会内容进行划分

公共政策广泛涉及社会中的各个领域，每个领域都有根据其特点制定的适用于特定领域的公共政策。因此依据社会领域的不同，公共政策可划分成以下类型：

(1) 政治政策。

政治政策是政策制定者以实现某个政治目标为导向，在政治领域内针对某个或某些政治问题而制定的公共政策，这是维护一个国家政治体制稳定的重要方式，同时也是巩固政治统治阶级利益的表现。外交政策、民族政策、国防政策、公共安全政策等都属于政治政策的范畴。

(2) 经济政策。

经济政策是政策制定者在某个经济发展阶段为实现一定的经济发展目标而制定的公共政策。它包含宏观管理和微观管理两个方面，其实质是国家和政府对于市场经济的干预与调控，是否需要干预与调控、如何进行干预与调控、干预与调控要达到怎样的政策效果是这类政策的主要内容。金融政策、农业政策、房地产政策、交通政策、福利政策、财政政策等都属于经济政策的范畴。

(3) 社会政策。

社会政策是政策制定者以维护社会和谐、优化社会环境、增进民生福祉、稳定社会秩序为导向而制定的公共政策。它区别于其他政策的地方主要在于其所关注的重点是社会的核心价值观，包括公平正义、自由平等、民主文明等。人口政策、医疗卫生政策、社会救济政策、环境政策、移民政策等都属于社会政策的范畴。

(4) 教育、科技、文化政策。

教育、科技、文化政策是指政策制定者针对教育、科技、文化三个领域的发展愿景而制定的公共政策，它们是促进文化繁荣与发展的行动指导。教育政策可分为义务教育政策、高等教育政策、职业教育政策等；科技政策可分为知识产权政策、科技管理政策等；文化政策可分为影视政策、文学艺术政策、体育政策等。

三、公共政策的特征

公共政策的本质在一定程度上决定着公共政策的特征。因此，依据其本质，我们将公共政策的特征总结为如下几点：

1. 政治性

从公共政策本身的意义角度讲，它应该协调与实现整个社会的公共利益，不应该具有政治色彩，但是公共政策的制定主体是具有阶级属性、代表特定阶级利益的国家执政党与国家政府，他们将公共政策的制定作为维护与巩固他们统治基础的方式或手段。因此公共政策的制定是国家政府作为执政者所做出的政治选择与政治行为，其根本上是维护执政者的阶级利益的，具有显著的政治特性。

2. 层次性

公共政策的层次性是指公共政策在指导意义上具有“自高至低”层次的划分。公共政策的作用对象广泛而多样，单独某个公共政策不能满足所有政策对象的需求，按照国家的管理层级对公共政策进行划分是层次性的最主要体现。国家的公共政策按照层次性可划分为中央级、省部级、市县级等。高层次政策是宏观层面的政策，注重大方向上的领导与引导；低层次政策是微观层面的政策，注重实际且具体的政策操作与执行；高层次政策对低层次政策有指导意义。

3. 动态性

公共政策的动态性指公共政策具有生命周期，即从政策制定到政策执行再到政策的反馈与修订，直至政策的终结过程。这是一个动态的过程，该过程中会持续发生许多动态的变化。政策的制定包括问题发现、议程设置、方案评估、政策采纳、合法性评价等步骤；政策的执行是公共政策主体依据政策内容对政策客体实施行动的动态步骤；政策的反馈与调节包括政策执行信息的反馈、政策成果的评估以及政策的调节与修订以及政策终结等环节。

4. 合法性

社会公众对公共政策的一致认可即是公共政策的合法性，而不是单纯意义上的合乎法律性。政策合法化由两个环节构成：一是政策系统的合法化，二是公共政策的合法化。这两个环节环环相扣，第一个环节是第二个环节的基础和前提，只有实现第一个环节，才能实现第二个环节。

5. 权威性

公共政策的权威性建立在合法性的基础之上，只有社会公众对政策产生认同之后，才能发自内心地遵从它，公共政策才具有权威的约束力。公共政策不可能让所有公众都接受与认同，因此权威性还体现为一定的强制性，对少部分不服从的公众采取强制手段加大约束，只有这样才能真正发挥公共政策的作用，才能从整体上维护绝大多数人的利益，维护社会的和谐与安定。

6. 稳定性

公共政策的稳定性是指某项公共政策颁布实施后，在较长时间内都具有相对的稳定性。公共政策的稳定性不仅是维护政策合法性与权威性的手段，也是稳定社会发展的方式，利于促进国家的长治久安。但是这种相对稳定性并不意味着不变动，当某些政策条例不符合时代当下的发展要求时，就要及时对其进行修改与调整。另外，保持政策稳定性的最佳途径是政策立法，这能避免人为或环境对其控制，避免破坏其稳定性。

第三节　公共政策的结构与功能

公共政策是由多要素共同组成的，这些要素依据一定的原则形成了规范的组织结构。公共政策是国家治理的一种工具，在公共政策的调控作用下，政府能够有效协调国家经济、社会等各方面的发展进步与利益分配，维护国家整体健康与和谐发展。

一、公共政策的结构

公共政策的结构研究的是政策与政策之间的关系，是指不同的政策在既定时间或空间上的分布及其相互关系。公共政策的结构包括以下几种。

1. 单元结构和复合结构

公共政策的单元结构是指许多个不同的政策单元，以解决特定的政策问题为目的，分层次、分时间、分空间地有机结合起来，形成的一个政策集合。单元结构通常不是一个政策，而是由多个单独的政策组成的政策单元，这是由于在当代社会，一个政策问题很难用一个单独的政策解决，而是需要多个政策同时发挥作用才能解决。比如，要解决农业负担过重的问题，就需要实施税费改革政策、基层政府机构精简的政策、改变产业结构的政策等。

公共政策的复合结构是指若干个不同的政策问题共同存在于特定的时间、区域和领域中，同时这些政策问题又是相互依存的关系，即一个问题的解决对另外一个或多个问题的解决有直接的影响。在这种情况下，政策主体就需要同时设计多个政策单元来解决政策问题。比如，要解决一个区域的经济发展问题，就要同时解决该区域内环境污染问题、高新技术的研发和应用问题、高水平人才短缺问题等。需要注意的是，复合结构下的政策单元有着显著的地位与位置差异。地位差异表现为主导地位与从属地位的差异；位置差异表现为核心位置与边缘位置的差异。

2. 纵向结构与横向结构

公共政策的纵向结构是公共政策在纵向上相互的关联关系，分为层次关系与时间关系两种。从层次关系上，公共政策可以纵向划分为中央的、地方的、基层的政策链条，或者是宏观的、中观的、微观的政策序列。从时间关系上，公共政策的纵向结构是按时间的顺序排列的，具体包括先行政策、现行政策和后续政策三种。

公共政策的横向结构是指若干个平行的政策在相同时间或相同区点上的相互关系。以政策内容和政策主体为划分依据，公共政策的横向关系可分为并列关系、依存关系和冲突关系。如果多个政策在同一层次、同一时间运行，并且各自独立运行，不存在彼此的干扰与冲突，它们之间的关系就被称为并列关系；如果多个政策在同一层次、同一时间运行，并且在政策执行的过程中相互补充和制约，它们之间的关系就被称为依存关系；如果多个政策在同一层次、同一时间运行，并且存在内容上的矛盾或执行中的冲突，它们之间的关系就被称为冲突关系。

3. 静态结构与动态结构

公共政策的静态结构是指多个具体的政策结合在一起时，政策之间呈现出的稳定的和常态的相互关系。需要注意的是，公共政策的静态结构只表明政策在尚未实施的阶段所呈现出来的关系，一旦政策开始实施，每一项具体的政策都会在实施的过程中产生各种各样的变化，政策主体就会自觉地对政策进行修正，这样政策的静态结构就会被扰乱和破坏。

公共政策的动态结构是随着时间的推移所表现出来的政策结构特征。动态结构建立在静态结构的研究基础上，了解静态结构能够帮助我们认清政策的位置坐标以及政策执行中具体政策的变动性、政策之间关系的相对性。

二、公共政策的功能

公共政策的功能是在公共政策制定的过程中进行同步设定的，通过政策执行来具体体现。但是在实际的政策执行中，有些政策能够实现预期设定，有些则不能，需要具体政策具体分析。公共政策的功能主要包括导向、协调、管制和分配四种。

1. 导向功能

政府制定公共政策是为了使社会生活中复杂的、相互冲突的行为有效地纳入统一、明确的目标上来，从而使这个社会有序地前进。从这种意义上说，公共政策发挥着引导社会事务秩序与社会公众行为的重要作用，它是观念与行为上的统一引导。公共政策在发挥导向功能时可将这种导向从形式上分为直接导向和间接导向，从作用上分为正向导向和反向导向。需要注意的是，反向功能的政策不一定都是错误的政策，有些错误的政策也会在特定的背景下发挥反向的作用。

2. 协调功能

社会的正常与健康运行需要一定的规范与规律进行调节，公共政策就承担了协调功能。它的协调功能主要体现在对人与社会、国家与社会、人与人之间的关系的有序调节，以实现他们之间相互的动态平衡。公共政策在发挥协调功能时，不能简单地阐明应该做什么和不应该做什么，还应该阐明先做什么、后做什么、如何做等问题。在不同的历史发展时期，公共政策的协调重心会有所不同，它是由国家发展的矛盾与阶段国情所决定的。

3. 管制功能

管制功能建立在协调功能的基础之上，党和政府通过制定公共政策的方式对不利于社会健康运行的社会问题加以管制，避免问题朝着不好的方向发展，通常以明确的政策条文的形式体现。管制性政策从影响方式上分为积极性政策和消极性政策，前者是指以政策的形式对某种或某类促进社会进步与发展的行为进行物质或精神层面的激励或奖励，促进良性循环的形成；后者是以政策的形式对某种或某类违背社会进步与发展的行为进行物质或精神层面的约束与控制，以减少此类现象的发生。

4. 分配功能

分配功能是公共政策本质的体现，它源于社会中利益受益者的差别以及社会公共资源的有限性。公共政策对公共利益的分配无法满足所有社会公众的需求。公平是分配政策最重要的原则和价值追求，公平的分配能够有效降低社会矛盾与冲突发生的可能性，促进社会的和谐发展。

第四节 学习公共政策的意义

公共政策学是伴随着社会问题的日趋繁杂而建立起来的融合多学科知识的一门学科，同时也在解决社会问题的实践中不断发展并丰富，形成了如今较为成熟的学科体系。社会的发展形态日渐多元化，这也意味着社会问题的复杂性将日渐提高，学习和研究公共政策无论是对于研究当前阶段的问题还是对于预测未来社会的发展都具有重要的意义。

首先，从科学的角度讲，学习公共政策、了解公共政策产生的原因以及政策的作用能够让社会公众提高对社会的认知，掌握更多的社会知识，进而加深对公共政策本质与规律的认识与理解。进行公共政策学的研究能够使社会科学的广度与深度得到进一步的扩大与延伸。当代一些社会问题的性质较为复杂，同时覆盖多个社会领域，学习公共政策可以使研究人员挖掘公共政策更深层次的内涵与规律，通过对政策系统的完善来更好地解决社会问题，促进公共政策科学化的发展。政策研究者通过不断地学习与改进公共政策，与时俱进，运用现代化的科学知识进行科学决策，提升公共政策的质量，才能够更好地协调与分配社会资源，稳定社会秩序，促进社会的和谐与进步。

其次，从专业的角度讲，学习公共政策可以让社会公众从科学的视角理性地运用政策知识来处理并解决现实生活中存在的问题。公共政策实际上是一门解决问题的学科，强调以问题为中心的知识运用方式，重点关注“解决问题”的能力和技术，关心怎样让理论与实践相结合、怎样将政策知识转化为实践价值、怎样提供有效的专业咨询以及怎样发挥专家的独特作用。在现代社会，愈来愈多的政策分析者在政策实践中加入经济学、数学和统计学的分析技术。基于此，政策分析确立了基本的专业方向，即确定现有问题并寻求最佳的解决方案。不管是政府内部的政策研究部门，还是政府外部的专业性政策研究组织，都更加关注公共政策理论与实践的结合，而不是学科拓展和理论研究。

最后，从政治的角度讲，公共政策对于政策过程而言至关重要。古德诺认为，制定和实施政策的过程实际上就是政府执政的过程。制定政策是政治过程，实施政策是执行过程。从这种意义上说，政治行为与行政行为的统一就是古德诺所定义的政府政策行为。他的这一思想不仅对后来的行政学研究产生了重要影响，也对后来的政治学研究产生了重要影响。政策的形成过程不是表现为一个单纯的操作性的“决策过程”，而是表现为一个具有政治色彩的政府行为过程。阿尔蒙德也十分认同此观点，他提倡以公共政策为中心的政治学研究取向，并且认为公共政策可以作为应用政治学进行发展。此外，公共政策也能够为政治讨论提供素材，促进社会政治意识的提升，进而也能进一步完善公共政策的制定过程，提高公共政策的质量。

本章小结

本章共分为四个小节的内容：第一节讲述了公共政策的产生与发展，具体分为古代、18 及 19 世纪、20 世纪前半期、20 世纪中期至今的政策研究，以及公共政策学的中国化；第二节对公共政策的含义做了阐述，包括公共政策的概念、本质、形式、分类和特征；第三节讲述了公共政策的结构和它的四大功能；第四节讲述了学习公共政策的意义。

关键词

公共政策　产生与发展　含义　结构　功能　意义

思考题

1. 简述公共政策产生与发展的历程。
2. 简述公共政策的概念和本质。
3. 公共政策的形式是怎样的？
4. 公共政策是如何分类的？
5. 简述公共政策的特征。
6. 公共政策的功能有哪些？

7. 为什么要学习公共政策?

案例

新冠疫情保卫战

2020 年，新冠肺炎疫情给人类生活和全球经济造成重大影响。自新冠肺炎疫情发生以来，中共中央多次召开会议，对疫情防控工作做出一系列重要指示，“人民”始终是最突出的关键词。人民至上、生命至上，把人民生命安全和身体健康放在第一位，是中国疫情防控举措的根本出发点和落脚点。新冠疫情暴发以来，中国政府始终坚持人民至上、生命至上，采取“动态清零”政策最大限度地保护生命，显著成效有目共睹。从整体人口水平看，中国新冠死亡病例数、住院病例数远低于全球平均值。中国战“疫”取得重大战略性成果。

在抗疫的过程中，举国上下团结、有力的抗疫行动充分体现了全社会的团结精神和集体主义精神。党旗飘扬在战“疫”一线，中国共产党团结带领全国人民进行抗疫工作；医务人员星夜“逆行”奔赴一线，这些勇敢的身影，彰显着他们作为医务工作者义不容辞的责任与担当；科研工作者争分夺秒，协同开展科研攻关，从科学视角普及防疫知识，用科学技术攻克病毒难关；社区工作者为保障群众生活奔波忙碌；广大群众响应号召，积极配合疫情防治工作。同时，还有大量的企业、志愿者向疫区捐赠食品、医疗用品、生活物品等，给抗疫工作提供了充足的保障。

防疫关乎生命，发展关乎生计。在抗疫的过程中，中国政府坚持人民至上、生命至上，统筹常态化精准防控和应急处置，统筹疫情防控和经济社会发展，在全世界率先控制疫情、率先复工复产、率先实现经济增长由负转正，取得了全面脱贫和全面建成小康社会的历史性胜利，并实现了“十四五”稳健开局。

中国统筹防疫与经济发展，精准把握“防”与“放”的辩证关系，走出一条应对疫情大考的成功之道。

思考题：

1. 结合材料谈一谈你对公共责任的理解。
2. 结合材料谈谈你对公共利益的认识，并思考该如何促进公共利益的实现。

第二章　公共政策系统

系统是由多个要素通过相互联系、相互作用的方式组合成的具有一定功能的整体。为了维持其内部的稳定，通常系统会与外部发生物质、能量或信息的交换。学者将“系统”概念和理论引入到政策研究中，就诞生了“政策系统”一词。就理论而言，政策系统是政策运行的载体；从实际角度来看，政策系统是政策过程展开的基础，其核心是公共权力，围绕公共权力的运行，由权力的配置规则、方式及程序等共同构成了政策公共决策体制。本书中关于公共政策系统的介绍主要是从政策主体、政策客体、政策环境以及公共决策体制四个方面进行概述的。

第一节　政策主体

主体，是相对于客体而言的。政策主体是指在一定的政策环境下以直接或间接的方式参与政策制定、实施、评估等过程的个人或组织。美国学者安德森认为，以立法机关、行政决策机关、行政管理机构及司法机关为主的官方政策主体和以利益集团、政党、大众传媒及公民个人为主的非官方政策主体共同构成了政策主体的各种因素。关于政策主体的分类有不同标准，有的学者以参与方式为依据将其分为直接和间接主体，有的学者以体制为依据将其分为体制内主体和体制外主体，或是分为个体主体和群体主体。学界主流学者是以政策主体性质对其进行分类的，即政策官方决策者和政策非官方参与者。官方决策者指具有合法权威性的政治领导者，如政府首脑、国会议员等，他们拥有法律赋予的政策制定权；而非官方参与者则包括政治党派、普通公民等一些利益相关群体，他们作为政策的参与主体。二者最大的区别在于政策参与主体不具有法律赋予的政策制定权力。

一、官方决策主体

公共政策的官方主体是指那些具有合法权力去制定公共政策的个人、团体、组织等。公共政策的非官方参与者是指那些虽不拥有合法强制力，但能通过压力、舆论等方式介入到政策过程中，并产生一定影响的个人、团体、组织等。结合现代政治体制来看，政策决策权主要由立法、行政和司法三个机构共同行使。三大机关各司其职，彼此独立且相互影响，从而达到协调状态。

(一) 立法机关

立法机关是官方决策主体的重要构成部分之一，其基本职能是对法律或政策进行制定、修改或废除。在现代社会，实行资本主义制度的国家的立法权由议会行使。例如，美国主要由参议院和众议院组成的国会来行使立法权，税收、社会福利、劳动关系等政策均由国会制定；在中国，立法机关是全国人民代表大会和全国人民代表大会常务委员会。

(二) 行政机关

行政机关拥有行使国家行政管理权的职能。从广义上来看，行政机关是指执行国家法律政策、从事国家机关事务以及管理社会公共事务的政府机关及其工作部门；但就狭义角度来看，行政机关仅指政府部门内部的综合办事机构，在行政领导者的直接领导下负责管理各项事务。传统行政学的观点认为，国家意志是以制定政策的方式来体现的，而政策的执行则是将国家意志转化为实际的过程。但随着社会的发展，人们逐渐意识到，政策的制定与执行往往会相互作用、相互影响，已无法依照传统的政治与行政二分的方法来划清界限。因此，大部分国家的政策制定与政策执行是密不可分的，行政部门不仅能够参与部分法律法规及政策的制定，同时其自身对政策效果的作用也是极大的，一般可以通过政策执行的程序、效率以及方式等来影响政策最终的效果。

不同决策体制的国家，其行政机关的产生方式不同。一般而言，实行总统制的国家，其最高首脑由总统担任，总统对选民负责，而其他政府成员则由总统任命；内阁制国家的行政机关由在议会中占多数席位的政党成员组成，最高行政领导人可由内阁总理或是国家元首任命，也可以经内阁总理或国家元首提名之后，再由议会进行选举产生，其中内阁需要向议会负责；实行委员制的国家，其行政机关由议会选举产生，并向议会负责。对于西方大部分国家的地方政府而言，行政机关领导者的产生方式主要有四类，即上级任命、地方议会选举、地方议会主席兼任以及地方选民选举。不同于西方资本主义制度国家，我国的最高行政机关是国务院，也可称为“中央人民政府”，而地方行政机关则是指地方各级人民政府。

(三) 司法机关

在不同的政治体制中司法机关对公共政策有不同的影响。例如，美国的司法机关即法院，属于公共政策的直接主体，在社会和政治领域中具有举足轻重的地位，拥有审判权和司法审查权，能够影响并作用于政策的性质和内容，对政府的行为有较大的制约作用，如规定政府不能做什么，并且规定了政府怎样做才符合宪法和法律的规定。在英国，最高司法机关是上议院。上议院既是立法机关，同时也兼备司法机关的职能，具体负责民事和刑事案件的最终上诉，这便是1876年英国《上诉管辖权法》创立的由来，也因此建立起了上议院审理上诉案件的司法模式，久而久之便成为了英国政治制度的一大特色。从制度上来说，英国上议院的所有成员都有成为法官的资格，但实际上，只有少数具有法律专家身份的终身议员才有行使司法权的资格。此外，上议院的大法官也能够行使真正意义上的司法权，其他上议院的成员则不具备行使司法权的资格。在中国，司法机关指人民法院、人民检察院，二者在人民代表大会制度体系下，各司其职，相互联系、相互制约且相互促进。法院的司法权主要体现在审理民事案件、刑事案件以及行政案件和选举案件上；检察机关主要起到代表国家对刑事案件提起公诉的作用，并追究被告人的刑事责任，同时对审判过程和结果进行监督。有的国家并不单独设立检察机关，而是附属在法院体系内；部分国家则实行一体化原则，即总检察长负责领导检察机关，一般总检察长是经由内阁任命的。并非所有国家的司法机关都能对公共政策产生直接的、较大的影响，有的国家的司法机关不具有公共决策权，但能够对政策制定和执行的过程进行监督，即拥有监督权。

二、非官方参与主体

非官方参与主体主要指政治党派、利益集团、政策研究机构以及公民个人等，指那些虽不拥有合法强制力，但能通过压力、舆论等方式参与、介入到政策过程中，并产生一定影响的个人、团体、组织等。非官方参与主体对政策的制定所带来的间接影响不容轻视。

(一) 利益集团

利益集团，顾名思义，是由拥有相同或相似利益诉求的个人或团体构成的组织，其对政策的影响一般由集团成员规模、凝聚力、资金及其他资源等因素决定。利益集团大致可分为以下几类：首先是国家政策的相关组织，即政党、公民及非政府组织等；其次是跨国政策相关组织，如跨国公司、国家或地区之间的联盟组织等；最后是全球性政策行为者，如联合国、世贸组织、国际红十字会及国际奥委会等。利益集团参与政策制定的途径是多样的，如舆论宣传、游行抗议等。社会发展的多元化导致利益集团的多元化，在政策制定的过程中，不可能兼顾到每一方的利益，满足一方利益的同时必然会有其他利益团体得不到满足，但不论满足哪一方的需求，都绝不应该以牺牲公共利益为代价。因此，政策的制定应避免受个别或少数利益组织的控制。在公共政策领域中，利益集团被视为政策制定过程中不可缺少的重要部分。甚至有学者表示，政策的制定是政府官僚组织和利益集团共同作用的结果。当前世界各国的各种利益集团数量之多、形态之复杂、利益诉求之差异等，对政府立法和公共决策都产生了重要的影响，成为各国政府在决策过程中不可忽视的现实因素。

利益集团在现代政治中之所以有如此地位，是与现代政治体系的开放程度和其组织特征分不开的。利益集团具有以下特点：第一，以利益为核心，目标直接且具体。利益集团是社会成员因某种共同目标而集结成的组织，其目的是实现特定一致的利益。简言之，任何拥有共同利益而一起行动的人就是一个利益集团。这直观地表达了其成员的凝聚动力就是一致的利益目标，一旦成员利益与集团利益不再保持一致，则该成员退出此利益集团。第二，利益集团参与并影响政治不是以获取政权为目标的，具体是通过政府设置的便民途径来表达、影响其利益诉求的，从而最大限度地影响政策决策。一般而言，利益集团的行动无系统的纲领进行指导，甚至没有固定的组织形式。第三，利益集团的成员是由社会公众自发组织形成的，存在于民间并在民间活动，利益集团代表了某一部分群众的利益。

(二) 政党

政党作为政治组织，其对政策的关注范围比一般的利益集团更为广泛。这是由政党的政治性决定的，他们往往代表和反映的是多个群体的利益，通常是在政策制定过程中寻找机会获取政权，因此对政策制定的影响相对较大。一般而言，大部分国家的政治统治多带有“政党政治”的特色。

现代国家具有的典型特征之一就是政党政治，政党类型不同，其利益联盟的方式也有所差异。例如，在多党制国家里，某一单个政党所代表的利益群体规模较小，因此政党的利益聚合功能稍显薄弱，大部分是以特定利益的管理者身份出现在公众的视线中。在实行两党制的国家中，各政党总是期望获得更多选民的支持，因此在政策制定中更侧重于满足民众的诉求，同时尽力避免与社会集团发生直接的利益冲突。在两党或多党制的国家中，政党最主要的一项活动就是在竞选中获得执政权，只有这样才能有更多的机会将利益需求变为政策，才能够在政策制定过程中享有更多的发言权。

(三) 大众传媒

大众传媒简称新闻传播工具，其本质是传递信息的一种载体。根据人类文明进步的历史，大众传媒历经了原始传播、手抄传播、印刷传播以及电子传播四个阶段。目前的大众传媒工具包括广播、电视、报刊、网络等。特别是互联网的问世，加速了新闻信息的传播速度和传播范围。现代大众传媒具有覆盖面广、信息量大、影响力强等特点，信息的传播速度快，沟通效率高。

作为政策主体中非官方参与主体之一，大众传媒在政策制定中主要有以下作用：首先，借助大众传媒，公众能够有效、便捷地反映出对政策的诉求，而这些诉求可以为政策制定者提供客观、真实的依据。社会公众通过大众传媒来表达群体需求，以引起政府关注，从而影响公共政策的制定，使最终出台的政策能够更加贴合公众诉求。其次，政府能够通过大众传媒及时、迅速地将政策意图告知给社会公众。现代大众传媒的表现传播方式多样，大部分群体都能够借助手机上网获取信息。因此，政府可以将政策相关信息广泛有效地向公众传达，这样一方面能够使公众更好地理解政策意图，另一方面政府能够及时得到公众对政策的反馈。第三，大众传媒具有价值引导作用。政府能够借助大众传媒传递出一些思想和情感以引导公众对政策的认知，从而在一定程度上控制政策效果，有助于政策系统的有序运行。作为现代社会最强有力、最直接便捷的信息传播媒介，大众传媒在政策系统中是不可或缺的重要构成部分。

(四) 公民个人

公民在公共政策中的作用主要包括以下四点：第一，为政策信息的沟通起到了桥梁作用。这具体体现在三个方面：首先是上行沟通，即把与社会公众利益相关的信息向上输送给政策决策系统；其次是下行沟通，指把已接收到的政策决策信息散播于社会公众；最后是平行沟通，指信息在现代社会内部进行传递。第二，公民通过利益聚合、诉求表达、政策传递和监督等方式对公共政策的制定产生影响。第三，稳定公共政策的秩序，培养提高个体公民的政策参与能力。第四，形成社会团体的自我管理，并通过这种方式有效地调动现代社会资源，依靠自主能力解决小部分政策问题。

在现代社会组织中，其核心是公民个体。公民个人作为政策的接受者，在政策制定过程中有着不可忽视的作用，因为这直接影响了政策的实施效果。尽管大部分公民并不重视自己的这项权利，选择自觉放弃参与政策制定的机会，但政策制定者却不能对此草率对待，必须认真了解公民的利益需求，主动提供多种渠道和方式鼓励公民表达自己的诉求，如借助大众传媒，开通广播、电视、新媒体等渠道让公众参与到政策制定的讨论中来。大众传媒是政策制定者和政策接受者沟通交流、相互了解意图的一个重要平台。通过该平台，一方面政策制定者能够及时迅速、广泛有效地将政策意图告知公众，以得到反馈；另一方面，公众在平台上的发言是相对自由的，可以尽可能完整清晰地表达出个人的利益诉求，便于制定者了解公众的需求。

(五) 政策研究组织

政策研究组织，也就是大众所熟知的“智库”，是政策主体的重要组成部分，如兰德公司、胡佛研究所等世界知名的研究组织，其在政策制定过程中发挥出的作用是巨大的。该类组织多为各行业专业人员组成的跨学科的综合性的政策研究机构，兼顾学术理论与实际应用的研究。政策研究组织可以分为四种类型：第一类属于官方智库，即只服务于政府机构，一般隶属于某个政府职能部门，或是作为政治领导者的个人智囊团队独立存在；第二类是半官方智库，这类研究组织与政府具有合作关系，通常由政府委托民间政策研究组织开展某项研究，一般以签订合同的形式进行合作；第三类是民间智库，大都为基金会或企业出资赞助的社会性政策研究机构，具有独立性强、研究范围广、不受政治局限等特点；最后一类是国际智库，其成员由来自不同国家的学者或官员组成，大多研究国际性政策问题，如涉及人类的环境问题、资源利用及战争和平等。

第二节 政策客体

政策客体主要指政策发挥作用指向的对象，包括政策问题、政策影响范围以及目标群体。其中，政策问题基本是由一部分的社会问题转化而来的，只有得到政府重视关注的社会问题才有可能进入政策议程从而进一步转化为政策问题，而目标群体则作为政策的作用对象被视为政策客体的重要构成部分。

一、公共政策问题

公共政策的主导作用是为了有效地解决社会当前所面临的众多问题中的一部分，也就是社会问题中涉及范围广、不良影响较大、事态较为紧急的一类问题。政府的精力和能力都相对有限，不可能对每一个社会问题都进行干预，而只能筛选出其中紧急且重要的部分纳入政策议程，因此，只有当社会问题进入政策议程后才能将其视为政策问题。

(一) 社会问题

社会问题，也称公共问题，是在特定社会现象中表现出来的情境，具体指在一定范围内部分利益主体实际合法获得的权益与其所预期的或被提前设定的合法权益之间存在的差异。当政府关注到这种差异并采取一定措施时，则通常政策议程就会被启动，此时的社会问题就转变为了政策问题。

社会问题具有以下特点：首先社会问题是一种客观存在，即社会问题能够被人们清楚地认识到，如国防状况、社会失业等问题。客观因素是社会问题存在的必要不充分条件，但仅有客观性也不足以构成社会问题。此外，客观条件所发挥的作用还会因地区的不同而不同，如街边摆摊，对某个地区而言严重影响了交通，但在另一个地区则影响较小，并不能成为社会问题。其次，社会问题是人们的一种主观定义，不同的人对同一问题的认知和理解是不同的，这是由于每个人的三观以及经历不同而导致看待问题的方式方法和角度不同。第三，社会问题往往涉及人数较多。一般只有当大多数人的利益受到损害时，才有可能引起社会的广泛关注，如个人失业并不能造成社会问题，但如果是因经济波动造成了多人失业，就成为了社会问题。因此，政府既然代理人民行使国家权力，就必须以公众的利益为重，但这并不意味着可以对少数人的利益弃之不理。第四，社会问题的形成需要经历一个过程。公共问题绝不是突然间就出现的，一定是逐渐形成的，必然会经历一个从小到大、从一般到突出的过程。我们身边一个典型的案例便是人口老龄化问题。随着社会的进步，现代医疗技术条件远非昔日能比，当下人们的平均寿命大大提高，我国 60 岁以上人口所占人口比例由 2000 年的 7%增长到了 2019 年的 18.1%。判断一个国家是否进入人口老龄化阶段最直接的标准就是这个国家 60 岁及以上的人口总数是否超过整个国家人口的 10%，而中国在十几年前 60 岁以上人口就已超过了这一指标。人口老龄化是一个典型的社会问题，很好地展示了从小到大、从一般到突出的过程。对于社会问题的识别应尽可能提前发现，做到早防范早处理，以避免社会问题变得更为棘手。

(二) 政策问题

政策问题是政策活动的触发机制和逻辑的起点，政策存在的意义在于解决社会出现的某种异化现象、非预期状态等问题。从这个角度来看，公共政策的客体就是政策问题，不论处在哪个时代、哪个社会，都会存在各种各样的社会或公共问题。政策问题是主观感知认定的结果，其本质上是社会群体的表达和诉求，大部分的政策问题是由社会问题进入政策议程后转变而来的，因此，社会问题存在的特点政策问题也同样存在。当问题出现的原因主要在于实际条件与理想条件之间的偏差，换句话说当实际状态与社会期望的状态有了一定程度的差距时，这种差距会使社会进入紧张状态，因为它打破了社会长期稳定的环境，触及了公众群体的利益，因此必须借助公共政策工具进行引导规范。其具体流程是通过合法、正当、公开的途径向政策主体提出利益诉求，进而推动社会问题进入政策议程并转变为政策问题。该过程清晰地反映了社会问题是如何转变为政策问题的。一般而言，并非所有的社会问题都能变成政策问题。政府会对一些指标数据进行监测，只有当指标数据突变时才会引起政府的注意，进而社会问题才有可能进入政策议程，最终成为政策客体。

政策问题一般具有以下特点，第一，严重性。能够进入政策议程的社会问题影响范围较大，对大部分社会公众的利益具有严重影响。第二，复杂性。政策问题是在社会多方面因素的作用下形成的，这也决定了政策制定过程中存在诸多影响因素。第三，紧迫性。有的社会问题长期存在，但却不急于处理，而一旦发展到必须紧急解决的时期，则会被纳入政策议程中成为政策问题，这就要求政府需要立即做出相关的决策以遏制其带来的不良后果。

二、目标群体

针对各种不同的社会问题有相应的解决政策，类型不一，内容多样，但其本质基本一致，大都是通过政策对相关群体的利益进行调节或分配，并对群体成员的行为进行引导和规范，因此，受到政策影响的社会公众则称为目标群体，也叫作政策对象。

(一) 目标群体的作用

目标群体是公共政策的直接受众。政策的功能在于解决政策问题，引导、规范社会公众的行为，因此政策能否取得预期效果很大程度上取决于目标群体对政策的态度，而不是以政策执行者的行为和态度为决定因素。换句话说，目标群体对政策的认可程度与政策效果的好坏有直接关系。衡量政策是否有效的关键指标由目标群体对政策的理解和接受程度、遵从政策的意愿等因素构成。通常情况下，目标群体对政策的态度可细分为完全接受、部分接受、积极接受、被动接受或不接受这五类情形。

制度具有两面性，可以是正向激励性的，也可以是惩戒处罚性的。如果一项政策在受众看来是有利的，那么该政策在执行过程中会相对顺利，易被目标群体接受，还有些政策是通过调节部分群体的利益以满足另一些群体的诉求，这样的政策往往是受益的群体积极接受和支持，另一部分群体部分接受或被动接受。因此，并非每一项政策都会使全部社会公众完全满意，多数情况总是第三类情形。

(二) 政策认同的缘由

目标群体对政策的态度不外乎两种，一种是对政策持认同态度，一种是持抗拒态度。一般目标群体对政策的认同表现为接受或按照要求执行政策，其认同的缘由大致包含以下几点。

1. 政治社会化的影响

政治社会化具体是指人类在社会化的过程中，随着社会的进步与发展逐渐建立起来的政治观念以及慢慢形成的政治行为习惯，包括对国家、政党、制度、权威、遵纪守法以及权利义务等政治内容的认识。通常国家会借助家庭启蒙、学校教育、大众传媒等多种途径引导人们的政治社会化。

2. 传统思想观念和行为习惯的养成

政策本身对目标群体具有一定的引导和约束作用，包括目标群体的意识形态和行为，因此政策变化的幅度大小会影响目标群体对政策的接受和服从意愿。政策的认同也与不同地区的生活习俗有关，人们的思想和行为容易被长期的历史熏陶和文化塑造固化，在短时间内想要改变这样的思想是十分困难的。因此，在政策制定的过程中必须要考虑到传统习俗、习惯等因素，结合当地风俗、生活习惯特点等及时对政策进行调整。

3. 对政策的认知

一项政策的出台与实施，必须要保证其理论上的合理合法性，还要符合社会发展的实情，二者必须相辅相成、协调一致才能确保政策的实施达到预期效果。实质合理而形式不合理的政策会难以实施；若形式合理而本质不合理，则会出现政策被教条式地执行。法治社会要求必须在形式合理的基础上保证实质合理。因此，为确保目标群体尽可能积极地接受政策，政策的制定应符合法定流程以及制定原则。

4. 成本收益的权衡

目标群体对政策的态度绝大多数来源于对利益得失的权衡，即当接受政策比拒绝政策所付出的成本更高时，目标群体往往会对政策持抵制态度。尽管在现实生活中，人们并非仅从利益得失角度考虑问题，但利益却是制度激励的关键，因此政策制定者和政策执行者必须重视该因素。

5. 大局意识的考虑

人是经济人的同时也具有社会人的属性，即人看待问题时会从成本收益的角度出发，同时也会从整体和大局角度进行判断。当目标群体认为某项政策从理性角度考虑以大局为重是合理的时，那么暂时牺牲个人利益或小集团的短期利益也是能够被接受的。通常目标群体会顾全大局，以长远利益为主，从而接受并执行当下的公共政策。

6. 避免惩罚

公共政策由政府主导制定，因此政策自然具有权威性。如果没有法律制度赋予的强制力，那么绝大多数的政策都是难以顺利贯彻落实的。政策的本质功能就是通过对利益进行分配调节，以实现社会和谐均衡的状态。在这个过程中，难免会触碰部分人的利益，若不明确规定违反政策的惩罚措施，则部分目标群体会做出违背政策规定的行为。因此，在政策中规定惩罚措施在一定程度上能够降低目标群体不接受政策的可能性，但并不能为了惩罚而惩罚，那样就变成滥用权力了。

7. 环境条件的改变

大部分政策在短期内不会被终结，因此，在长期的执行过程中会产生“振动效应”，即随着时间的推移和现实客观条件的变化，目标群体对政策的理解和认知态度也会发生改变。例如，大众最初对一项政策持不接受态度而最终逐渐接受和理解，反之起初被人们接受的政策也可能会随时间的推移而遭到抵制。因此，应从辩证的角度看待这个问题，即事物的运动是绝对的，静止是相对的，没有一项政策是一劳永逸的。

(三) 政策抗拒的原因

1. 对合理性的质疑

当社会处于传统社会向现代社会转型的过程中时，会呈现出不太稳定的状态，易出现以下方面的问题。首先，传统的价值观受到了极大的冲击，人们对政府权力的界限、政府建立的途径、公民享有的权利等涉及政治方面的问题会产生新的认识和理解，对传统观念易造成分歧，进而动摇民众的传统权威下的社会心理。其次，物质文化需求在不断增长，社会现代化的发展一方面提高了人们的生活水平，另一方面也激起了人们对更高生活水平的追求，拓展了社会横向比较的思想视野，因此传统的纵向比较时代所带来的心理满足感难以继续维持社会的稳定，当社会情绪到达一定的临界值时必然会阻碍社会发展，使其停滞甚至倒退，会造成目标群体对政策认同产生障碍。

2. 对政府官员缺乏信任

从心理学角度来看，信任是一种复杂的社会现象，专家学者早已开始了对该问题的关注和研究。一个社会中若人与人之间缺乏信任，社会运行成本必然会大幅度增加。正如美国学者亨廷顿所言，信任会极大地促进社会公共制度的建立，但政府若处于不稳定的状态并且运行毫无效率可言，民众之间、民众对民族和国家的信任感以及忠诚度就会大幅下降。如果政策客体中的目标群体对政策执行者缺乏信任，那么这种不信任会影响政策执行的效果，即通过态度的泛化机制投射到对政策信息的质疑。因此，选择合适的具有信任度等特征的政策执行者对达到预期的政策效果有很大帮助。这些特征具体包括执行者的人格、能力、态度、仪表等。

3. 目标群体社会心理负担过大

目标群体社会心理承受力是指政策的作用对象，即社会公众对出现的社会刺激接受程度的大小，具体表现为公众对社会变革以及政策出台的心理认可度，简单说就是心理承压能力。影响目标群体的心理承压能力的因素包括个人的理解能力、应激能力、抗压能力和平衡能力。其中理解能力与承压能力成正比关系，即理解越深刻政策越容易被接受；应激能力指在应对突发意外状况时的自我情绪控制能力和随机应变的能力；抗压能力也被称为挫折忍耐能力，该特征具有较大弹性；平衡能力是一种重要的心理调节能力，即调节感性和理性使其达到平衡状态。由于每个人的成长经历、生活环境、受教育程度、价值观念、身体素质等多方面存在较大差异性，并且人的心理意志力、适应力等心理素质具有极强的可塑性，可以说每个人的社会心理承受能力的阈值不是清晰固定的临界点，而是处于一个较为宽泛的区间。因此公共政策的变革一旦超出社会公众的心理承受范围，政策认同障碍就必然会发生。

由政策客体各要素构成的系统被称为政策客体系统，该系统独立于政策系统。这是由于政策客体系统进入政策系统内后必须经过政策主体对客体相关信息进行加工、整理，最终制定出以客体为对象的政策这一过程，才能转化为公共政策系统的一部分。在客体系统内化之前，该系统作为一种客观存在，属于政策体系环境的一部分。

第三节　政 策 环 境

政策环境是由多个外在因素共同构成的一个复杂的系统，会对公共政策的制定和执行等各环节产生影响。政策环境可概括为政策系统外部对政策产生直接或间接影响的全部因素的总和。通常政策环境被分为两类：一类是自然环境，即自然地理环境，这是非人为因素形成的环境；另一类是非自然环境，包括经济、政治、社会、文化、国际等公共政策所处的外部环境。任何一项政策的执行都无法独立于环境之外而存在。比如学者张金马认为政策的执行无一例外地会与环境因素发生作用，势必或多或少受到环境的制约和影响，适宜的环境有助于推行政策以达到预期的政策效果，而不良环境则会影响甚至阻碍政策的落地。

一、公共政策与政策环境的关系

从广义上说，任何事物都可以是构成环境的一部分。政策环境包含所有对公共政策有影响的外部条件总和，涉及人、物、自然、文化、经济等多个方面。公共政策与环境之间是相互联系、相互影响并相互依存的关系。一方面，政策受环境的制约，在政策制定的过程中必须要考虑环境的影响；另一方面，政策对环境能起到改善和塑造作用，其原因主要包括以下几点。

(一) 公共政策是环境发展的产物

政策是随着社会的发展为解决诸多政策问题而提出的，故而公共政策是社会环境发展的产物。由于私有制的建立，社会出现了阶级分化现象，统治组织的形成以及国家的建立，出现了能够代表统治阶级意志的公共政策。某种程度上也可以将公共政策看作是政治和社会环境共同作用下的产物，如果缺少特定的环境，则公共政策也就无从谈起。因此，公共政策和环境之间是辩证统一的关系，二者相互联系、相互依存。有时政策会受到环境的制约或影响，环境起主导作用；有时政策能够积极反作用于环境，对环境起到改善和塑造的作用。

(二) 公共政策需适应政策环境

公共政策是环境的产物，表明了政策是在特定环境下出现的。因此，公共政策是与该政策环境相匹配的。如果政策与政策环境存在冲突和对立，换言之，政府针对某一社会问题制定出的政策与实际环境并不相符，那么在政策执行过程中，必然会遇到诸多阻碍，如目标群体不理解、不支持、不配合等，最终导致政策初衷难以实现，更达不到政策预期效果。

(三) 政策会随环境的变化而改变

政策的本质是为了解决特定环境下出现的问题，政策是会随着社会的进步发展而不断变化的。因此，公共政策不是一成不变的，是需要随着环境的变化及时做出调整的；若不及时做出改变，会影响社会的正常有序运行，产生诸多消极作用。

二、政策环境的构成因素

公共政策对政策环境的考量分为两个方面，一是把政策视为因变量，侧重于研究政策环境对决策主体行为的影响；二是将政策视为自变量，重点分析政策对政策环境的作用。某种意义上，公共政策是政策主体为了解决自身与当下环境之间的矛盾而存在的，因此于政策主体而言，政策环境可以分为两大类，一是政策系统所处的客观环境，如自然环境、经济环境、社会文化环境、国际环境等；二是政策系统实际运行的环境，也就是政策主体所认知的环境。本节主要对政策系统所处的客观环境做简单介绍。

(一) 自然环境

自然环境包括地理位置和自然状况，具体指地形、地貌、气候、各类自然资源等因素。地理环境对政策系统和政策内容的影响是持久的，它与公共政策之间有着紧密的联系。可以说，地理环境的特点在很大程度上决定了社会发展的走向。在政策的制定和执行过程中，地理环境也是不可忽略的因素之一。通常，地理环境是社会发展的基础，为政策的制定与执行增添了多样性。简而言之，作为影响政策环境的重要因素之一，地理环境因素能够对公共政策起到直接或间接的作用。

(二) 经济环境

经济环境是由各类经济要素共同构成的集合，具体包含社会生产力的结构、收入性质以及生产资料等方面。不同国家和地区之间，由于生产力水平、生产关系以及科技水平的不同，经济环境存在较大差异。经济基础决定上层建筑，社会的经济环境对公共政策具有极大的影响，具体包括决策体制、政策目标、政策主体行为等方面。政策系统始终运行在当下经济环境所创造的条件和需求之下。此外，政策系统对经济环境还具有反作用，具体表现为政策能够促进或阻碍生产力和科学技术的发展，甚至会对生产关系的健全与完善发挥出正面作用。因此，正确了解认识经济环境，对政策的制定和执行具有积极作用。

(三) 政治环境

政治，可以被概括为一个民族在特定的时期所盛行的政治态度、政治信仰以及政治情感。在《公共政策辞典》中，政治被界定为一个民族在政治制度方面由社会遗传下来的传统和行为特征的总和，包含了公众对政治过程的态度、信念和价值观以及由这些观点衍生出的行为和制度，这是政治社会化的过程，是整个民族积累的历史经验。政治环境是政策系统存在、发展、运行的基础，包括政治制度、政治体制、政治结构、政治关系等。政治环境在政策系统中具有较大的影响，会对政策系统的性质、民主程度以及政策系统合法化等多个方面产生作用。政策主体是处在一定的政治文化环境中进行政策制定和执行的，因而政策主体难免会受政治的影响，带有一定的主观判断、价值选择等个人因素。一个民族，经过长时间的政治沉淀和积累，其行为方式和价值观念都会受到根深蒂固的影响，这是很难规避的。随着改革开放的进程加快，人们逐渐意识到传统政治带来的局限性，已无法满足于被动接受政策的状态，更多地积极主动地参与到政策制定中，并扮演评价者的角色。在现代社会中，公众已成为政策制定的主导力量之一。

(四) 社会文化环境

社会文化环境是对政策系统的生存、发展和运行等一系列过程有重要影响的社会现状，包括社会制度、组织结构、文学艺术、风俗习惯、道德伦理、宗教信仰、民族人口等各种社会因素。社会文化环境不是一成不变的，其包含的各种因素会随时发生变化(突发或缓慢地变化等)，这种变化称之为社会变迁。可以说，社会文化环境因素对公共政策系统运行中的各个环节都有一定的影响。因此，政策主体做决策时必须要考虑到社会环境因素对政策效果的影响。尤其是我国，作为一个由多民族组成的国家，在制定、执行政策的过程中必须要考虑到不同民族的风俗习惯、宗教信仰等因素，以免出现政策“一刀切”的情况。社会变迁是动态变化的，对社会系统的平衡也会产生不同程度的影响，这就要求公共政策在实施过程中必须根据实际环境对政策目标或内容、政策方式或手段等随时做出调整以应对环境的变化。

(五) 科技环境

科技对社会的发展具有积极的推进作用。科技环境是指一个国家的科学技术发展的条件和氛围，具体指科学技术的进步以及新技术手段对整个社会的作用。自文艺复兴以来，科技经历了四次技术革命，每一次的创新都使人类文明前进了一大步，对社会的发展和人们的生活方式产生了极其深刻的影响。因此，科技作为政策环境中的重要因素之一，对政策系统的运行有着直接或间接的作用。例如，在政策问题的识别过程中，政策主体能够借助一些科学技术，如大数据、互联网等工具，有效地筛选出部分社会问题并使其进入政策议程，提高了政府的行政效率；在政策执行中，政府能够借助科技工具使目标群体更好地了解政策的目的和意图，从而为实现预期的政策效果提供保障。通过创造良好的科技环境，提高科技产出，并在政策系统中尽可能适当地运用科技创新成果，可以使公共决策更加科学有效。当今世界，人们更加意识到科技的重要性，为提高科技的创新，各国正积极努力营造良好的科技环境以促进科技的发展，以期借助科技成果不断提升国家的综合国力。

(六) 国际环境

国际环境包括世界范围内的政治、经济、文化等发展变化的大趋势、国际格局、全球秩序及规则等，同时还包括国家之间、跨国组织间的竞争、合作与冲突。因为这些关系对政策系统的存在、发展及运行有着重要的影响。如今，国与国之间的信息传递已十分便捷，地理因素不再是信息传递的障碍。不论是政治上的相互支持，还是经济上的互相依赖，抑或是文化方面的沟通交流，都使不同地区间的联系更加紧密，因而国际环境成为一个国家制定和运行公共政策不可忽视的重要因素之一。和平稳定的国际环境为各国的发展提供了极有利的条件。例如，20 世纪 80 年代，在良好的国际环境下我国确立了发展社会主义经济的长远目标，开启了改革开放、扩大对外交流的局面。

第四节　公共决策体制

政策系统以政策制定为核心内容，而政策制定则是围绕公共权力展开的。某种程度上，政策制定系统的运行就是指公共权力的运行。公共权力是由政治共同体的成员进行同意或授权，为管理调控该政治共同体及其对外的相关公共事务的一种公共权威力量，形式上属于职权关系。以公共权力为核心，各政策行为者通过不同的方式进行互动，构成了由决策主体、决策权、决策权的配置方式与规则等组成的公共决策体制。

一、公共决策权及决策主体

(一) 公共决策权力

公共决策权作为政策系统的核心基础要素之一，其本质上是公共权力的体现，即公共权力是决策的基础，决策是公共权力的具体表现。大岳秀夫在《政策过程》中将权力视为一种过程，一种借助多种手段维持并不断扩大影响力、话语权的过程。换言之，政治过程就是政策过程和权力过程的根本核心，而决策规则与决策方式基本都是以决策权力为主进行设计制定的。

决策权的拥有并非集中在某一个体或某个组织上，而是分布在各相关主体之间的。正如查尔斯·林德布洛姆所言，政策是通过行使权力被制定出来的。因此如何对公共权力进行分配就显得尤为重要。首先，公共决策权应具有权威性，这种权威性是正式的职务权或是法律赋予的，也可以是非正式的人格或技术权威，在实际生活中体现的是正式和非正式权威的结合。公共决策权中的权威性是为了让社会内的全部成员或大部分成员能够认同，以保证决策权对公众、利益团体组织等具有约束作用。由少数拥有权威和权力资源的决策主体代表社会公众和利益集团组织行使决策权力做出决定，一方面保证了决策的效率，另一方面能够确保公共利益的实现。

(二) 公共决策主体

公共决策主体包含直接或间接参与公共政策一系列过程的个人或组织。随着社会多元化的发展，公共决策主体也呈现出多元化的特点。公共决策的主体主要分为三类。第一类是核心主体，即行使决策权的核心主体，包括执政党和政府相关部门。第二类是准公共决策主体，具体指非政府公共组织，包括非营利组织、社会团体等。第三类指社会公众群体，其特点是没有明确严谨的组织纪律性，且力量较为分散，但其依然是决策主体的重要组成部分，而且还是政策作用的主体对象，即政策客体的身份。公共政策的运行是一个动态过程，包括主体和客体之间，以及主、客体和环境之间的持续互动，可以说公共政策的运行就是各相关利益主体间的博弈互动过程。

二、公共决策权的配置

公共决策权不仅自身需要具有一定的权威性，还要保证决策权在配置过程中具有合法性和有效性。在各主体之间进行公共决策权的分配要依据既定的规则和程序才能确保其合法性和有效性。换言之，决策权的分配过程是一个程序化和规则化的过程。程序化是经由历史实践积累而得、符合现实发展规律的流程，在一定程度上能够有效减少滥用决策权的现象。同时，按照既定流程还能保证决策的慎重和严谨性，以防具有权威性的个体或组织草率行使决策权。规则化是指在决策权配置过程中应遵守的制度和方式。不同社会发展时期下，决策权配置的规则应顺应时代而适当进行调整，以便符合当下社会的发展形势。因此，为保证公共政策的有序运行，规范和约束公共决策权的分配过程是极其重要的。按照不同划分标准，决策权配置的方式也有所不同。从决策权配置人数多少的角度考虑，可以选择首长制或委员会制；而从决策权限集中度的角度考虑可以选择实施集权制或分权制；从对决策权的使用角度来看，根据决策系统中各部门的职责权限可以选择层级制或职能制。

(一) 首长制与委员会制

1. 首长制

从字面意思可以看出首长制具体指决策权在某一个人手中，由其独自掌控，也被称为“一长制”或“独任制”。首长制的分配特点在于最高决策者可以和组织内的其他成员进行讨论或是征求意见，但最终的决定权仍在于最高决策者，并且由首长对决策负全部责任。首长制的优点在于做决策时较为迅速决绝，可使行政工作的效率发挥到最大，并且责任和权力的划分十分明确具体，避免了决策失误时决策团体内部成员相互推诿责任的情况。但该方式也存在一定的不足，由于决策权集中于一人身上，很容易导致决策者的独断专行、滥用权力，且不利于民主的实行，很大程度上会影响公共决策的科学性和民主性。

2. 委员会制

与首长制不同的是，委员会制下的公共决策权是由两个或两个以上的成员组成的集体或委员会共同行使。委员会制也称“合议制”，该制度下政策方案是按照少数服从多数的原则被最终确定的。委员会制的优势在于，在决策过程中能够广泛听取不同的意见，做到集思广益，极大地发挥了民主决策的优势，调动了委员会成员的积极主动性。然而，委员会制的缺点也是较为明显的。相比首长制的高效率、责任具体化的优点，委员会制的决策效率较低，做出决策花费的时间往往多于首长制的决策时间。此外，由于参与决策的人数至少是两人，当发生决策失误时委员会成员对于责任的承担容易相互推诿，无形中会增大决策的成本。

(二) 集权制与分权制

1. 集权制

集权制的特点是决策权全部由中央级行政组织掌握，下属机关按照上级指示采取行动即可。集权制的优点在于决策者能够统筹大局，做到政令统一；其不足之处在于政策的适应性较差，无法有效做到因地制宜。在现实生活中，上级决策机构有时会对政策执行过程中出现的多种情况考虑不全面，容易导致政策的执行出现“一刀切”。这种情况一方面不利于公众对政策的理解，一旦遇到特殊情形下级机关无法根据实际情况进行酌情处理，易使公众产生抗拒情绪；另一方面，不利于调动、提高下级机关的积极性。

2. 分权制

分权制，即决策权是由地方行政组织掌握的，各级决策机关在所属范围内拥有相对独立的决策权，通常上级机关不对下级机关的决策事务进行干预。分权制的优点比较明显，由于各级决策机构对各自辖区内的情况较为了解，获取的信息相对全面准确，在决策过程中能够贴合实际、因地制宜，有利于提高政策的针对性。其缺点在于协调各级决策部门的难度增大，由于各级机关大都基于自身利益的考量做出最优决策，导致决策权的配置较为分散，容易出现上下级整体决策步调不一致的情况。

(三) 层级制与职能制

按照组织内部机构职责所属的权限性质以及范围的不同可将决策权分为层级制与职能制，二者也是决策权分配的常用方式。

1. 层级制

层级制，也称直线制，是从纵向的角度将领导机构划分成若干层级，下属层级仅对上级负责，从而形成了一个类似金字塔的决策指挥系统。层级制应用在决策权力配置中，则是将决策权分散在纵向上的各层级，每一个层级的决策权范围基本一致，但其决策权所作用的范围和规模会随层级的降低而不断缩小的决策体制。采用层级制的优点在于能够保证决策权的集中以及大的决策战略方向保持一致，便于统一指挥。由于按照层级划分决策权，决策权的分配层次较为清晰。此外，当各层级决策者发生调动或升迁时，对新岗位都能很快适应。层级制的不足在于各层级负责决策的人需要对本层级的所有决策后果负责，因此，为保证决策不失误，决策者对大部分的工作都事必躬亲，容易陷入事务堆中，没有足够的精力做出正确的决策。

2. 职能制

职能制，也称分职制，具体指一个领导机构在横向上平行设置若干职能部门，这些职能部门的职责是辅助领导机构处理日常事务，其工作核心以领导部门为主。职能制是按照工作性质和内容的不同为划分标准的领导体制。当职能制应用到决策权的配置中时，则是将决策权按照各职能部门的功能进行分配，所有横向职能机关的决策都是为核心决策部门服务的。决策权配置采用职能制的优点在于，职能部门是依据工作的内容和性质进行划分的，其专业性较强；将决策权分散在各职能部门内，能够做到决策的精准性，决策效率相对来说高于层级制。但职能制的缺点也是较为明显的，由于分工过细，决策权分散程度较大、难以集中，各职能部门的决策结果较为分裂、不易协调，容易导致部门之间发生矛盾。此外，由于各职能部门的决策者仅对本部门的工作事务最为熟悉，对决策的全局性和整体的决策原则把握不到位，易使决策违反系统、经济等原则。

三、公共决策的规则

公共决策除了决策权的配置，决策规则也是必不可少的要素。决策规则指决策主体选定出最终的政策方案时所遵循的程序和方法。换言之，决策规则的作用是确定了一个范围，所有的政治竞争者必须在此范围内进行战略和策略的制定，甚至是展开政治斗争。决策规则往往对决策结果有重要影响，有时会因决策规则的不同而改变决策结果。基本决策规则一般分为两类：全体一致规则和多数规则。

（一）全体一致规则

全体一致规则是指在决策中所有具有投票资格的成员对某一政策方案必须投出全部赞成的票型，该政策方案才能进入下一步环节即成为公共政策，一旦出现任意一票反对，则该政策方案就不能通过。全体一致规则要求决策主体之间必须是绝对平等的关系，不论是在形式上还是在决策权分配上。此外，在决策受益方面，所有的决策主体都能凭借最终通过的政策方案获得利益，即决策主体不会受到损失。但在现实生活中，全体一致规则在操作中存在较大难度，每一位决策者因其成长环境、受教育程度、三观等各方面存在差异，在决策过程中要实现全体一致规则需要花费极大的沟通成本，决策效率较低。基于这个原因，全体一致规则不会被轻易使用，只有在决策个别重大政策方案时才遵循该规则。

（二）多数规则

多数规则，即少数决策者遵循多数决策者的意见，也就是常说的“少数服从多数”规则，尽可能以多数人利益为主。由于全体一致的决策规则需要耗费较多的时间、物质和精力，因此相对成本较低的多数规则便成为了最常用的决策规则，即把获得赞成票数最多的政策方案转变为最终将采纳的公共政策。通常多数规则分为两种基本形式：简单多数和绝对多数规则。

1. 简单多数规则

简单多数规则是指在进行政策方案投票时，获得赞成票数最多的政策方案将成为正式的政策，且没有额外的票数规定，如赞成票数必须超过半数或三分之二等要求，故而，简单多数规则也被称为“相对多数规则”，是最为常见的多数规则。在现代决策中，简单多数规则的使用较为广泛，其流程也颇为简单，便于人们理解和接受，且在一定程度上能够保证决策的效率。使用简单多数规则时，决策群体的人数多为奇数，以避免不同政策方案获得的赞成票数一致而导致决策失效。如由 11 人构成的决策群体对甲、乙、丙三个政策方案进行投票，有 5 人支持甲方案，4 人选择了乙方案，仅有 2 人赞成丙方案，因此最终敲定了以甲方案作为正式的政策进行出台。尽管只有 5 人选择了甲方案，未超过总人数的二分之一，但依照简单多数原则，并不影响最终的方案选择。

2. 绝对多数规则

不同于简单多数规则，绝对多数规则是在前者的基础上对赞成票数的具体占比进行了明确的限制，如要求决策者所投赞成票数须占总票数的半数以上或是 2/3 以上或是其他具体规定，故此绝对多数规则也可称作比例多数规则。在现实操作中，如果在第一次政策方案投票里没有投出符合绝对多数规则的方案，那么将会对第一轮获得赞成票数最多的备选方案进行第二轮投票，直到投出票数最多且符合规则的政策方案为止，该流程是对绝对多数规则的修正过程。在绝对多数决策规则下，并不是每个决策者都必须投出赞同票，只要符合规则的硬性要求，投出最终方案即可，因而决策成本低。另外，最终选定的政策方案对全体决策成员都具有约束力，即所有成员都必须遵守并拥护最终的政策方案。虽然多数决策规则的优点是显而易见的，能够减少决策成本，但却存在“周期多数”“投票悖论”等弊端，即最终选定的公共政策不一定优于其他方案。为弥补绝对多数规则的缺陷，人们提出了一些改进的方法，如淘汰投票、需求显示法则等。

四、公共决策体制的类型

公共决策体制是随着社会发展的需要，受到经济、政治、传统文化等多种因素的影响而产生的。在不同的社会发展时期，公共决策体制类型也大不相同。古代的公共决策体制有原始民主制、神权制以及君权制等类型；当今世界各国的决策体制以最高决策权归属为划分标准，大致可分为议会制、军人独裁制以及人民代表大会制三类，其具体表现及特点如下。

(一) 议会制

近现代以来，大部分西方国家实行的公共决策体制都属于议会制类型。议会制下基本是以多数规则为决策原则，即少数服从多数，在议会表决中多数成员的支持是维持公共决策体制正常有序运行的关键。依据各国最高决策者的不同，公共决策议会制又可分为总统议会制、内阁议会制和委员会议会制。

1. 总统议会制

总统议会制的特点在于国家决策权是由总统和议会共同掌握的，作为国家元首和政府首脑的总统，对国家行政事务拥有最高决策权，对政府组织负责。总统和议会成员均由国家选民投票选出，二者皆对各自选民负责。在多党制的国家中，总统隶属的政党不一定在议会中占多数席位。政府行政组织主要由总统领导，议会不参与相关事务，且政府成员不得在议会中任职；必要时议会可以对总统进行弹劾，但总统无权解散议会，可是总统对议会通过的法案有一票否决权。此外，总统虽无权干涉国家司法机关相关事务，但有权力对国家最高法院的大法官进行任命。实行总统议会制的国家主要有美国、芬兰、法国等。

2. 内阁议会制

在内阁议会制下，议会作为国家权力中心拥有选举内阁成员的权力，即内阁由议会产生，内阁具有行使国家行政权的权力。内阁会推选出一名总理，对内主持日常事务，对外参与和政府其他部门相关的事宜。内阁总理一般出自议会多数党派，国家元首多为虚设且无实际决策权。一般情况下，内阁就某些重大事件做出的决策必须取得议会多数成员的认可和赞成才有可能被推行，而国家元首颁发的政策制度必须得到内阁总理的签署方能生效。议会可以对内阁决策出的议案提出质疑，内阁则有权要求国家元首解散议会；内阁中成员拥有平等的决策权，通过投票的方式行使该权力。某种程度上，国家元首也拥有较大的权力。例如，英国、德国、意大利、日本、澳大利亚、加拿大、以色列等国家的公共决策体制类型就是内阁议会制。

3. 委员会议会制

委员会议会制下，议会是国家最高决策权力的组织，同时拥有立法权和执政权；而委员会只是议会的一个执行机构，主要负责处理政府部门的日常事务。委员会议会制的特点在于决策权不是某个国家领导人独自拥有，而是通过议会成员按照多数规则进行投票表决来行使公共决策权。国家政府是由议会选举产生的一个委员会，该委员会实行集体领导，由委员会成员推选出一名主席，对内负责会议主持等工作，对外则作为国家元首与其他国家进行外交。在行使决策权时，委员会主席的权力与其他委员一致。议会不得解散委员会，委员会也无权干涉议会。除此之外，委员会还具有“智库”的职能，即为议会的决策提供辅助。

(二) 军人独裁制

军人独裁制是指军队领导人通过发动政变夺取国家政权的一种决策体制，尤其从近代开始，欧洲和拉丁美洲的一些国家曾经出现过军人独裁制。1950年之后，该体制在少数刚成立的亚非国家较为流行。军人独裁制的实施存在两种不同的表现情形。第一种，军人决策取代政府决策。原本国家决策权是通过政府组织行使的，但由于军队发起政变，推翻了政府组织，议会等相关机构被解散，公共决策权由政变领导人和军人委员会所掌控，即公共决策变为了军人决策。第二种是指由军人决策演变而来的政府决策，其本质上仍是军人独裁。其具体指军队发动政变成功之后仍回归到原职，国家领导人，包括总统、主席、总理、部长等重要职位由政变领导人担任，于是公共决策体制从形式上逐渐趋于其他类型。

(三) 人民代表大会制

我国实行人民代表大会制度。该制度的特点体现为全国人大是国家的最高权力机关；地方各级人民代表大会是地方国家权力机关。国家行政机关、审判机关、检察机关都由人大产生，对它负责，向它报告工作，受它监督；国家检察机关由人大产生，对它负责，受它监督。人民代表大会常设机关为常务委员会，负责日常事务的处理，人大常委会的成员均为来自全国人民代表大会的成员。全国人民代表大会在行使决策权时，首先经由人大成员讨论、审议，在组织成员对讨论出来的几个方案达成共识的基础上，再进行投票表决，并遵循多数规则确定出最后的政策方案。

五、公共决策体制的科学化、民主化和制度化

20世纪60年代，公共政策学科在西方国家兴起的同时，就提出了决策体制的科学化、民主化和制度化。拉斯韦尔和德洛尔两位学者关于政策科学的研究指出，政策科学的目标在于通过制度规范人类社会的发展方向，改善政策系统的运行，提高政策质量。公共决策体制的科学化、民主化以及制度化的目标一直贯穿于我国政治体制改革的全过程，并作为一项基本任务在实践中落实。公共政策学研究的核心主题之一就是如何使决策体制变得更加科学化、民主化及制度化，同时该问题也是政治学、行政学及软科学等学科领域研究的重点。改革决策的本质是为了更有效率地向社会公众提供符合其诉求的公共产品和服务，

促进社会公共利益的合理分配，而公共决策的科学化、民主化以及制度化能够有效保障政策系统有序、长久地稳定运行，从而进一步为社会发展提供制度保证。

(一) 公共决策科学化

公共决策科学化是现代公共决策体制追求的主要目标之一。在传统决策体制中，决策主要依赖于决策主体个人的经验，决策质量则基本取决于决策主体的素质总和。这样的决策方式存在较高的决策风险，一旦个体决策失误，就会导致整个决策的失败。因此，现代的公共决策体制将决策的科学性作为原则之一，通过在决策过程中合理运用现代科学原理，并对政策问题和目标群体进行了系统严谨的计算和分析，以便在最大程度上确保决策的质量。公共决策科学化主要指公共决策主体从客观实际出发，以充足的事实为依据，并以科学决策理论为指导，基于事物存在的内在联系通过大量的数据和资料对其进行分析，遵循科学的程序和方法进行决策的过程。决策科学化应贯穿于整个决策体制的各个环节中，其中最核心的是要保证决策权配置的科学化。依据国家政治制度的不同，决策权配置分为首长制和委员会制、集权制和分权制等，本节已在前文中详细介绍过，此处不再赘述。

公共决策科学化的本质具有遵照客观规律、顺应事实发展的特点，若决策不符合现实发展需求，科学化实属纸上谈兵，毫无可行性而言。实行公共决策科学化首先要求决策者必须学习采用科学的决策理论，将现代科学的决策技术、方法和工具运用到决策中，并在决策过程中保持理性，即不能冲动决策。决策者在做出决定之前，对整体的大局要有充分的认识，多方权衡利弊，并对不同决策方案的优劣进行对比，保持目光长远，从国家战略的角度出发，以社会大多数公众的利益为主，最终决策出最优方案。其次，尊重科学规律是保证决策体制科学化的关键，决策主体不论做出何种决策，都必须考虑是否具有科学性，即符合自然规律、符合经济和社会发展的规律。第三，决策科学化需要制定科学的、符合实情的法律制度，用以明确决策者的职权和决策流程，坚决依照决策规则进行决策。最后，要设立决策的监督机制，以公示、公开的方式保证决策过程的透明性。

(二) 决策体制的民主化

将民主机制引入公共决策体制，在决策过程中尽可能让多方主体参与决策，使决策方案符合社会大众的利益诉求，从而保证公众的根本利益不受损害。决策体制民主化包含两个方面。第一，决策方法民主化，即政策主体，如立法机关、司法机关、行政机关、政党、公民、社会团体及利益集团等，充分行使参与决策的权利。对于社会公众而言，决策民主化的实质是对公民的知情权、表达权和参与权以及监督权等权利的具体落实。决策体制的民主化要求决策者必须打破传统公共决策的“官本位”思想，实现公共利益。第二，要严防个人专断的决策思想出现。决策者的眼界、格局等都存在一定差异，决策时难免受到个人因素的局限，因此在面对重大问题决策时，一定要让更多的人参与到决策中，通过集体讨论，遵循少数服从多数的规则，尽可能规避个人决策的独断与偏执，最大限度发挥出群体的智慧，以提高决策的质量并减少决策失误。此外，公共决策民主化还要求领导体制的民主，而权力的过度集中属于决策民主的对立面，会严重阻碍决策民主的实施。权力过于集中易造成决策失误，因此积极构建领导体制的民主有利于实现公共决策的民主化。

保证决策体制民主化，首先能够有效构建多种社会力量参与政治的相关机制，通过扩大公众有序参与决策过程，有助于增强决策体制的包容性，有利于在国家治理中得到公民的支持。第二，民主机制的引入，便于提升公共政策的公共性、公平性，最终能够促进社会的公平正义。通过社会各主体的参与，能够提高公众对决策结果的认可度，得到社会公众的一致认同。

(三) 决策体制的制度化

制度是由强制性的规则组成的，其目的是引导和规范人们的思想或行为。决策体制的制度化是把决策主体、决策过程以及决策内容等要素归入法律的范畴，将其流程固定化。一旦决策体制缺乏制度的规范和约束，就会失去限制和权威性，变得无序、不稳定并且难以预测。因此，制度化是公共决策体制有序良好运行的重要保障。决策体制制度化的原因是为了通过法律制度的形式将决策过程具体化、条文化、规范化，以明确主体的行为，对不符合制度的行为予以明确的惩戒措施，从而在制度上保障决策体制的合理运行。当前，世界各国关于决策体制的制度化大都是以法律的形式规定了决策的权力配置方式和规则、决策主体的构成及决策权力的行使方式等。公共决策体制制度化就是运用法律来规范决策过程，使主体的决策行为符合法律规定，即决策者在整个决策过程中必须依法、用法、守法，使决策过程制度化、规范化。

本章小结

本章内容主要围绕政策系统从政策制定者的政策主体、政策接收群体的政策客体以及政策运行所处的环境及遵循的决策体制四个方面进行介绍。其中，政策主体依据其性质分为官方决策主体和非官方决策主体。前者指政府机关组织，包括立法机关、行政机关及司法机关；后者包括利益集团、政治党派及公民等群体。政策客体主要介绍了政策问题和目标群体两部分内容。政策环境是政策系统中重要的组成部分。政策是环境的产物，因而公共政策的制定必须顺应环境的发展。构成政策环境的因素有很多，包括自然环境、经济环境、政治环境等。此外，公共决策体制涉及政策系统的核心因素，即决策权。公共决策权的行使主体和权力的分配方式以及决策过程中遵循的规则都属于决策体制的主要内容。通过本章的学习，应该对公共政策系统有一个较为全面的认识和了解，为公共政策的后续学习打下坚实的基础。

关键词

政策主体　官方决策主体　非官方参与主体　政策客体　政策问题　目标群体　政策环境　决策体制　决策权配置　公共决策规则

思考题

1. 如何界定政策主体？
2. 政策主体的构成包括哪些部分？
3. 政策主体系统分为哪些子系统？

4. 社会问题和公共政策问题之间的关系是什么？
5. 政策环境主要构成因素包括哪几方面？
6. 公共决策权的配置有哪几种方式？
7. 公共决策体制类型主要有哪几类？各自有何特点？

案例

《中华人民共和国民法典》的问世

2020 年 5 月第十三届全国人民代表大会在北京人民大会堂召开，会议上对《中华人民共和国民法典》进行了审议投票表决，最终以 2879 票的赞成票获得通过，标志着我国首部民法典正式问世。

民法典编撰工作被提上日程是在 2014 年 10 月召开的党的第十八届四中全会上，于次年在全国人大常委会的主持下启动编纂工作。民法典的编纂工作分为两个步骤：第一步是先制定出民法总则，这是民法典的开篇部分，是整部民法典的总括所在；第二步则是对各分编进行撰写，最终经由全国人大常委会审议和修改后，将总则与各分编进行整合，一部完整的民法典草案便成型了。民法典的总则从 2015 年 3 月开始动工，是在 1986 年制定的民法通则的基础上，结合我国近年来民事法律的实践经验，并对民事法律制度中的普适性和引领性的规则进行提炼，完成了民法总则草案。2017 年 3 月在第十二届全国人大第五次会议上通过了民法总则的审议，这表示民法典的编纂取得了良好的开端。

紧接着民法典编纂的第二步分编工作也陆续展开，其间全国人大代表、政协委员等多次提出了关于完善民事法律的议案、建议以及提案，社会各界各方人士也提出了自己的意见和建议，通过编纂班组严谨深入的研究，仔细斟酌后，2018 年 8 月民法典各分编草案逐一面世。此后一年多的时间里全国人大常委会对民法典的各分编草案反复拆分讨论审议，并将总则与分编进行整合。经过全国人民共同的努力，耗时五载，民法典在 2019 年 12 月正式展现在世人面前。

在民法典的编纂过程中，全国人大常委会专门成立了编纂小组以确保工作顺利进行。此次编纂工作除了由法律工作委员会组织之外，我国最高人民法院、最高人民检察院、司法部以及中国社会科学院等多个机构都参与其中。而最高法院更是全程参与了编纂工作，全国人大宪法和法律委员会成立以来就民法典的编纂工作共召开了 86 次会议，为了目标群体更好地接受和认可公共政策，使民法典在后续的运用中能够更加贴合社会发展的实际，全国人大常委会法工委通过互联网向公众积极征求意见。自 2018 年 9 月发出征集以来，共有 38 万余人次参与，收集了 79 万余条意见和建议。除了公开征询民众意见外，法工委还采取了基层调研、召开座谈会、发函征求地方人大等方式广泛听取意见，同时深入走访社区、居委会来了解群众的心声。经过反复雕琢修改并不断完善，一部全方位保护人民民事权利的法典得以呈现于公众。

资料来源：中华人民共和国中央人民政府网：http//www.gov.cn/xinwen/2020-05/28/ content_5515673. htm

思考题：

1. 谈谈我国民法典出台过程中非官方参与主体是如何参与到决策中来的？
2. 我国立法决策遵循的是什么规则？
3. 我国决策体制属于何种类型且有何特点？

第三章 公共政策工具

公共政策工具是政府部门在治理工作中所使用的手段和途径，是公共政策系统内主体、客体以及环境之间互动的方式。政策工具的选择对于公共政策形成的各个环节而言都是需要着重进行思量的因素。从这个层面上来看，对政策工具所涉及的领域和范围进行研究是非常有必要的。本章中，我们将对公共政策工具的含义、类型以及如何选择和配置等方面进行简要的介绍和探讨。

第一节 政策工具的含义

什么是政策工具？与政策工具相关的研究是从哪里开始的？政策工具都具有哪些类型？这些问题是我们进行政策工具的研究时首先需要了解清楚的最基本的问题。

一、政策工具研究的起源

公共政策学者们投身于政策工具领域的研究可以追溯到很久以前。通过学习研究我们发现，人类自从产生公共决策活动的那一天起，就开始思考政策工具也就是政策目标配套的措施、手段、方法等对于政策执行和政策结果的意义，也可以说人类社会自从开始涉及政策研究，对政策工具的研究讨论就已经存在。

社会科学界是政策工具研究的发端，起初学者们只关注到了政策工具是个人或组织试图有目的、有计划地影响整个社会的进步发展所借用的途径和方式，因而此时期政策工具的相关研究也主要集中于此。之后，大量的假设和提问都是基于这一观点所展开的，并作为其研究的发端。在法学领域，政策工具的相关研究自20世纪初期开始出现，罗斯科·庞德认为法律是一种用于控制社会的工具。而学者布鲁金和霍金则认为欧洲是政策工具研究最先出现和盛行的地方，尤其在荷兰和德国等国尤为突出，还有部分学者认为荷兰和德国的公共管理大部分都根植于法律。就政治学领域的政策工具研究而言，由罗伯特·达尔和查尔斯·林德布洛姆编写的《政治、经济和福利》一书中两位学者就政策工具的基本原理进行了浅显的探讨和研究。同样在政治科学领域，学者庭伯根和查乐林认为，对政策工具的研究最早见于20世纪50年代中期由达尔和林德布洛姆撰写的一篇《论现代国家采取的政治-经济技术》的文章中提出的。在这以后，政治科学领域中的政策工具研究就主要沿着两个方向进行研究和发展：一是侧重于对具有政治属性的工具进行研究，以政治、文化及意识形态作为其研究的基础；另一是试图通过对工具的研究来界定和划分公共政策的具体功能；除了在法学和政治学领域以外，政策工具研究在经济学领域也曾经在很长一段时间内盛行。为了能够达到和获得足够多的经济利益，经济性的公共政策，如社会福利等在传统意义上就一直被当作工具来使用。比如，工资与价格政策、社会保险福利水平以及货币、财政和税收等全都被看作是取得某些宏观经济效果的政策工具。

20 世纪 70 年代后在公共行政学领域开始出现政策工具的系统化研究。1971 年政策分析学者德洛尔提出具有批判性的言论，他认为由于当时的公共政策学发展极度忽视了工具的实践，导致公共行政学领域极度缺乏一种具有强说服力的认知框架。在这之后，迫切需要解决的社会问题让学者们将焦点转向了实践领域，公共行政领域和公共政策学科因而从原本的注重规范的研究转而沿着实证并重的道路进取，越来越多的实践问题要求各领域学科增强其自身的解释能力。在这样的背景下，环境政策、节约能源政策等领域公共政策工具的研究得到快速发展并出现了大量有关政策工具发展的经验性研究。西方政策科学研究的关注点也逐渐转向政策执行研究，兴起了持续近 20 年的“执行运动”。极具代表性的政策工具选择途径研究的著作有胡德的《政府的工具》，盖伊·彼得斯和弗兰斯·冯尼斯潘的《公共政策工具》一书以及萨拉蒙的《政府工具》等。在公共管理学界，涉及政策工具的研究相对出现较晚：首先，理论与实践的碰撞促使大部分学者热衷于解决实际公共问题，这种学术与现实碰撞的环境和趋势推动了公共管理学领域政策工具研究的盛行。其次，整个社会的进步以及民众思想的进取导致政府部门政策执行的难度和复杂程度不断攀升，也促使政府职能范围不断扩张，进一步加剧了社会各行各业对政府管理相关知识的需求的增加。第三，由于人们对福利国家的政府部门的行为充斥着不满并要求政府部门对政策失败的原因进行分析，由此学者们主张想要顺利解决政策问题就需要对政策失败的原因进行剖析，而解决这两者的关键就在于建立和发展出一个专门的政策工具理论并将其付诸实践。

二、政策工具的概念

政策工具(policy instruments or tools)又被称为“政府的工具”(tools of government)、“治理工具” (governing instruments)。对于其具体概念和内涵，国内外学者理解角度不同，给出的定义也各不相同。

公共政策学者英格拉汉的定义关注到了政策工具解决政策问题的有效性，他认为政策工具是系统地、整体性地探讨问题的症结所在以及解决方案的因果关系的过程。但是，该定义对政策工具本身的特性表现并不明显。

施耐德和英格拉姆认为政策工具是有目的的行动蓝图和一整套的计划。也就是说，他们认为政策工具是具有目的导向的，而这种目的导向是在政策规划的过程中就已经被确定下来的。

胡德将政策工具看作是一种手段。他认为“行政工具”(administrative tool)就是把政策目标转化为具体政策行动的机制，包括权威、财政、组织等工具。

加拿大公共政策学者郝莱特和拉米什将政策工具界定为“政府执行公共政策目标时可以使用的技术”。

艾尔莫尔则将政策工具定义为“一种为达到目的而对手段所做的权威性选择”。

萨拉蒙和龙德则将政策工具定义为“政府为追求和实现目标所使用的方法”。

林德尔和彼得斯认为，每一种政策工具都包含有其需要到达到的政策目标，以及包含实现目标的不同机制。

国内学者对政策工具的研究也各执一词，台湾学者吴定在《公共政策辞典》中则将政策工具定义为政府机关为执行政策以达成政策目标，可供自由选择和应用的多种技术的总称，也可以说是一种能够将政策目标转化为具体政策行动所需使用的工具或机制(mechanism)。

余致力在其主编的《民意与公共政策》一书中认为："政策工具是指有效完成工作目标、解决政策问题的手段、作为、行为或行动"。

陈振明在《政策科学》一书中认为，"政策工具是为解决问题和达成政策目标所采用的手段方式"。

综上所述，我们可以看到，从途径、方式、手段及其与目标、效果实现的关系上去诠释和界定公共政策工具内涵是较为受到公共政策学界的认可的。因而本书也倾向于从这一视角去界定政策工具：政策工具就是旨在解决某种社会性、公共性的问题从而实现某一特定或一定的政策目标以及达到预期的政策效果而运用和采取的各种方式、手段、途径、措施、行为和活动同实现政策目标所需的资源、人力、物力、资金等技术和手段。

第二节　政策工具的分类

通过研究可以发现，在进行政策工具的类别划分时大多数公共政策学者都以政策工具的特性作为划分的参照，但就目前的研究成果来看，任何一种分类方式都不是尽善尽美的。与政策工具的概念研究相同，国内外的公共政策学者对政策工具的类型研究也各有不同的分类目的、标准和研究视角，因此区分出了许多不同的类型。

欧美国家是最早从事政策工具类型划分研究的。国外有关政策工具类型划分的研究最早见于荷兰经济学家科臣。他认为存在着一种政策工具，它能够使经济政策的执行效果达到最优；为了实现这一目标，他分类出 64 种一般化的政策工具，但遗憾的是他并未对这 64 种政策工具进行系统化、规范化的分类。

也有一些公共政策学者倾向于通过"非黑即白"的划分方式将公共政策工具归入一个宽泛的分类框架中。美国政治学家罗威、达尔和林德布洛姆区分出了规制性政策工具和非规制性政策工具。公共政策学者萨拉蒙和龙德根据传递系统的结构(structure of the delivery system)的差异，在一定程度上推进了林德布洛姆等人的讨论，将政策工具进一步划分为政府部门直接提供以及非政府部门(私人部分和非营利组织)提供两类。

加拿大学者郝莱特和拉米什通过"政策工具光谱"(spectrum of policy instruments)将十种政策工具划分为强制性工具、混合性工具和自愿性工具三类。同时还存在另外一种三分法：信息传播工具、管制性工具以及财政鼓励工具。

学者哈内孔将政策工具划分为立法、委托服务、征税、说服四大类。欧文休斯认为政府干预大多借用经济手段，并从经济方面将政策工具划分成为四类：补贴、供应、生产、管制。

施耐德与英格拉姆等人通过论及各类政策工具所蕴含的行为假定，从决策者在不同背景下针对不同对象人群使用何种政策工具的角度将政策工具划分成五类：权威工具、激励工具(包括激励、收费、预期效果、制裁、强制)、能力建设工具、符号和规劝工具以及学习工具。达尔和林德布洛姆以工具所有权、政府影响、政府控制、工具所属成员、工具执行组织的自主性等事项各自的本质作为五项指标，将政策工具划分为五种连续体(如表 3-1 所示)。

表 3-1 政策工具五种连续体

连续体	内容
连续体 1	政府机关—半政府机关—政府机关与私人机关联合—私人机关
连续体 2	强制—专断—调和—安抚—提供信息
连续体 3	国有化—核发执照—课税/补贴—宏观管理
连续体 4	联邦—州—强制性的成员组织—私人俱乐部
连续体 5	官僚组织—半自主性组织—自主性组织

魏默和维宁提出了另一种五分法，他们在合著的《政策分析：概念与实践》一书中将政策工具划分为：① 市场自由化(包括解除规制、合法化、民营化)、便利化(包括由政府分配既有物资和创造性的市场化物资)和模拟化(包括以拍卖方式提供物资)；② 使用财政补贴和课税的方式改变诱因；③ 建立规章制度；④ 经由市场机制提供物资；⑤ 提供保险与社会保障。

胡德则依照政策工具的影响和监控两大目标导向以及信息、财政、权威、组织四大资源类型提出了一种更为系统化的划分框架。他将政策工具划分为：① 建议；② 调查；③ 补贴、贷款；④ 顾问；⑤ 法律；⑥ 注册；⑦ 服务、传递；⑧ 统计(如表 3-2 所示)。

表 3-2 胡德的政策工具类型

类型	资源			
	信息	财政	权威	组织
影响者	建议	补贴、贷款	法律	服务、传递
监测者	调查	顾问	注册	统计

表格来源：HOOD C. The Tools of Government.Chatham. NJ: Chatham House, 1986，95.

学者奥哈雷也将政策工具划分为制造、购买、课税、补贴、禁止、强制、告知和呼吁八种类型(如表 3-3 所示)。

表 3-3 奥哈雷的政策工具类型

政府行动的类型	政府介入的方式	
	直接介入	间接介入
向目标群体提供经费、物资或服务	制造、购买	课税、补贴
要求或期待目标人群改变行为	禁止、强制	告知和呼吁

国内学者对政策工具的类型划分也有自己的看法和观点。学者丘昌泰通过回顾英文文献中的四分法的各种分类，认为学界较为有共识的政策工具可归纳为：① 管制类工具，命令、管制、执照核发等强制性工具；② 财务类工具，财政补贴、奖励等具有经济激励性质的工具；③ 沟通类工具，相互交换知识或信息等工具；④ 组织类工具。

我国公共政策学者张成福按照政府部门的介入程度将政策工具划分成为十类：① 政府部门直接提供财货与服务；② 政府部门委托其他部门提供；③ 政府贩售特定服务；④ 签约外包；⑤ 经营特许权；⑥ 志愿服务；⑦ 抵用券；⑧ 自我协助；⑨ 补助或补贴；⑩ 市场运作等。

李允杰则在加拿大公共政策学者郝莱特和拉米什的三分法基础上划分出 12 种政策工

具，分别是：① 裁决；② 处罚；③ 税收；④ 检查；⑤ 证照核发；⑥ 设定标准；⑦ 保险计划；⑧ 自我管制；⑨ 许可证制度；⑩ 教育、信息公开和传媒运营；⑪ 市场经济；⑫ 报告服从的状况等。

陈振明在其《公共政策分析》一书中将政策工具划分为市场化政策工具(包括：① 民营化；② 用者付费；③ 管制与放松管制；④ 合同外包；⑤ 分权与权力下放；⑥ 内部市场；⑦ 产权交易)、工商管理技术工具(包括：① 战略管理技术；② 绩效管理技术；③ 顾客导向技术；④ 目标管理技术；⑤ 全面的质量管理技术；⑥ 标杆管理技术；⑦ 企业流程再造技术)以及社会化手段(包括：① 社区治理；② 个人与家庭；③ 志愿者服务；④ 公私伙伴关系；⑤ 公众参与及听证会)。

可以看到，国内外对政策工具的划分方法繁多，且意见看法与角度并不一致。而在这些纷繁复杂的划分方法当中，最受公共政策学界学者认可的是加拿大学者郝莱特和拉米什所采取“政策工具光谱”的三分法，如图 3-1 所示。

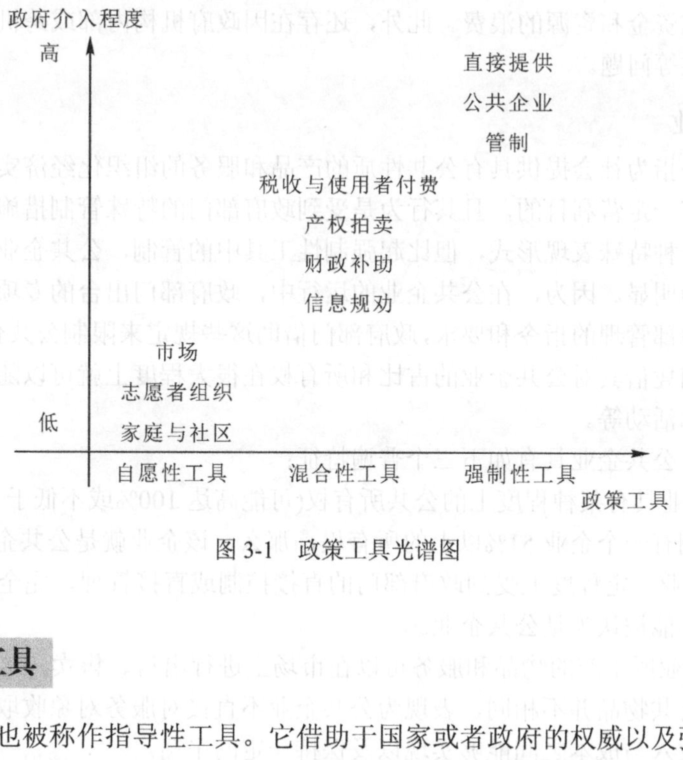

图 3-1 政策工具光谱图

一、强制性工具

强制性工具也被称作指导性工具。它借助于国家或者政府的权威以及强制力，迫使目标群体或者个人采取或者不采取某一种行为，以此来实现其既定的政策目标，解决相应的公共问题。强制性政策工具在政府部门需要目标群体或个体无条件服从和执行相关规定的时候是最有效的。

常用的强制性政策工具包括三种：直接提供、公共企业以及管制。

1. 直接提供

直接提供是指由公共财政部门直接拨款并由政府部门通过预算等形式直接提供公共物品或服务，包括政府部门直接提供资金和政府部门自身直接生产两种形式。政府部门的直接提供是政府运行的主体部分，也是极容易被忽略但广泛运用的一种基本的、常见的政策工具。例如，国防、外交、教育、社会保障、公共设施和交通工具的日常维修护理等都是由政府部门直接提供的。

直接提供有其独特的优缺点。其优点主要体现在：首先，直接提供所需的信息和资源较少因而容易确立和应用；其次，由于只有一些具有庞大规模的机构和组织才能够满足直接提供的要求，因而直接提供就可以从这些具有庞大规模的组织和机构获得工作绩效所必需的重组资源、技巧和信息；第三，政府部门直接提供能够避免间接提供所产生的误差和不必要的损耗等；第四，直接提供促使交易由外在转化为内在，有助于减少间接提供所产生的交易成本。

但同时，直接提供也存在不足之处，其缺点是：首先，政府部门的直接提供往往带有严重的倾向性和僵化刻板的特征，这使其反应迟缓且不能及时、准确地根据环境的变化随机应变；其次，由于政府部门及其工作人员的管理和控制，公众服务的质量存在得不到保障；最后，由于政府部门处于垄断的优势地位，缺乏市场独特的竞争机制，不具有成本意识因而容易造成资金和资源的浪费。此外，还存在因政府机构内部或跨机构的冲突影响物品和服务的提供等问题。

2. 公共企业

公共企业是指为社会提供具有公共性质的产品和服务的组织化经济实体。公共企业的行为活动都带有一定营利目的，且其行为是受到政府部门的特殊管制措施制约的。公共企业也是管制的一种特殊表现形式，但比起强制性工具中的管制，公共企业的强制性特征在一定程度上更为明显。因为，在公共企业的运行中，政府部门出台的专项规定一定程度上就是公共企业内部管理的指令和要求，政府部门借助这些规定来限制公共企业的行为活动。而且，政府部门凭借其对公共企业的占比和所有权在很大程度上就可以随意控制、操作公共企业的行为和活动等。

一般而言，公共企业具有如下三个普遍特征：

(1) 公共企业具有某种程度上的公共所有权(可能高达100%或不低于50%)。通俗来讲，只要政府部门拥有一个企业51%以上的所有权，那么，该企业就是公共企业。

(2) 公共企业一定程度上受到政府部门的直接控制或直接管理，完全摆脱政府部门控制的公司一般不能被认为是公共企业。

(3) 公共企业所生产的物品和服务可以在市场上进行出售、售卖，这与国防、路灯、交通灯一类的公共物品并不相同，表现为公共企业不直接对服务对象收取费用。因而，公共企业的销售收入与成本之间能够实现以及保持一定的平衡。

公共企业产生的原因是：首先，社会中由私人企业提供的商品和服务不能够充分地满足公众的需求，促使以提供更全面的产品和服务来满足公众需求为目的的公共企业出现；其次，伴随着市场竞争、优胜劣汰，部分私营企业资金短缺、资源匮乏难以支撑从而倒闭，促使公共企业产生为其注入资金，提供人力、就业等帮扶和支持；最后，竞争环境的混乱促使公共企业产生来改善竞争环境。

作为一种强制性的政策工具，公共企业的优点是：首先，在社会或公众需要但是私人企业因无利可图或收益太少等原因而不愿意进行生产、提供的某些物品和服务的领域和行业当中，公共企业是一种有效的经济政策工具；其次，大多数情况下，建立公共企业所需要的信息、人力、物力等资源相比较于自愿性政策工具或强制性政策工具中的管制工具少，因而其成本相对较低；第三，公共企业同时也可以简化相应的行政管理手续与审批流程。当然，公共企业也存在一定问题：首先，公共企业的运作缺乏相应的监管机构，会造成即便连续亏损、损伤巨大也不会破产从而导致有限资源无限浪费的局面；其次，在许多垄断性行业和领域，如水、电、煤领域当中，公共企业会将其成本转嫁到消费者身上，让消费者承担公共企业的成本，增加消费者负担。

3. 管制

管制是指通过法律制度许可或禁止某些行为活动，也可以理解为一种活动过程，在这一活动过程当中，政府部门对目标群体或个体提出某些具体要求或规定来规范和限制其行为活动。管制要求目标团体或个体必须遵守和服从，若不服从就会受到相应的惩罚。

政府部门的管制从性质上来看可以分为经济管制与社会管制两种。经济管制是管制的传统形式，旨在鼓励企业以及其他经济个体的某些行为或避免某些行为。经济管制主要管理产品的数量、价格、投资回报以及行业内企业的进出等一系列事项，以期控制市场运行过程当中的不平衡。社会管制则是一种较为新型的管制类型，通常涉及保障公民和消费者利益的方面，尤其涉及有关质量标准、安全水平、健康以及职业歧视等方面。社会管制与经济管制的主要不同就在于，社会管制并不是集中在某种特定的行业和领域，相较于经济管制其更多地关注安全和道德等方面。

作为一种强制性政策工具，管制的优点主要在于：运用时所需要的信息较少，具体实施起来较为容易，管理步骤程序少，成本低，实施效果具有直接性并且容易见到成效。其缺点表现为：扭曲和忽视了自愿性或私人意志与行为，不利于经济和技术的进步与发展，过于僵硬刻板、极度缺乏灵活性等。

二、自愿性工具

自愿性工具也被称为非强制性工具，它的核心特征体现在：实现既定的政策目标的过程中，由个人、家庭、民间力量等自主来发挥作用而政府较少或没有参与和介入，且在自主自愿的基础之上来解决公共问题，从而实现公共目标。值得注意的是，在目标群体或个体已经有了一定的想要改变自身行为的想法或诱因时再采取和使用自愿性工具是最为有效的。因而自愿性政策工具也表现出一种诱因管理。它抓住了目标人群内心想要改变现有状况以增加福利和收益的潜在动机和期望，并通过诱导来实现目标群体或个体行为和心理上的遵从和服从。多数的自愿性工具是在直接提供、管制或公共企业等强制性工具都无法实现既定目标或表现出极其低效等现象后，作为一种替代性的政策工具出现的。例如，在排污政策、节能政策等利益较少或短期无法获得收益、获利周期较长的领域和行业，自愿性工具作为一种必要的手段和方法就发挥了非常重要的作用。

常见的公共部门自愿性管理工具包括市场、家庭与社区、志愿者组织。

1. 市场

市场是一种饱受争议的自愿性政策工具，市场产生的主要原因是买卖双方之间的相互作用。卖方寻求利益最大化，而消费者希望能够通过自身握有的有限数量的货币尽可能多地获取商品，双方在相互自愿的基础之上产生互动。从理论上看，尽管买卖双方都是充满自利的经济人，但作为一个整体的社会可以从这两者的相互作用和博弈之间获益，实现社会福利的最大化。同时，市场也为了社会上消费者所需的一切物品和服务都能够借助市场以最低的价格提供而不断作用着。因此，对医疗保健和教育等环节有需要的公众，就可以从为寻求盈利而运作的医院和学校或教育机构中购买相应的服务和产品来满足自己的需求。

作为一种应用广泛的工具，市场具有明显的优势：首先，市场在很大程度上扩大了物品和服务领域的范围，同时也提高了供给效率和产品的质量；其次，消费者和生产者之间自愿的相互作用往往会产生令双方都满意的结果。由此我们可以看到，尤其在私人物品上市场是富有效率的有效手段，也是资源合理配置的有效工具。但同时市场也并不是万能的。首先，市场工具有其明显的局限性，市场并不能完全有效地提供如国防、警察、路灯等一类的纯公共物品和服务。其次，由于市场失灵的原因和表现也多种多样，使得市场在提供收费的公共物品上也存在困难。由于公共物品存在的外部性特征，市场无法解决自然垄断问题。此外，市场是一个高度不公平的政策工具，它仅仅满足有支付能力的这一类人的需求。因此，在使用市场工具时往往需要结合管制手段等其他政策工具来使用。

我国大力发展中国特色社会主义市场经济，创新性地建立具有特色、富有活力和适应能力的社会主义市场经济体制。社会主义市场经济体制在解放和发展我国生产力的同时还有效防范了资本主义制度中市场经济存在的周期性经济危机等弊端。社会主义市场经济体制既充分发挥了我国市场经济的优势，又能够发挥我国社会主义制度的优越性，将“有效的市场”和“有为的政府”顺利结合起来，是中国共产党的一个伟大创举。

2. 家庭与社区

家庭与社区是一种较为常见的自愿性工具。在社会环境当中，社区、家庭等都为个体提供着服务和物品。它可以做到政府部门不能做好以及做不好的事情，如照顾亲戚、老人、病人等服务工作。同时，政府部门往往也有意识地将此类工作转交给家庭和社区，从而扩展其在达成政策目标上的作用。家庭和社区作为一种政策工具，能够通过耗费很少的资金和资源来确保相应服务的提供和实现，其自主性、个性化以及针对性的服务优势都是政府部门做不好的环节，但在一定程度上也不可避免地增加了家庭与社区以及个人的经济负担和社会责任等。

作为一种公共政策工具，家庭和社区的优点在于：首先，除过政府部门向他们提供的资金补助或补贴以外，家庭和社区作为政策工具其本身并不耗费政府部门的资金；其次，相比于市场、直接提供等政策工具，家庭与社区在残疾人、老人的照顾等许多服务领域，能明显凸显出它的优势和适应性，而且这种政策工具在大部分社会受到广泛的政治支持和民众欢迎。其缺点在于：首先，家庭和社区是一种明显虚弱无力的政策工具，在面临复杂的经济性问题时，常常显得有心无力，规模经济也要求政府集中提供公共服务而不由家庭和社区分散提供；其次，家庭与社区这种政策工具也存在不公平的矛盾，尤其是对承担人来说更是如此，同时其服务的需求者也存在难以获得同等资源、享受同等服务的问题。

党的十八届三中全会表示我们要创新社会治理的方式，改进和健全基层服务平台；而社会网格化管理作为创新型的基层管理方式，通过主动发现问题和解决问题、管理过程和管理评价的数字化以及一整套规范统一的管理标准和流程的独特优势强化和提高了政府的管理能力和处理问题的速度，也从侧面提高了政府部门的公信力，将居民的矛盾解决在投诉之前，是一种将监督和处置互相分离的有效形式。

3. 志愿者组织

志愿者组织是一种具有强的灵活性和高自主性且反应迅速的自愿性政策工具。志愿者组织的志愿活动不以追求经济利益为目的。志愿者组织减少了对政府需求的依赖，从而能更好地推动社区精神的形成和政治参与的积极性。志愿者组织提供部分社会服务，如组织内的志愿者为慈善机构提供清洁服务，为贫困地区的人民捐款捐物，去养老院慰问等。

可以看到，志愿者组织以其高度的自主性和灵活性成为提供社会公共服务的一种有效手段。它建立在自愿自主的基础上，以成本低、服务质量高并且能够有针对性地提供公共服务以及尽最大可能以最高效率满足公众需求等优势在部分行业被广泛使用。不同于家庭和社区，志愿者组织是一种具备公平特性的政策工具。志愿者组织将在危难中需要帮助的人民作为其目标群体，是作为社会公平机制有益的和必要的补充。但同时要注意到，志愿者组织的应用范围和领域是很有限的，大量的具有公共属性的经济与社会问题不能或者不能完全通过这种手段来处理。志愿者组织很容易受到政府部门的影响从而转化为带有官僚属性的准官僚机构，降低其服务质量、效能和效益；再者，许多社会成员既没时间也并不具备所需的资源和素质去从事公益劳动，这一因素也限制了志愿者组织的扩大、发展以及能够进行服务的范围。

三、混合性工具

混合性工具允许政府部门可以一定程度地参与和介入到非政府部门的决策过程当中。它融合了自愿性工具和强制性工具两者的优势，因而可供混合性工具活动的范围和领域非常之广泛。

常见的混合性管理工具主要有税收和使用者付费、产权拍卖、财政补贴以及信息和劝导等。

1. 税收和使用者付费

税收也称为征税，是一种法律上规定的由个人和企业对政府部门的强制性支出。其主要目的之一就是增加政府部门的财政来源和渠道，同时也可以用作一种为引发政府部门所希望的活动或限制所不希望发生的行为而利用的公共政策工具。使用者付费则可以看作是税收或征税的创新型应用形式。政府部门对公共物品、服务或行为进行“标价”或确定相应的“价格”，使用者在使用此类服务时支付相应的费用。除了作为财政获取来源的工具以外，政府部门也会利用以柔性为特征的税收作为扶持或抑制部分产业、群体或个人的手段和途径。而使用者付费与税收同理，都是政府部门不希望动用强制性政策工具，因而通过柔性的经济性工具来调节消费者对公共物品的消费。简单来说，提供免费的公共服务可能会导致资源配置无效的情况，且公共服务的成本较低，这就会导致公众“过度消费”公共服务。因此，免费提供公共服务并非最理想的选择。

税收和使用者付费的主要优点在于：首先，它们容易确立且有助于革新，是一种高度灵活的政策工具；其次，税收和使用者付费可以保证长时间、具有稳定性的财政来源。其缺点在于收费水平和标准难以确定。在确立一种最优化的收费标准的研究过程中，资源有可能被误置而产生不必要的消耗。此外，税收和使用者付费会产生较高的管理成本。

2. 产权拍卖

作为一种混合性的政策工具，产权拍卖的产生是基于市场被认为是资源配置的最有效工具这一假定之上的。政府部门通过产权拍卖的方式和手段，在不存在市场的公共物品和服务领域建立市场，提供交换环境。政府借助市场确定可进行转移和交易的产权的存在及其数量，从而人为创造出资源的稀缺性，并促使价格机制产生作用。当公共部门生产的公共物品或服务是低效率或无效率的时候，就可以通过让渡部分公共部门的产权给私人部门，以此来达到提高公共部门生产效率的目的。这也就是通常我们称呼的“民营化”。陈振明依据斯蒂夫·H. 汉克“原先由政府控制或拥有的职能交由企业私方承包或出售给私方”这一说法，将民营化定义为更多依靠民间机构、更少依赖政府满足公众需求的经营方式。它往往指所有权的转移，其实质就是借助市场机制的作用，促使资源得到合理配置，让有限资源能够配置给使用效率更高的部门，借助市场的力量和环境来提高生产力并达到活跃公共企业的目的。

产权拍卖的优点在于：首先，它创造出了市场的环境，将市场中的竞争机制引入到了公共物品及服务的提供当中；其次，产权拍卖只需要政府部门设定物品和服务的总量，规定上限，剩下的事情交给市场机制来完成，容易确立；最后，产权拍卖同样是一种具有高灵活性的工具，政府部门可以根据其需要来确定不同的上限。

但其缺陷也比较明显：首先，政府部门丧失了对实施公共政策的公共物品和服务的直接管理和控制，导致市场环境中可能会存在投机行为甚至产生欺诈行为；其次，那些不能购买产权的人常常会因为没有其他选择而被迫采取违法行为；最后，产权拍卖同样面临不公平的问题。

3. 财政补贴

财政补贴是指由政府部门或政府部门指定的机构通过财政安排专项基金的方式，给予目标群体或个体一定的资金补贴，让得到帮助的群体采取和做出政府希望发生的行为和活动。因此，即使政府部门将最终选择权交给受帮助群体或个体，但这些群体或个体在做出任何决定或采取任何行动之前都会考虑到补贴一方的倾向和侧重点。在一些公共问题上，当政府部门不能直接生产和提供社会所需的公共物品和服务时，就可以采取财政资助和补贴的方式鼓励其他部门做出行动以实现预期目标及解决出现的公共问题。财政补贴的形式多种多样，包括拨款、税收减免、凭单制、出口退税、低息或无息贷款等。财政补贴所涵盖的范围和领域也非常广泛，包括对农民的补贴、对工业的补贴等。

作为一种混合性政策工具，财政补贴的优点在于：首先，财政补贴容易确立并实施，是一种灵活性较强的政策工具；其次，财政补贴能够最大程度地鼓励创新和发展；最后，财政补贴的工具实施起来运行和维护管理的成本较低且具有较高的可行性。但同时，财政补贴作为公共政策工具也存在缺点：首先，财政补贴需要一定的财政资金支撑(税收减免除外)，而资金的筹集和提取总是困难的；其次，获得关于财政补贴是否达成目的和期望方面信息的成本是非常昂贵的，信息的收集也存在困难；再次，财政补贴也会因为过多过滥而导致目标的失效或失败；最后，一旦财政补贴建立起来就难以取消，受帮助群体或个体容易产生依赖而丧失积极性和主动性。

4. 信息和劝导

信息传播指由政府部门向目标群体或个体发布或者提供信息，以此来导向所期待的行为或活动发生。信息传播建立在人们一旦获得有关问题的信讯就会做出最明智的选择的假设基础之上。而劝导(或规劝)是指政府部门试图说服人们做出或不做出某种行为。它不仅向人民提供信息并期望其行为能够按照期望发生，还力求改变人们的喜好，但并不采取强制性的奖惩措施来促使其期望的行为或活动发生。在市场经济体制的引导下，买卖双方与公共组织都需要做出各种公共决策。比起其他不确定因素产生的影响，信息的质量和数量才是影响决策质量的关键性因素。因此，信息和劝导政策工具是旨在为交易主体间或规制机构间提供决策信息从而提高决策质量的规制性质的政策工具。

信息和劝导政策工具的优点在于：首先，当问题没有明确的解决办法时，信息和劝导是政府部门用来处理部分问题的首选，因为它们容易上手且具有较强的稳定性；其次，如果找到了其他更为完善和稳妥的政策工具，及时更改和放弃此种政策工具也不会产生很大的负面影响；最后，信息和劝导政策工具重视和崇尚自由、个人价值，是一种能够体现民主、公平的手段和方法。然而，我们也要看到，信息和劝导工具是一种虚弱无力的工具，政府部门采取信息和劝导工具只是希望或引导人们做出某种行为，而没有强制性地规定人们的行为。因此，如果没有其他工具相配合使用的话，这种工具往往是不能达到预期效果的。

例如，2020 年新冠肺炎疫情发生以来，在党中央的领导下，部分地区借助横幅、广播、传单、民歌、新媒体等形式，加强健康安全知识宣传以强化居民防控意识。部分省市在高速路口劝返离省、离市车辆，各地区采取柔性手段逐一排查外地返乡人员并进行潜伏期内集中隔离安置，做好各类各级的疫情防控工作，取得了良好的效果，为我们打赢这场疫情防控阻击战打下了坚实的基础。

从既有的研究成果中我们可以看到，政策工具分类的研究成果是缤纷多彩的。对政策工具及其类型划分的相关研究使得政策制定者们开始重新审视其制定公共政策的思考方式以及流程，同时也在一定程度上促进了政策制定者主体之间的互动以及政策制定者和政策分析学者之间的交流与探讨。虽然现有的对政策工具的相关研究是颇有成效的，但仍然是不全面的，还有很多的矛盾和现实问题仍需我们进行更深层次的研究和探讨。对于存在和新出现的问题，至今仍然没有统一的答案。例如，政策工具具体到底应怎样全面、客观地进行分类；应该采用哪种考核标准和指标来评价某一具体政策工具的使用成效；在理解政策工具在政策过程中的重要角色时，是政策工具选择的过程更为重要，还是政策工具的属性和特性更为重要。因此，虽然政策工具的研究已起步并取得了一定的成效，但在政策工具的类别划分以及政策工具类型学研究上我们仍然还有很长的路要走。

第三节 公共政策工具的选择与配置

如何运用适当的政策工具来实现既定的政策目标并解决政策问题，即政策工具的选择和配置问题，是我们进行政策工具研究的关键，也是我们将在这一节中需要重点探讨的问题。通过了解政策工具选择的重要性和主要影响因素以及如何正确有效地选择配置政策工具等，可以帮助我们在后期的政策工具研究中更进一步。

一、政策工具选择的影响因素

不同学者各自的关注点不同，就自己的研究视角对政策工具选择的影响因素做出了不同的分析。但通过整理研究我们不难发现，学界研究者大多认同政策工具的选择必须随政策问题、政策目标的变化而做出相应调整，有的需要对采用的政策工具进行顺序等的微调，有的则可能要完全推翻原有的政策工具，重新选择、设计和采用新的政策工具来解决政策问题。即使设定相同的政策目标、解决相同的政策问题，政策工具的选择也必须考量其他的内在和外在环境的变化及其影响因素。具体而言，政策工具选择的影响因素主要有以下几个方面。

1. 政策主体

政策主体，尤其是直接性的政策主体，对政策工具的选择起到关键性的作用。公共政策的直接主体，不论是政府部门整体还是部门领导者个人，做出的选择受其自身的一系列主观和客观条件的制约和约束。这些主客观条件主要有以下几点：

(1) 政策主体的主观倾向。

在政策工具选择的过程中，政策主体都会隐性或显性、直接或间接地表现出自身的主观偏好和倾向，这种倾向都来源于他们个人的价值观、利益相关性、政治文化、正当认同、个人信仰等主观因素。政策主体的主观偏好会使政策工具选择者认定某一类型的政策工具为实现政策目标的最适当、最有效的工具。

(2) 政策主体所处的政治体制环境。

不同的政治体制影响政策工具的选择的现状表明，社会体制和政治制度决定了社会、政治的发展目标。例如，在竞争性选举决定权力分配的体制当中，政策工具的选择会迎合民众的投票意向。又如，在实行权力制衡的体制当中，政策(尤其是重要的政策)工具的选择往往是各权力机构之间，以及各政党和相关利益集团之间相互博弈的过程。因而，政策主体身处的政治体制环境也决定了政府的最终的政策目标，并进而规范了政策工具的效用目标。而效用目标是选择和配置政策工具的根本考核标准，脱离了具体的制度环境就无法对政策工具及其效用进行考察和衡量。

(3) 政策主体对工具选择和使用的习惯性。

当政策主体已经习惯性选择使用某一类政策工具去解决政策问题时，因他们对这一类工具的使用得心应手、轻车熟路，所以就不愿意轻易尝试其他新型的政策工具。尽管新的政策工具可能更便捷、更有成效，政策主体出于时间和精力以及风险的考虑也不愿使用新型政策工具。

(4) 国家或政府部门的能力。

国家能力或政府部门的能力是指国家或政府部门对社会的有效统辖和治理的能力，对社会行为者产生影响的能力以及动员和配置社会可利用资源的能力。国家或政府部门的能力限定了政策工具选择的幅度和范围。政府部门的能力与资源的多少和质量高低、或者愿意投入的程度都取决于政策工具的抉择：当政府缺乏解决问题的能力时，就有可能会委托社会组织或者私人企业采取行动来执行原本应该由政府部门来履行的职责；当政府部门具有充足的解决问题的能力，掌握的资源非常丰富时，便有可能由政府直接提供资金物资等来实现政策目标；相反，若可供政府部门所用的资源非常有限时，很有可能由政府部门直接提供资金或者选择成本较低的政策工具。

2. 政策目标

政策目标是指政策制定者期望通过政策实施所达到的最终效果。政策目标是工具选择的目的和方向，突出体现了政策工具与政策目标之间的服从与被服从、服务与被服务的关系，同时也为评判政策工具的有效性提供了判断标准。因此，明确目标是政策工具选择的前提。如若在政策目标不明朗的情况下就盲目选定政策工具，极有可能导致政策失败或付出过高的政策成本。因而我们在进行政策工具选择时必须考虑到：

(1) 如果政策目标是单一且不易变换的，那么就要明确具体政策目标是什么。政策目标不明确是导致政策工具选择出现失误的重要原因之一。

(2) 如果政策目标是多重且变换的，那么就要明确政策目标具体是由什么组成以及各目标之间的内在联系，要从综合治理的视角去选择和配置政策工具。政策所要解决的问题常具有复杂程度高、涉及众多利益主体等特征，因而政策目标大多数情况下是多种目标的有机结合。

(3) 要认识到工具与目标之间的动态联系性。政策工具在采用了一段时间以后，要考虑到政策目标是否已随着时间和环境的变化而相应地发生了部分转变。如果政策目标已经转变，就要考虑采用的政策工具是否还同样适用以及是否需要做出调整。即使政策目标不变，工具的选择也必须根据它们促成目标实现的有效性而进行变换或调节力度。

3. 政策问题

政策工具的使用是否能解决相应的政策问题，即政策工具的适应性必须视具体的政策问题而定。政策问题对政策工具的选择产生的影响主要体现在以下几个方面：

(1) 政策问题的性质。政策问题的自身属性限定了政策工具的具体选择范围和领域。比如，对出现刑事犯罪的嫌疑人的处罚就不同于对民事纠纷的调解，这一类事件说明政策工具的选择必须把分析和判断问题的性质作为基点。

(2) 政策问题的紧迫性。任何政策问题都具有时效性。那些政府必须应急处理的“突发性事件”，在时间上就非常具有紧迫性。因此，对待此类事件在政策工具的选择上就必须有不同以往的思路和安排。选定的政策工具一经使用，就必须在规定的时间内起到作用、发挥成效。那些放宽时间反而会有更好的解决方法的政策问题，则可以通过放宽时间、一定程度上的搁置来缓解。

(3) 政策问题的复杂性和严重性程度。有些政策问题只存在严重性问题，如台风袭击、洪水泛滥、泥石流等自然灾害等，需要紧急动员和调配人力、物力、财力等资源来迅速化解困难、减少损失。在这种情况下，政策工具的选择就具有非常规性。有的政策问题并不严重也不复杂，政府常规管理活动中使用基本的政策工具就可以化解，在这种情况下，政府运用的政策工具就具有常规性。但有些政策问题同时兼有严重性与复杂性，这一类型政策问题的解决就需要首先将政策问题的特性了解清楚，通过将各类具有相应性质的政策工具组合起来寻求化解问题的方法。

4. 政策工具的特性

每种政策工具都有特性和其优缺点以及其固定的适用范围，并不存在一种能够解决一切问题的政策工具。政策工具选择的根本诉求是“对症下药”。对于决策者而言，最好的政策工具就是具有适当性和有效性的政策工具。在选择政策工具时，通过了解国内外学者的研究成果我们总结出以下几点衡量标准：

(1) 关联性，即政策工具与政策目标之间存在的因果关系。与政策问题关联性越强的政策工具就越可能被选中。同时还存在一个精准性的问题，若政策工具对目标具有强因果关系，即工具命中目标的精准性越高，那么决策者选中该政策工具的可能性就越大。

(2) 负面作用。每种政策工具都有其优点和缺点，因而都有其功用和范围限制。也就是说，每种工具的使用都有可能出现消极影响。对于决策者来说，消极影响越小的政策工具越可能被选中。

(3) 机构上的整合性，即所选的若干工具是否以具有内在一致性的原则为基础。

(4) 易行性。若某一工具虽然与环境有密切联系，且与政策目标具有很强的相关性，但其操作难度高，则其评价就要大打折扣。因而便利性高、易行的工具被选中的概率会更大。

(5) 应变能力。能够具有随时变动和修正的能力，能在变迁的环境中发挥作用，能对应环境变化而不断调整其范围和操作细节的政策工具会更受决策者青睐。

(6) 常识化，指政策工具要与制定环境的社会风俗或个人习惯相契合，若差距较大，政策就不能够有效执行。

(7) 绩效性，指采用政策工具所需的成本与政策带来的收益之比。成本包括工具本身以及采用工具所需投入的人力、物力和财力等资源，同时也包括监测和调整工具等所需要的成本。在其他条件相同或相近的情况下，收益情况常常是政策制定者最主要的考虑因素。

(8) 适用范围。每一样政策工具都有其对应的可用范围，特定地用于解决某一个或某类政策问题。对决策者而言，适用程度和领域范围越宽、越广的政策工具则更为实用。

此外，林德尔和彼得斯提出，在进行工具选择时必须考虑政策工具的四种基本属性：① 资源消耗；② 服务于政策目标；③ 政治风险；④ 行动限制。从这四种属性出发，他们又引申出工具选择时需要评判的八种具体属性：① 操作的复杂性；② 公众可见度；③ 跨目标运用的适应性；④ 干预的层次；⑤ 相关成本；⑥ 对市场的依存；⑦ 失灵的可能性；⑧ 对目标的精准性。

5. 政策工具应用的环境

影响政策工具选择的生态、经济、文化、政治等环境以及政策执行组织、目标团体与个人等背景都可以算作是政策工具应用的环境。公共政策学者一致认为，政策工具的选择必须考虑不同的社会情况，即工具具体应用的环境，也称之为“环境系统(enviornmental context)”“政策制定的系统(policy-making context)”。张世贤编《公共政策分析》一书中认为，环境系统宏观是指整个社会的大环境系统，即系统(the system context)；微观是指与政策工具相关的政府部门，即组织系统(the organizational context)。政策工具的绩效与其实施的环境有着密切的关系。那么政府部门在选择政策工具时应该主要注重考虑以下的几点环境和背景因素：

(1) 社会经济政治的发展水平。整个社会、宏观层面的经济发展水平对政策工具的选择有着极大的约束和限制。政府部门的人力、物力、财力等资源以及以何种技术用作政策工具的支撑，最终不是取决于主观上的谋划，而是取决于经济发展的水平。

(2) 政治制度、法律体系以及文化环境的隔阂。不同的社会在政治制度、法律体系以及文化环境上都存在差异和一定程度的隔阂。这些差异和隔阂导致同样的政策工具在不同的环境当中产生的效果可能有天壤之别。

(3) 利益集团和目标群体的发展现状。在利益集团和目标群体的组织程度高、活动空间大的社会里，公共权力机关选择什么样的政策工具，以及实施的力度如何，往往是各种诉求相互博弈后得出的结果。在利益集团目标群体不发达、活动空间小的社会里，公共权力机关便于在政策工具的选择中稳居主导地位。

6. 目标人群

政策工具的选择必须随着实施对象的不同而异，必须配合目标人群(target population)的特性。目标人群与政策工具的选择存在以下关系：

(1) 目标人群的类型。施耐德和英格拉姆把目标人群划分为优势群体、竞争群体、依赖群体和偏差群体四个类型。他们认为对优势群体宜采用通过激发和培训其自身的能力使他们自我管制以及予以正面诱致的政策工具；对竞争群体宜采用如索价等负面诱致以及更具强制性的政策工具；对依赖群体宜采用设定价格而给予补贴等权威式政策工具，或使用劝告、象征等政策工具来激发依赖者自立、自强；对偏差群体宜采用强制、惩罚等政策工具(如表 3-4 所示)。

表 3-4 目标人群与政策工具选择

政策工具	类型			
	优势群体	竞争群体	依赖群体	偏差群体
利益	激发能力 正面诱致	负面诱致	补贴(设定价格) 象征和劝告	偶尔
负担	自我管制	索价	权威式工具	强制、惩罚
理论基础	在自愿的基础上采取适当的行动	在自利的基础上采取竞争行为	自感力量不足、有赖于他人协助	希望改变其行为，而非针对结构性问题

资料来源：Schneider and Ingram.Social Construction of Target Population: Implications for Policy.American Policy Science Rewiew, 1993, 87, (2):339-340.

(2) 目标人群的社会分裂程度。如果目标人群因民族、信仰、地区不同而造成了较高程度的社会分裂，那么就要特别注意不能选择那企业有可能会引发冲突政策工具人；如果目标人群的社会融合度高，那么政策工具的选择就可以在政策工具箱中择优录用。

(3) 目标人群的政策参与程度。在政策规划的过程中，如果目标人群中没有人或者只有很少数人参与其中，尚未形成多元的政策社群，那么政策工具的选择就比较单纯。相反，如果目标人群中许多人都参与进来，多元的政策社群已经形成，那么只有运用多样化的政策工具才能促成政策目标的实现，工具的选择也就趋于复杂了。

(4) 政策工具的可接受性。目标人群对不同的政策工具有不同的反应。政策工具的选择必须注意这种反应的强度和范围。

7. 政策工具选择的经验借鉴

政策工具带有鲜明的政治性。即使在市场经济这一共同的前提之下，政策工具也会因国家间不同的文化、制度以及公众的行为和生活习惯等的差异而有所不同，不存在超脱于国家制度而具有应用层面的普遍适用性的政策工具。因而，对其他地区尤其是其他国家的政策工具的选择标准和使用方法盲目照搬和硬性套用是没有作用的。因此，如何基于各自所处的环境和制度或者政策工具与社会、政治制度的内在联系，去选择、配置和协调政策工具，使之对政策目标的实现产生最大的政策效力，是需要深入探讨和研究的，而选定的政策工具的成功经验是可以在不同的国家之间相互借鉴的。

二、政策工具的选择

公共政策的制定要求决策者从其工具箱中挑选出一种或多种政策工具来解决政策问题。关于政策工具的选择，学界大致有三种模型。

1. 经济学模型

通过研究可以发现，新古典经济学派和福利经济学派都对自愿性工具有明显的偏向性。但相比而言，福利经济学派更主张在纠正市场中出现的失灵现象时使用强制性政策工具和混合性政策工具更为奏效。而新古典经济学派的学者则认为，只有当政府部门在提供纯粹性的公共品时，才能够使用强制性政策工具和混合性政策工具。

福利经济学派的学者们对政策工具的选择分析更为系统化，也更倾向于将政策工具的选择看作一种严格的技术性配对演练，即首先评估和确定各种政策工具的特征，再将这些政策工具与不同类型的市场失灵现象进行匹配，估算采用它们会产生的相对成本，然后就特定的某一市场失灵问题选择一个见效最快的政策工具。

新古典经济学派学者更倾向于从公共选择理论的视角来看待问题。他们认为在民主社会中的人，不论地位高低、身份尊卑，都是带有自利倾向的个体，这就会导致政府部门的税收和财政支出不断增多。因而，在民主政治当中，政府部门更倾向于使用的政策工具是那种能够将收益集中于边际选民，从而获得选民的支持的同时将成本分摊到民众身上，让民众不知晓政策的真实成本的工具。

可以看到，福利经济学和新古典经济学这两个学派对政策工具选择的分析都是以演绎推理的方法作为依靠的，明显缺乏对现实中政府部门到底应该如何选择的经验的研究。两者对政策工具选择的分析是建立在政府部门应该做什么的理论假设之上的，因而不可避免地忽视了影响政策工具选择的诸多复杂因素。

2. 政治学模型

政治学家更看重经验层面，试图全面系统地把握政策工具的复杂性，从而归纳出政策工具选择的最优模型。

多恩等人假设所有的政策工具在技术层面上都是具有可替换性的，即从理论上讲任何一个政策工具都可以对应解决任何对应的政策问题，完成相应的政策目标。多恩等人从此延伸认为，在一个自由民主的社会当中，政府部门会倾向于采用强制性较低的政策工具。而只有在面临民众不服从或者被要求换用更有强制性的政策工具的长期性的社会压力的情况下，政府部门才会使用具有高强制性的政策工具。换句话说，政府部门在选择政策工具时的流程是：政府部门首先选择如信息和劝导等强制性较弱的政策工具来解决政策问题，而后逐步、循序渐进地提高政策工具的强制性，直到最后采用直接提供工具。

胡德认为政策工具的选择有四个关键的影响因素：① 资源约束；② 政治压力；③ 法律约束；④ 从以往政策工具使用的失败经验中得到的教训。在胡德看来，政策工具的选择是关乎“信仰与政治”的问题。当目标群体的规模和数量较大且组织纪律良好时，政府部门就倾向于采用自愿性的政策工具。当政府部门试图获取目标群体的自愿服从时，不论目标群体的规模大小，政府部门及其工作人员都会尽可能避免采用强制性工具。而当政府部门准备进行资源再分配等工作时，就必然会采取强制性政策工具。

林德尔和彼得斯在前人研究的基础上，提出影响工具选择的四大关键因素：

(1) 政策工具的特性，具体包括资源的密集程度、目标的精准性和明确性、政治风险、对政府行为的约束限制；

(2) 该国的政策风格与政治文化以及社会分化程度；

(3) 有关机构的组织文化以及它们与顾客、其他机构的关系；

(4) 政策问题的环境、时间约束以及受影响者的范围等。

3. 综合模型

郝莱特和拉米什试图将经济学模型和政治学模型联系起来。他们认为两类模型在建构各自的分析框架时都或多或少地使用了两个相互联系的变量：第一个变量是国家能力，第二个变量是政策子系统的复杂程度。通过设定国家能力和政策子系统的复杂程度这两个变量，经过排列组合，就可以形成一个政策工具选择的模型(如表 3-5 所示)。

表 3-5 政策工具选择模型

		政策子系统的复杂程度	
		高	低
国家能力	强	市场工具	管制、公共企业、直接提供等工具
	弱	家庭与社区、志愿者组织等工具	混合工具

资料来源：Michael Howlett and M.Ramesh, Studying Pubic Policy. Policy Subsystems，Oxford University Press，1995, 163.

(1) 政策子系统复杂程度高、国家能力强。当政府面对的社会行动者的类型多样、数量众多且彼此间相互存在矛盾时，如果政府具有较强的控制能力，就可以通过市场这种“看不见的手”来实现资源的优化配置，也就是政府部门宜采用经济学者所支持的政策工具，即市场工具。

(2) 政策子系统复杂程度低、国家能力强。当政府部门面对的是单一种类、数量较少的社会行动者时，且政府部门自身的能力较强，就可以考虑采用强制性政策工具，如管制、公共企业、直接提供等。

(3) 政策子系统复杂程度高、国家能力弱。在这种情形下，政府部门没有足够的能力进行社会管理，因而此时采用如家庭与社区、志愿者组织等自愿性政策工具是比较适用的，即通过借助社会民间的力量来推行政策、达成政策目标。

(4) 政策子系统复杂程度低、国家能力弱。在这种情形下，政府部门可以根据实际情况采用混合性政策工具，如信息和劝导、财政补贴、税收与使用者付费等。

从表面上看，郝莱特和拉米什构建的综合模型是符合模型构成的基本要件的，但通过仔细剖析就不难发现，它并不能经受政策实践的检验。可以看到，所谓“政策子系统”，也就是地方政府和非政府公共组织。对于政策子系统复杂程度的高低与国家能力强弱的不同搭配，如何能成为政策工具选择的决定性影响因素；希望解决什么样的政策问题、期望达成什么样的政策目标更适宜采用这一类政策工具而不是其他类的政策工具等问题，这一模型构建是很难解释的。

三、政策工具的配置

在本节的最后，我们有必要将以上的各种研究角度进行综合分析，从而从整体、系统化的角度上去研究政策工具的配置问题。学者布雷塞尔斯与克洛克认为，政策工具在选择和配置时需要仔细考察政策所需达到效果与政策工具实施的环境，并在政策工具箱中做理性的选择。胡德认为公共管理应该研究的是在具体情境下特定工具发挥作用的大小以及其优势和劣势，即在处理不同公共问题时，使用哪一种政策工具是最为奏效的。工具主义者们倡导的则是一种“纯粹”的工具研究以及“纯粹化”的工具应用实践，即对各种政策工具的研究都应该独立不受任何影响地进行，针对具体的问题运用不同的政策工具，组合运用往往会导致活动的失败。但我们可以看到，在具体实践当中要将政策工具完全清晰地划清界限是不可能实现的，不同类型的政策工具之间的相互配合使用可以达到取长补短、优势互补的效果，同时避免运用单个工具的片面性。因而，在现实工作中，政府部门应当将关注点更多地放在如何将多种政策工具合理、有效地配置和结合，并且在具体实施过程中不断根据环境等条件的转化来进行相应调整和转变。总之，在进行政策工具的选择和配置时应当注意以下几点：

首先，在进行政策工具的配置时，要分析清楚所使用的政策工具本身具有的独特属性或特质，以及促使政策工具能够发挥的基本要求。需要注意的一点是，根据某一具体的影响因素而选择的最佳政策工具，从综合的影响因素上来考量并不一定是最适合解决政策问题的工具。再者，则是要对所采用的政策工具背后所设定的假设和理论基础有深刻的认知，并在进行政策工具配置时研究此类假定和理论基础是否能够支撑工具的采用。

其次，政府部门要主动排除对特定工具的偏好和路径依赖，判断选择政策工具的制度实施的可行性。政府部门作为政策工具选择的直接主体，前期必须对政策工具进行系统全面的分析，评估不同工具的绩效、优劣、适用范围以及政策工具是否符合社会制度规定，应尽可能让利益相关者以公平、平等的身份和地位参与到政策工具的选择过程中。这虽然不能保证找到完全匹配的工具，但却能避免采用到不匹配的政策工具。

再次，针对政策目标的实现所进行的政策工具的配置，有四种类型：① 以单项工具与单一目标相匹配；② 以单项工具与多个目标相匹配；③ 以多项工具与单一目标相匹配；④ 以多项工具与多项目标相匹配。就单项对单项和单项对多项的政策工具与政策目标配置来说，政策工具配置、选择是同一过程；对于单项对多项以及多项对多项的政策工具与政策目标配置来说，两者是不同的过程。作为一个独立存在的过程，政策工具的配置就是对已经选定的政策工具综合地考量其优势与缺点并进行最优的组合。在进行政策工具的配置组合时需要注意，要善于将传统工具与现代工具相结合，使其共同发挥作用来解决政策问题。

最后，政策实施过程的不同阶段要运用不同的政策工具。政府部门应有较强的战略意识，随时变换和调整工具的组合配置，如伴随着使用管制工具向放松管制工具的转变，相应的强制性工具也可以适当地向为政府间接提供公共服务的工具和社会化自愿性工具转变，这样才能获得更好的效果。

本章小结

本章主要阐释了公共政策工具的相关内容。通过本章的学习，应该了解公共政策工具的基本概念、政策工具的类型划分以及掌握政策工具各类型中包含的不同手段、途径和各政策工具存在的优缺点，明确影响政策工具选择的主要因素以及不同情况下政策工具选择的路径、模型和模式，最终掌握如何恰当地选择和配置政策工具来解决政策问题，达成政策目标。

关键词

政策工具　强制性工具　直接提供　公共企业　管制　自愿性工具　信息与劝导　市场　志愿者组织　家庭与社区　混合性工具　税收与使用者付费　产权拍卖　财政补贴　政策工具的选择　政策工具的配置

思考题

1. 政策工具的含义是什么？
2. 政策工具有哪些类型划分？
3. 什么是政策工具选择？
4. 影响政策工具选择的重要因素有哪些？
5. 如何选择恰当的政策工具？

案例

抗疫过程中的经济“组合拳”

2020年新冠肺炎疫情发生以来，我国各级政府、各级部门深入贯彻习近平总书记提出的一系列重要精神，各省市认真落实党中央和国务院的决策部署，积极主动采取行动，迅速出台一系列政策措施，运用多样的政策工具，为抗击疫情工作以及疫情平缓后的复工复产工作提供坚实的后盾，全国人民上下一心，全力支持打赢这场疫情防控阻击战。

新冠肺炎疫情既是对防控能力的考验，也是对中国经济的一次大考。新冠肺炎疫情给经济生活带来不小的影响，与大众消费相关的行业首当其冲。因疫情防控需要，餐饮住宿、旅游、休闲娱乐等人群密集度高的行业都停业歇业，市场消费量也随之下滑，紧张的现金流成为一些实体企业的最大挑战。企业的现金流问题，在疫情发生后不久便引起了金融部门的高度重视，针对企业，特别是中小企业和小微企业的现金流问题，一系列金融扶持政策持续发力。人民银行、全国性银行和地方法人银行等银行业金融机构为抗击疫情提供信贷支持。

金融政策为企业提供资金保障，财政税收等政策则要为企业减少负担。新冠肺炎疫情发生以来，财政部门持续加大资金投入力度，保障防疫需要，并出台减税降费等一揽子政策为企业纾困解难，支持企业复工复产。人社部会同财政部、税务总局研究制定《关于阶段性减免企业社会保险费的通知》，明确免、减、缓三项措施。

疫情期间，各类电商平台订单大幅增长，线上办公、线上教育以及各种“无接触式”的生活方式成为趋势。包括“共享员工”在内的各类灵活用工方式，更是给保就业、稳流通提供了全新的解决方案。坚持疫情防控和经济社会发展“两手抓”必须聚焦重点，精准发力。在党中央的统一决策和部署下，从金融财税到优化服务，多项政策密集出台，各部门各区域协调配合，这场疫情也成为对我国经济治理体系和治理能力的一次大考。

从财税金融到生产物流，从稳就业到保民生，一系列政策的出台及时有效地抵御了新冠疫情所带来的短期冲击，这也与过去几年来国家大力支持实体经济和民营企业发展一脉相承。传统行业与数字技术加速融合，让中国经济呈现出更丰富的内涵与活力。在深化供给侧结构性改革，推进高质量发展的道路上，中国的步伐从容而稳健。

思考题：

1. 分析在抗击新冠肺炎疫情过程中政府利用了哪些政策工具来实现经济的统筹安排。
2. 这些政策工具都分别发挥了什么作用，还存在哪些不足，如何弥补这些不足？

第四章　公共政策模型

模型是对现实世界某个方面抽象的概括和简化的表达。在进行公共政策研究的过程中，我们通常都会建立模型，并利用该模型来探讨和理解政策的产生以及如何更全面、深层次地认识和分析公共政策。模型实质上突出了公共政策以及政策过程的本质特征，因而模型的学习对于我们而言至关重要。目前，在公共政策领域中具有广泛影响力的大部分模型都还是基于西方国家的理论及实践总结而得的，对于中国公共政策领域研究者来讲，应以此为基础，来构建中国特色公共政策学，实现其科学化。

第一节　政策过程与政策模型

为了能够全面准确地了解各个政策过程模型的内涵及理论分析作用，有必要先学习什么是政策过程，了解政策过程本身的含义及特点，从而为之后学习和理解作为分析工具的政策过程模型在政策过程中所具有的作用奠定基础。

一、政策过程

(一) 政策过程的含义及特点

每一项公共政策都有“生命周期”，主要包括政策制定、执行、评估和监控以及调整或终结。整个过程环环相扣、相互衔接，以保证政策在其孕育到衰亡过程中都能顺利推行。目前，公共政策学者对于政策过程的理解及界定可以分成三类。其一，将“政策过程”等同于“政策制定过程”且做广义理解，即在这一阶段内过于强调政策制定在整个政策中所含的分量及作用。在公共政策学发展的早期阶段，持这种观点的学者很多，如克鲁斯克或寇科朗等都曾在其著作中反映此观点。其二，着重强调“政策过程”中政策的形成过程，对于其他部分的研究缺乏关注力。例如，黑利归纳了11种政策过程形式，且都只与政策规划有关，不涉及其他的政策制定环节。其三，将“政策过程”理解为政策运转的全部流程，即认为“政策过程”包括从问题发生直至解决的全阶段。

上述三类界定中，实际上最为可取的为第三种。可以说，公共政策的“政策过程”实质上就包含了政策运行的全部阶段，通常指从政策问题识别和最终认定、政策讨论及制定和执行，到对政策所做的相关评估以及评估之后对其进行的调整和修正，或者选择政策终结等所有环节。此外，不可忽视的是，政策环境以及所有参与到政策制定的主体或多或少都会对政策产生一定的影响。

当明确了公共政策的基础概念和内涵之后，就需要对政策过程的特点进行探讨和分析。首先，公共性是政策过程本身最为突出的一个特性。换言之，政策过程也可以看作是公共权力机关所做出的能够对社会资源和价值进行重新调整和分配的过程。公共部门发现公共问题且将其纳入政府议程进行讨论，进而制定政策最终解决该问题。可以发现，政策过程所解决的问题都属于公共问题的范畴，私人问题只有在显露出足够的公共性时，才有可能进入到政策过程中。其次，动态性也是政策过程本身不可忽视的特点。公共问题从被发现到解决的过程中，不免涉及很多政策参与者之间的互动及受到政策环境的影响。因而，可以将政策过程看作是一个综合体，即包含了稳定和变动的和谐统一。最后，政策过程所包含的完整逻辑流程在现实运作中或多或少会“缺失”某一阶段。政策过程在实际操作中很难准确定义其起点或终点，一项政策可能会因环境影响或人为因素难以推进其中某一阶段而难以顺利进行。因此，政策过程的环节缺失性已经成为了常态。

(二) 政策过程常见形态

一些公共政策学者将实际上的政策过程分为了如下四种类型。

1. 直线型

格罗弗·斯塔林在其著作《政策制定的策略》一书中，将政策过程按照时间的顺序看作一个直线型的政策过程，其中包括政策问题的认定、公共政策方案的讨论、公共政策的最终形成、公共政策的执行以及评估等环节。

2. 循环性

梅伊和韦尔达维斯基 1978 年所著的《政策循环》一书中，将政策过程看作是问题界定、方案设计、方案评估、方案选择、政策执行和政策评估这六个阶段过程，并且这一过程总是循环往复的。郝莱特和拉米什进一步研究了循环性政策过程。与前者不同的是，他们将政策过程的六个阶段改成五个阶段，即把前三个阶段过程整合调整为议程设定和政策规划两个阶段。

3. 金字塔型

安德尔森在其著作《政策制定》中描绘了金字塔式的政策过程。在这一政策过程中，公共政策的决策权往往掌握在极少数人组成的立法机关的手中，执行权掌握在人数虽然较为众多但与普通社会大众相比仍然占少数比例的政府官员组成的行政机关手中，而社会大众及其利益表达组织则处于金字塔的最底端。

4. 同心圆型

希尔斯曼于 1971 年在其著作中表示他在研究美国国防和外交事务决策中发现，决策核心是总统以及那些可以直接参与总统决策的官员即国务卿等，第二圈则是国务院(外交部)及国防部的决策者们，第三圈是众议院和参议院的议员群体，第四圈则是那些较为有影响力的大众传媒、利益集团、智库和大型公司等。其勾勒出来了公共政策实质上是一种由外及内和由内至外的互动过程。

二、模型概述

(一) 模型定义

托马斯·戴伊对模型给出的解释为“模型是对真实世界某些方面的简单化表示”。实际上，模型是针对现实世界所做出的简单化和抽象化的事物，其突出了原型的本质特征，抓住其内在核心而忽略次要方面，抓大放小，对真实事物依据相似性原则进行研究从而达到认识主体的目的。一般来说，模型往往从“实物”和“概念”的维度进行区分，所以分成了两大类，即实物模型和概念模型。所谓实物模型，是指形态上与原型近似一致的模型，如飞机模型、船模等，这类模型更多突出其相似性特征。概念模型则利用一组或一系列抽象概念，使得事物的本质错综复杂地交织在一起，从而形成一套严密的框架结构。

在理解复杂世界的时候，有必要对其进行简化，因而模型的构建就显得必要且重要。进行政策分析时，很难想象脱离模型去进行探究的场景，但需要注意的是，模型的使用实际上无形中正式将主观意识强加于客观世界，人为地去创造出一种认识世界的新方法。由此，对待模型应该时刻保持高度的敏感性，不能将来源于经验的抽象认识等同于实实在在存在的具体事务。

模型存在的意义在于人们可以利用其去探究和预测未知的现实世界。具体而言，模型的意义主要体现在三个方面：第一，模型应尽可能突出原型的性能，最大程度反映原型的主要特征。这样，通过对模型的分析就能够清晰地认识到原型的某些本质规定性，从而对未来事物的发展趋势的预测给予合理有效的指导。第二，模型是一个能够用来进行科学抽象的手段及工具。从模型的定义可以看出，其集结了原型的最本质特征，因此给予认识主体从某一特定的视角去窥探其中的规律及奥秘的途径。第三，模型引导认识主体在资料收集整理时具有方向性及针对性。面对纷繁复杂的资料海洋，模型可以起到辅助筛选和抉择的功能。

(二) 模型有效性的划分标准

评估模型效用的一般性准则主要有以下六点。

1. 有序化及简化能力

判定政策模型是否有效的前提之一便是该模型对于现实政治生活的有序化和简化能力。前者是指能够把存在于现实世界中错综复杂的关系构建出一种逻辑上的联系，后者即该模型是否能够帮助人们更清楚便捷地理解现实中那些存在的令人难以琢磨的复杂现象。因此，有效的模型既不能过于空泛和复杂，即包含太多使人难以理解的内容，也不能过于狭隘和简化，忽略关键性因素又无法解释现实的世界。

2. 重要层面的认定

模型应该能够科学完整地概括政治生活中涉及的关键和重要信息，帮助人们把握事物的主要矛盾以及矛盾的主要方面，能将人们的关注范畴从细枝末节上真正转移到重要因素上来，使关注点更多集中于公共政策的真实起因及重要结果。

3. 紧贴社会现实

模型建立的“根”深扎于社会现实中，即模型本身所表达的内容一定是与现实有关联的，模型本身有着真正意义上的指涉对象。在建构一个模型的时候，需要将其与现实生活进行紧密的结合，这也是模型有效性的重要参考依据。相反，那些脱离现实根基，没有任何经验依据的唯心主观模型不仅无法体现其所应体现的真正要义，在使用中也会收效甚微。

4. 共识的沟通

人们在对政策模型进行理解的过程中需要对该模型有一个相对而言较为一致的认知，否则模型是否具有有效性就值得怀疑了。共识性应该是沟通的前提，这也会降低信息交易成本。

5. 可供研究及调查

模型建立之后，是应该能够进行实证分析的，也就是说其作用效能必须发挥出来，保障模型的可操作性。从某种程度上来说，该模型指涉的客观现象是人们在生活中能够观察、测量并加以证实的。否则，模型的有效性就无从谈起。

6. 提出一定的解释

模型建立后应该能够对公共政策做出一定的解释，即对于公共政策形成的原因以及相应的结果做出一定科学合理的假设，这是模型有效性的最后一方面的体现。相反，如果一个模型只是对公共政策的整个过程进行较为表面化的描述，其有效性就值得怀疑。

(三) 借助模型进行公共政策分析的原因

模型可以有效帮助认识主体更好地进行公共政策分析，这主要是基于以下两点原因：

(1) 公共政策学所研究的对象都是现实中可以直接观察到的，具有客观实在性，因而公共政策学最主要和最突出的特性便是其实证性。同时，在研究公共政策的整个过程之中必不可少地也需要去发现和政策相关的其他因素之间所可能存在的逻辑及因果关系。

(2) 根据模型所建立起来的公共决策程序，从本质上来看是人为编制建立起来的，利用模型将决策理论、方法和实践更好地糅合起来，形成完整且清晰的决策流程。决策过程需要保证的是格式化及标准合理化，能够最大程度地将决策失误降至最低，提高政策的科学性。

三、政策过程理论模型的类型划分

政策过程往往被定义为决策主体对自我利益和目标的实现，及由此对社会所进行的改造和调整。政策过程理论模型的类型划分即基于这两个方面，从而划分为两类。

1. 描述性模型与规范性模型的划分

基于归纳法和演绎法两种基本路径可以形成归纳型理论和演绎型理论。描述性模型即具有模型功能的关于政策过程的归纳理论或分析框架；规范性模型即具有模型功能的关于政策过程的演绎理论或分析框架。

描述性模型具有描述、解释和预测三大功能，旨在回答“发生了什么”“为什么发生”和“还将发生什么”三大问题，以严谨的科学态度来考察客观存在的政策的运作过程，如多元主义理论模型、组合主义理论模型等。

规范性模型是指通过实施该模型以达到实现某些价值的目的，旨在回答“应该是什么”这一问题，其特别注重对“特定价值实现的最适当方法的建议”，如理性主义模型、博弈论模型等。

2. 理性过程模型与政治性过程模型的划分

前文论述过政策过程的实质内涵即公共权力机关对社会资源和价值重新分配和调整

的过程。不过，这一过程是如何映照于政策过程中呢，政策过程又是如何体现出这一点的呢？或者说，政策过程到底是理性达到什么程度的一个过程呢？这是公共政策学者经久讨论的一个基本问题。在这一讨论过程中，也产生了不少的政策过程理论模型，其中包括广博理性模型、渐进主义模型、混合扫描模型等。这一系列理论模型被称为理性过程模型。

可以说，政策过程必须与政治过程和政府过程这两者保持较为一致的同一性。因而，围绕政策过程中的权力本质这一点进行讨论的过程中，诞生了诸如组合主义模型和制度主义模型等一系列的政策过程理论模型。

在本章第一小节中，讲述了政策过程及政策模型之间的关系，由此引入政策模型的述评内容，另外对政策过程理论模型进行了类型划分。在下一节中，为了方便理解和学习，我们将模型具体分为基于西方文明经验之上建立的传统政策模型和基于中国具体实践经验而建立起来的具有中国特色的政策模型两大类，并对其进行逐个介绍。

第二节 传统政策模型

公共政策学是起步于西方的一门学科，是在西方的传统社会和现实环境的土壤里产生的，所以该学科的理论模型以及相关的学科体系等都与西方社会实践息息相关。在公共政策学中传统的公共政策过程理论模型都是西方学者基于西方的经验所总结和概括而形成的,因而我们在学习和应用这些理论模型的过程中更应该注意其所依据的特定经验和事实。在这些理论模型中，一类是注重反映和解释政策过程的认识论本质，如理性主义模型等；另外一类则更加强调和关注政策过程的权力本质，着重解释这一部分的模型主要有渐进主义模型、混合扫描模型、垃圾桶模型、集团理论模型、组合主义模型、精英主义模型、制度主义模型和政治系统论模型。所以接下来的学习将围绕上述理论模型进行展开。

一、理性主义模型

人类的理性行为通常离不开自身的价值判断，且不同的人对理性行为的判断也常常有不同的标准和答案。众所周知，传统经济学建立和发展的根基都是将经济人假设为研究的起点，理性模型也起源于此。经济人做事的前提和重点都是自我利益最大化。达成目标的方法和途径很多，所谓理性选择，就是做出保证自己利益最大化的选择，这便是其最优方案。

决策者尽可能收集更多的信息，因为在完整的信息资源面前，可以穷尽决策方案，进而会遵循经济人假设当中的一个经济原则，即会用最小的投入来获得最大的收益。也就是说，决策者会在所有的决策方案当中选择一个最优选，从而构成一个政策分析路径，这就被称为理性主义模型。可以说，经过了多年的发展，理性主义模型也经历了从完全理性到有限理性的完善过程，这也是人们对理性主义模型的认知不断完善的体现和经验的总结。

（一）完全理性模型

在理性主义模型发展的早期，一些学者认为：人只要发挥自己的主观能动性就能保持最佳理性状态，从而做出最优决策以达到最终目标。由此，可将完全理性模型的内容概括为五部分：

(1) 决策者所面对的是一个特定的具体问题，且这个问题的重要性和其他问题相比较是最为突出的。

(2) 决策者在进行决策的整个过程中，对于该政策所应该达成的目标和完成的任务都是十分明确的，且同时希望能够保证政策中产生的利益最大化以及损失最小化。并且决策者也能够在众多目标当中识别出不同程度的重要性，继而对其进行重新排序。

(3) 决策者在众多可以选择的方案面前，会在逐一选择排序的基础上做出最终的决定。但如果这些方案都大同小异，决策者往往会做出相同的决策。

(4) 决策主体会在处理和解决一项特定问题的同时，面临诸多形态各异的自然状况，并且这些自然状况有着自身的发展规律，类属于不可控因素的范畴，是人为无法控制的。

(5) 决策者通常会在比较投入产出比之后，结合自身的价值偏好，选择其中的最优方案。

完全理性模型应具备如下条件：

(1) 整体行为和群体行为的概念和内涵有着本质的区别，因而决策行为的发生只能被认为是整体行为。整体行为才能保证各方采取一致性的价值判断，群体行为则往往难以保证这一点，而是常会在价值判断上产生分歧，从而在之后的选择和判断中产生分歧。

(2) 在外部环境和爆炸信息的围绕中，决策者应时刻保持绝对理性。一方面，决策者自身应具备与决策相关的、完备的信息和知识，可以据此穷尽所有的备选方案且完全计算预测出所有的结果。

(3) 在完全理性模型当中，最优决策的制定是最终的结果，但做出这个最优选的前提是能够充分地保障决策者清晰地认识到其决策目标，并且决策目标需要保持其单一性。

(4) 决策的不同阶段，决策者可能会因外在及内在需求的不同变化而改变自己的价值偏好，但这是不被完全理性模型所允许的。

(5) 决策者不考虑时间、精力、经费等因素的考量，必须一切以做出最优决策为目标。

从理论上来讲，通过赋值估算结果最终选择最优方案并非不可行。然而，理论假设永远不能完全等同于社会现实，完全理性模型自身存在的诟病往往无法保证其顺利实施。首先，公共决策的目标并非是能够清晰且单一的。这是因为利用经济人假设来进行分析时，能够发现该理论假设总是会让决策者去追求最大限度的利益。但现实情况往往与此相反，决策者通常很难在决策时期就将问题清晰化和具体化。其次，尽管决策者一直在搜集和整理所有与决策有关的信息和资源，但并不能够做到将所有信息穷尽，这也是不现实的。因此，完全理性模型所要求的穷尽所有的备选方案且完全计算预测出所有结果的情况并不存在。再次，决策所面临的情况常常是价值冲突而非价值一致的。因此，不同决策者的判断也会大相径庭。最后，为了最优决策而不考虑时间、精力和金钱等因素的影响是完全不可能的。决策需要同时具备合理性及时效性，需要不仅在合理性和时效性当中做出权衡，也应该将经济性因素考虑在内，至少决策的边际效益应该大于其边际代价。

基于此，完全理性模型受到了各方的质疑和批判。因为从经济人角度出发，其做法过分追求现实世界当中完全不存在的纯粹的理性主义，所以只能被看作是一种更进一步的极端追求，但是在实际生活当中难以应用。

(二) 有限理性模型

在完全理性模型受到猛烈抨击之后，人们意识到完全理性的决策在现实中并不存在，理想模式并不能真正指导现实中的决策。在赫伯特·西蒙的观点当中，表达出了针对决策者自我理性内容的讨论，其中提到决策者作为一个生命个体，其理性往往都是在完全理性和非理性这两个极端范畴的中间徘徊，不能够做到完全理性，但也不会不理性。因而赫伯特·西蒙将决策者的定位从经济人转化到了行政人，并提出和构建了有限理性的概念。他认为决策者处于公共决策的阶段中时，不管这个决策者是单一主体抑或是群体组织，其进行的决策只能说是在众多决策当中挑选出一个相对而言较为满意和合适方案的过程。现实生活的复杂性和变动性使决策者在无法达到最优解时，不得不转头去选择次优解。

因而，这种对于理性的认知观念在决策当中就会体现为：

(1) 情报活动阶段：决策者在进行公共决策的过程之前，需要先确定解决这个问题需要什么样的方式方法以达到何种目标、完成何种任务等。但需要注意的是，不同的人都是被不同的环境和经历所塑造出来的独一无二的个体，因而对于与决策有关的所有问题的认知都是不同的。

(2) 设计活动阶段：决策者不可能也不现实去穷尽所有解决问题的方案，因而只能尽力通过自己的努力觅得满意答案；设置最低水准，将所有可选择的方案都列入可接受范围之内；据此，在所有因素考量完成后，最终选择一个可行性方案。

(3) 决策活动阶段：对上述最终选择的方案进行合理性和可行性评估，再次判断是否符合设置的最低标准，若不合格，则检验其余方案且注意通过评估过程寻求能够满意的且符合标准的最优解决方案。

较之于完全理性模型而言，有限理性模型的可操作性和决策效率大大提升。实质上，有限理性模型发展于完全理性模型，取其精华去其糟粕，人们所能达到的理性思维有了一定的提升，放弃了原来苛刻的完全理性的政策模型，继而保证决策操作更具有操作性。不可否认，有限理性模型对于我国很多政策的制定具有一定的解释力，且改变了原有的决策观念。但同时，其本质上仍然是理性模型的变体，并未完全克服其缺陷，恰恰有限理性可能会成为决策者推脱决策失误责任的挡箭牌。

有限理性模型被构建之后，对于整个公共决策相关理论研究都产生了较大影响。第一，决策需要秉承和凸显公共利益，但是目标冲突就很有可能会导致决策出现偏离公共利益的趋向。理性决策的前提是具有明确单一的目标，而公共组织本身的目标存在模糊性，尤其体现在决策过程中可能存在多种目标之间的竞争，如环境保护及经济发展等。这些目标之间不可避免地存在矛盾，但公共决策是无法顾及所有目标的。有限理性的决策者难以对这些不同目标赋值后再进行排序，因此对决策目标认识有缺陷。第二，决策者不是全能的神，因而也存在对于知识的理解误差，即知识的不完备性，在这种情况下就会出现公共决策的失误或者决策目标的偏离等现象，且无法将所有备选方案收集起来。第三，决策效能的发挥会受到周遭环境变化的影响，因而难以保证其时效性。一项决策在颁布问世后，社会环境和人类思维会不断发生变化，因此该政策初期的有效性有限。这也从另一方面显现出了决策者理性的缺陷。

二、渐进主义模型

1959 年美国著名学者林德布洛姆在其著作《“渐进调适”的科学》中首次提出了渐进决策模型的概念。他认为，理性化是公共决策中不可或缺的重要因素，但制定政策的整个实际过程并不是一个理性程序，而应开辟一条新的分析和制定政策的路径。

(一) 渐进主义模型的核心及内容

渐进主义模型中糅合了林德布洛姆的渐进分析思维，这也是他对政策科学所做出的主要贡献。林德布洛姆是提出“政策分析”概念的第一人，他在对传统政策分析途径进行抨击和批判的基础上提出了自己的渐进分析理念。渐进主义模型的内容主要包括七点：

(1) 决策者在进行新的政策制定时应保留对以往政策的承诺，而不可随意轻易将其推翻。

(2) 决策目标的选择及之后行动的采取应进行经验分析，这两大步骤密不可分，且决策者应更加注重去减少现行决策的缺陷而非费力进行目标的改进和手段方案的重新规划选择。

(3) 决策者不必过多分析评估其他新的备选方案，只需要考虑解决种种可供选择方案的其中一部分。这些方案与现行政策方案的区别仅在于程序或量上的不同。所以，在这一部分所着重和强调的便是对于已有现行政策的逐步修正以及相关补充。

(4) 决策者在面对各种方案时，应该对每一种方案执行后可能产生的社会影响和后果进行科学合理有效的猜测。

(5) 决策者可能面临的问题会经常性地被修正，因此应着意对目标—手段—方案进行无限的调适，让问题看起来更容易被处理，不必担心基础的变革。

(6) 成功的路径不止一条，同样，为了解决问题而指定的决策方案也并非只有一个，评价一个决策的优劣并非是观察是否寻求到了达成既定目标最有效和经济化的手段，而是观察决策是否得到了决策者们的一致同意。

(7) 渐进决策更加侧重去改革和调整当今社会中存在的一些不足及弊端，而非为了未来的社会目标。

(二) 渐进主义模型的合理性

渐进主义模型自身有较为优越的合理性。首先，社会是由不同阶层的人们所组成的，因此在不同利益追求下也会存在多元的目标。为了维护社会稳定发展，政府往往也希望能在现行政策基础上做出改变，不让社会发生剧烈动荡，不太愿意进行全面性的政策改革。因此政策过程只能渐进。其次，决策者的能力和智慧都是有限的，这也就决定了他们不会穷尽所有的方案，也不会追求最后的唯一最优解，而是一旦在搜索之中发现较为可行的方案就会立刻停止搜索。因而决策者只会在已有的方案中选择自己比较熟悉的方案来执行，只有当该方案无法解决所出现的问题及需求的前提下，才有可能会考虑进行根本性的政策改革。同时，每项政策都会根据时代的发展进行适当的调整，从而使政策最终达到一个较为完备的状态。最后，在决策者没有充沛的精力和充足的时间的前提下，但又必须去解决某项社会问题时，渐进主义模型往往能够起到较大的帮助作用，在原有做过调研分析的政策基础之上，去做出一个不会令社会失调的方案。

(三) 渐进主义模型的评价

渐进主义模型为决策如何进行提供了崭新思路，公共政策是对旧政策中所存在问题的补充和修正。换言之，在旧政策发展的基础之上，根据外界环境、政治和经济等因素来确认渐进模式的速度，对已有的政策进行适当修改。从经济人角度来看，渐进主义模型无疑是理性的。可以看到，在现实生活中没有哪一项政策从刚产生之时就“完美无瑕”，都是在实践经验中结合环境背景以及社会反馈等逐步慢慢完善的。从这个角度来看，渐进主义模型无疑兼具理性和经济的双重特点。与此同时，缓慢的政策完善、改进的过程也能够维持社会的稳定发展，不至于产生较大的矛盾和冲突，所以该模型具有重要的理论和现实意义。既然不存在完美无缺的公共政策，要想达到最好，最为稳妥的办法便是对现行政策进行逐步的修正和完善。就统治者而言，政策的执行当然有利于其收益，因而也不会过多进行大步改革，也不会对先行的政策进行轻易的改变，同时就算需要改变也只会采取逐步推进的办法而非突变。

尽管渐进主义模型在某种程度上正确描述了公共政策制定的流程，但仍不可避免地存在缺陷。首先，有学者指出，该模型缺少目标导向，决策者站在十字路口找不到前进的方向。决策者太过于保守且怀疑大规模的改变和创新。其次，渐进主义模型强调决策者们的一致性看法，将决策范围局限于小部分的高级决策者手中，这也被看作是不民主的表现。再次，由于渐进主义模型排斥系统的计划和分析，缺乏去寻找有益新选择的动力。因此，一些批评者指出，在该视角下做出的决策很容易成为短时政策，可能在初期有益于社会问题的解决，但不利于社会的长期发展。最后，一些学者也对渐进主义模型的适用性提出了质疑。例如，德洛尔指出，渐进主义模型只能在面对属性前后一致的政策问题且解决方案都是现成的时候才能够起作用，即该模型只适用于相对稳定的大环境下，在社会动荡和危机面前，就会失去效力。

三、混合扫描模型

在理性模型和渐进主义模型被提出之后，不少学者对这两者的局限性展开了研究，混合扫描模型便在此基础上被构建出来了。

(一) 理性主义和渐进主义决策模型之上的混合扫描模型

混合扫描模型仍然坚持从之前对全面理性的批评路径出发，认为决策者的能力是十分有限的，而且社会中的价值体系也总是处于一个不断变化的过程之中，因而难以对实施的手段和达成的目标进行统一和清晰的认定。此外，信息收集存在壁垒，决策者所面对的又是一个十分开放的变量系统，无法对所有的结果做到全面的预测。因而，理性决策模型的效能往往也难以尽如人意。同时，混合扫描模型还认为渐进主义模型中存在着较大的缺陷。例如，在渐进主义模型中，决策者做出的决策往往只反映了社会群体中势力最强大的那部分人的利益，社会上和政治体制上那些力量弱小且没有发言权的群体的诉求和利益就会被忽视掉。而且，渐进模型所倡导的注重短期目标的主张只能够改变目前的部分现状，对社会未来的长期发展并没有起到任何实质性的作用，继而可能会使社会又回到原有的状态或者因缺乏长期的方向指导而出现一定程度上的偏离，对于那些较为重大的社会改革方面的内容，渐进主义无法解决。所以，混合扫描模型就在这两个理论的基础之上进行更新，即将两者的优势积聚，又能够弥补其本身所存在的缺陷；不会像理性主义决策模型那样需要穷尽所有的方案，也较渐进主义模型更具有进步性和创新性。

(二) 混合扫描决策模型的基本内容

哥伦比亚大学社会学教授阿米泰·埃泽奥尼创建了混合扫描模型。该模型希冀能够综合地将广博理性模型(即完全理性模型)及渐进主义模型这两者的优势结合起来，并且弥补其缺陷。埃泽奥尼解释道：混合扫描就像是两台从不同角度进行取景的摄像机，其中一台是广角摄像机，即可以用来观察的范围较大，能够取得整个事物发展的全貌；另一台则是扫描小范围的摄像机，能够帮助识别事物的小范围的细节之处。只有这两台摄像机相互结合才能产生更好的效果。因而只有将广博理性模型以及渐进主义模型两者的各自优势相互配合，才可以保证决策能够更加科学合理。

混合扫描模型的巧妙之处在于其将理性主义和渐进主义的优势相互结合，发挥出最大效用，并且能够根据不同的情况将两者的比重进行调整以适应不断变化的政策环境。然而，虽然混合扫描模型是站在前者的基础之上构建了一个新视角去进行分析，但人们普遍认为其创新度不高，难以真正具有说服力。因为该模型仅仅是把两个模型进行了结合，所以意义不大。且就如何在理性主义和渐进主义的两个极端之间去进行合理选择的问题，阿米泰·埃泽奥尼的回答并没有能够让大家信服。所以从整体上看，这一模型是否真正能够做到既具有可操作性又不至于陷入保守还处于争议中。

四、垃圾桶模型

从完全理性模型到有限理性模型，从渐进主义模型到混合扫描模型，都将政策过程看作直线型的运作过程。随着后实证主义的盛行，一些公共政策学者开始对政策过程重新进行审视，他们发现在实际操作中政策的运行过程并非都有理性思维掺杂的特征，有时甚至完全相反。他们试图从反理性过程的角度出发重新构建一个新的政策过程理论模型，垃圾桶模型应运而生。

科汉、马奇和奥尔森三人于 1972 年在《行政学季刊》上发表了名为《组织选择的垃圾桶模型》的文章； 1979 年，马奇和奥尔森两人又合编了一本名为《模糊性与组织选择》的书，其中收入了两位学者合写的文章《模糊状态下的组织选择》。这两篇文章是提出且阐释垃圾桶模型的经典之作，这个模型认为在政策过程中实质上存在内在非理性，因此其关注点更多集聚于组织行为的非理性。垃圾桶模型认为现实的决策实际是一个难以预测且十分不明确的过程，这种模糊状态的呈现与决策者密切相关，即决策者无法明确政策问题及目标的偏好，因为与目标有关的偏好基本上都会出现相互矛盾和冲突的现象。在这种背景下，决策者只能采取试错的方式，在不断试错中获取经验从而习得决策的技能，他们不可能在事先就做到洞悉决策的整体过程。同时，决策者的更迭会导致不同部门的人对不同的政策问题有不同程度的参与，即使是在面对同一政策问题时也会因人而异、因时而异、因地而异，从而造成政策过程的断裂性及分散性。政策过程中存在四要素，即问题、参与者、解决方案和决策机会。该模型认为这四要素之间没有线性的逻辑演绎关系，是互不关联、彼此独立的。其认为决策的形成仅仅是机会使然，换言之，将这四要素都随意丢进垃圾桶里相互混合，是否能够做出决策完全取决于问题是否能够碰到解决措施、决策者是否能够正好同时发现问题及解决措施、解决措施能否正好符合其他参与者的利益等。也可以说，组织的决策通常不是理性计算后的结果，而是决策者偶然碰上决策四要素同时具备的结果。

美国著名的公共政策学者约翰·金登在垃圾桶模型的基础之上对其进行了更进一步的理解和扩展，建立了一种全新的描述性模型，即政策分析的多源流模型。这个模型想要去探究和回答政策问题之间存在何种差异，以及决策者是按照何种标准进行问题的选择的。问题流、政策流和政治流的概念也由此引入。其中，问题流是由社会上所存在的各种各样的社会问题所形成的。问题很多，但并不是所有的问题都能够有机会被“挑选”出来进入到政策议程中去。是否能够引起决策者的关注取决于某个问题自身所存在的特质。政策流指的是在整个政策的“原汤”之中存在着许多思想，有些是对问题专门提出的政策建议，有些则是对未来生活和世界的一种模糊概念。这些思想之间会相互交流和彼此作用，但这其中只有符合某种标准的思想才能在最后被真正坚持下来。所谓政治流包括公众舆论、国民情绪、利益集团之间的较量以及社会已经形成的权力分配格局等因素，这些因素会对整个议程形成一种促进或者抑制的作用。这三个源流通常情况下各行其是，但当处于某个比较关键的时间节点时，这三者会汇集从而令某个政策问题被推进议程之中。这个时间节点也被叫作“政策之窗”。

理性，是人类对于客观世界的一种认识、思考及判断能力。政策过程理论模型就试图在模型构建过程中将决策者的这种能力概括入内，据此便形成了五种级别：第一，完全理性。这是广博理性模型中所展示的理性。第二，有限理性，这在有限理性模型中得到了解释。第三，混合理性。这是混合扫描模型中所展示的理性。第四，超理性，即认为虽然人类的理性能力有限，但仍必须以追求最佳的理性方案为最终目标，这是人类具有的一种超理性特质。展示超理性的政策过程模型是规范最佳模型。第五，反理性，所以能够看出垃圾桶模型体现的就是反理性政策过程的情景。

五、集团理论模型

集团理论的提出可追溯到美国建国初期的政治家詹姆斯·麦迪逊。1908 年阿瑟·本特利在其著作《政府过程：社会压力研究》中提到有关“集团”的概念，不同群体所代表的多元利益都会最终通过一些具有相同利益的个体聚集起来的团体组织所表现出来，因而社会当中就会出现代表各种各样自身利益的团体出现，这也就最终构成了社会本身。阿瑟·本特利认为利益团体或者利益集团在整个社会中起着主导作用，因为这些利益集团都代表着各自的利益，所以他们多以发展自己利益为根本来采取相应的行动，同时也会通过各种渠道对政府决策上给予各种压力。所以，与政府控制决策相关联的所有行为，都能够运用该模型来进行分析。此外，阿瑟·本特利还强调集团之间会形成相互制衡的力量，即他们不仅会成为影响政府决策的决定性因素，同时这样能够保证社会利益和资源的合理分配，以此来保证公平的实现。在他看来，社会当中所有的利益集团都是有大小之分的，有大集团存在就肯定有小集团的存在，且大集团往往能够代表更多人的利益，因而在影响决策的过程中会更大程度上将多数人的利益诉求反映到公共政策中。

之后，政治学家戴维·杜鲁门在本特利的观点的基础上进行了自我修改和完善。戴维·杜鲁门指出政治过程中无疑会出现两种利益形式，一类是外显利益，另一类则是隐藏利益。这两种不同利益形式的出现就会导致两个群体的诞生。与外显利益相对应出现的群体叫作组织化群体，与隐藏利益相对应出现的则为潜在群体。同时，戴维·杜鲁门也强调隐藏利益会支持潜在群体，且这一群体也能够在之后的发展中慢慢演变为组织化群体。此外，戴维·杜鲁门在其著作《政策过程：政治利益与公共舆论》中对利益集团的定义是：一群持有相同态度和立场的人能够通过正式渠道或者非正式渠道结合成为一个团体，并由此建立、维系和增进彼此之间的共同立场、态度所蕴含的行为模式，向社会上存在的其他团体组织提出自我的主张和需求，进而实现自我目标，这就自然而然地构成了利益集团。

集团模型假定，正是由于社会当中存在的各种利益集团为了实现自身的利益诉求，实施一系列影响政策制定的行动，才造就了现代政治的一种实际状态。政府在整个过程中所起到的作用就只是根据各方利益集团的不同诉求制定可以让他们相互竞争的规则，以此平衡他们之间可能会出现的冲突和矛盾，维护相对的和平状态。因此，公共政策无非就是在这些多元竞争和对比的集团力量下的产物。据此假定能够得到一组命题：一方面，为了维护社会的相对稳定，公共权力机构会制定各种规则来平衡所存在的利益集团之间的力量博弈和矛盾冲突；另一方面，公共政策在制定的过程中实质上就是不同利益集团之间的力量相互达到平衡的一个过程，每一项公共政策都是彼此之间相互妥协的结果。

可以说集团理论模型开辟了另一个视角，帮助学者们注意到社会中存在的多元集团之间是如何将彼此之间的利益最终整合成为公共利益，并最终通过公共政策表达出来的。事实上，公共政策真正体现公共性原则的前提是：多元社会组织对政府构成有效制衡，以此来防范政府权力过大而带来的不良后果。只有在多元利益均衡的前提下，才能避免出现精英理论中所提到的寡头垄断，体现出社会总体利益的最优化配置。然而，集团理论模型本身也存在一定缺陷。例如，过分夸大了利益集团在政策制定中所产生的影响，忽略了公共权力机构这一方所能够发挥的独立主动性作用；且该模型并未将可能影响政治过程的其他人类行为及政府本身存在的其他问题考虑进来。此外，该模型只能解释多元主义政治体制内的整个政治过程，不具有广泛的解释力。

六、组合主义模型

组合主义也可称为社团主义、合作主义等，其理论渊源可以追溯到 15～16 世纪期间欧洲对处于国家和家庭之间的社会自治团体的活动方式的关注。实质上，组合主义理论是制度主义的一个分支。德国政治学家施密特于 1974 年发表了《还是组合主义的世纪吗》一文，对欧洲国家的事件进行了理论提升及系统概括，从而形成了组合主义模型。随后，该模型成为了比较政治学所研究一个重要分析路径，同时也成为政策研究中一个有一定分析功能的政策过程模型。

组合主义的内涵为：第一，它是国家和社会之间的一种利益代表系统的中介，是有组织的资本家及劳工与政府之间体制化社会经济合作关系的一种形式；第二，国家在利益代表系统中是独立且具有主导性的个体，不受任何利益集团及社会阶层的控制，是公共政策合法的制定者；第三，在这个代表系统中的利益集团都组织良好且具有内部一致性的特质，其利益代表性受到国家的认可，并且具有对相关的公共事务进行咨询和建议的责任以及参与决策、执行决策的义务，还必须管理其集团的成员，避免发生过激行为；第四，这个利益代表系统中的利益集团的数量是有限的，只有各利益集团中的顶级组织才有资格代表集团与政府进行谈判以谋取最大利益；第五，组合主义体制中的核心目标是通过国家与利益集团之间的制度化合作与协商，从而借由允许这些集团分享权力的途径来维持和谐以避免冲突的发生；第六，这个利益代表系统是以奖励和惩罚制度来维持其运作的，即国家承认各利益集团中最高层代表的代表组织的利益代表独占权，与此同时排除其他组织竞争的可能性，允许代表组织合法进入到政策过程中，与国家机关共同商定政策方案，且这些代表组织必须要保证其代表的利益是自己利益集团的整体性、全国性的利益，是本集团中多数成员的利益集中，否则国家有权撤销其垄断地位并重新发展新的组合关系。组合主义实际上是某些发达的资本主义国家的一种公共决策体制及政治结构，通过高层的代表系统及合作互动，加上基层动员及社会控制方式来整合组织化的社会经济生产集团，由此来主导公共政策过程。

组合主义政策过程理论模型解释了一部分资本主义国家不同于多元主义的另外一种公共决策体制的特征，即在这一体制中，政策过程是具有主导性的国家所主导的；多元且分散的社会利益需求都是经由利益集团代表整合进而转化为统一、集中的利益要求的；国家与享有独占权的利益集团代表组织组合为一个决策系统；系统内的各方之间相互合作互动，经由协商化解国家与社会、资方和劳方之间的利益矛盾及冲突，达成一致的政策方案；政策方案经由公共权力机关采纳为正式的政策之后，来保证政策实施中的有效执行。但组合主义也存在缺陷：首先，其使用范围较小，该理论模型是根据某些发达的资本主义国家与社会之间特有的公共决策体制及政治安排的描述探究，不能用来描述和解释其他类型；其次，国家与利益集团的代表之间进行的互动、合作与协商的确是一些发达资本主义国家公共政策得以制定及执行的重要机制，但即使在这些国家中也并非在每个领域的基本政策都必须经由这一过程；再次，组合主义分析的基本单位是利益集团，但组合主义理论过于注重利益集团的经济行为，对其他类型的利益集团并未考虑，因此其对利益集团的概念界定并不周全；再次，该理论模型并未清楚说明利益集团是何以在政治生活中具有特别的重要性的；最后，关于国家的性质、利益及为何国家会认可某些利益集团而并非其他利益集团的利益，这个理论并未给出明确清晰的观点和解释。

七、精英主义模型

精英主义的提出可以追溯到 19 世纪末 20 世纪初。大众普遍认为该理论的创始者是意大利的两位学者帕累托和莫斯卡。帕累托对精英的定义中主要包含两个关键词："素质"与"高度"。这两者是精英群体所必不可少的因素。前者指人的智慧和学识等，后者就是可以用某种工具去测得的身为精英们的成功判断标准。莫斯卡从不同的维度对精英进行定义，他认为不可置疑的是在社会中存在着两大阶级，也就是两大主体，一方是具有统治权力的有地位的统治阶级，而另一方则是被统治阶级。统治阶级被称为精英群体。被统治阶级则是社会中的大多数群众，他们会一直处于前者的统治和控制之中。与此同时，精英内部的成员和大众之间是相互转化的关系，帕累托将此种现象称之为精英的流动以及循环理论。所以，严格意义上来说，精英主义受到了多元主义和社会主义的批评，传统观念上的精英主义已经逐渐衰落，但由于该术语真正揭示了现实存在的政治现象，所以到现在仍然被保留使用。

在该理论研究的框架之下，侧重强调公共政策是反映占统治阶级的精英们的这一方的价值和偏好选择的，因而该框架中并未涉及其他的政策主体。托马斯·戴伊在自己的著作《理解公共政策》一书中对精英主义政策过程理论模型做出了如下的概括：

(1) 整个社会群体被划分成了两派，即有权利的少数人和没有权利的大多数人。只有掌握权力的人才能够具有制定政策的资格以及进行社会资源和价值的分配工作；其他人只能够被动接受，而没有权利输出自己的意志，因而是处于被压迫的一方。

(2) 在社会群体之间，对于掌握着权力且占统治地位的少数人而言，是有着自己的利益要求和意志的，他们并不是由被统治一方的代表选举出来的，因而他们只是单纯地实现自己的利益愿望，达到自己的政治统治目标。精英群体大多来自于社会经济中比较优越的上层阶级，其他阶层则没有可能进入到统治群体当中。

(3) 前面一点提到了精英阶层并非一成不变，想要进入精英阶层，首先要赞同并能够接纳他们这一群体的思想观念之后才会得到允许和接纳；同时进入精英阶层的这一过程是复杂和缓慢的，中间必须要保证不间断进行才能够避免动荡和革命的发生。

(4) 精英阶层之所以能够维持和一直持续，原因就在于处于该阶层的所有个体都是对现行的制度之下的基本价值观念以及应该如何去改善和维护此制度有着高度统一的观念的，他们只会在一些细枝末节的小问题上产生分歧，但这并不影响他们对于大局面的整个把控。

(5) 公共政策是由拥有权力的精英阶层制定的，且精英阶层并未代表民众的意志，因而可以得出制定的各类公共政策都没有能够反映出社会大众的基本诉求，而只是反映出统治阶层的价值观。因而公共政策的制定及实施无非就是达到精英阶层的目的或者仅是巩固维护其统治地位。

(6) 对于精英和民众的相互影响范畴而言，相比较来讲的话，越是活跃的精英受到社会民众的直接影响往往较小，且精英阶层对于民众的影响程度远远大于其对于自身的影响程度。

该模型强调精英的价值和选择偏好，强调公共政策不会反映社会民众的诉求和需求。

八、制度主义模型

制度主义理论的集合点在于认同制度是重要的这一观点。制度主义将制度的重要性强调到了一种无所不能的程度，但制度主义者对于制度的理解有所不同。根据埃尔森和赖恩两位学者的研究观点，制度的解释方式有两种途径，即组织性解释和规范性解释。前者把制度解释成一套组织体系，后者将其解释为一种规则网络。

(一) 旧制度主义政策过程模型

20 世纪 50 年代西方政治学在行为主义兴盛之前运用的方法论是法律—制度主义，该方法论在之后被称为“旧制度主义”。到了后行为主义阶段，新兴起的制度主义慢慢成为西方政治学中具有广泛影响力的方法论，相对于传统的制度主义被称为“新制度主义”。

旧制度主义政策过程模型回答的主要问题是基于国家机构—政治制度之下能够对公共决策做出哪种解释：首先，该模型对政策产出的关系做出了分析解释，认为公共政策是由国家机构进行制定并执行的；其次，解释了国家机构及政治制度对政策过程的影响，该模型是从国家的组织机构及其行为规则的角度入手来研究政策过程的，并通过探讨国家机构的宪政结构、职能、特性及权责状况，包括各机构之间相互关系的实际运作揭示出国家机构—政治制度在从政策采纳到政策执行整个政策运作过程的各个阶段所起到的重要影响；最后，解释了国家组织体制或者机构与公共政策内容之间的关系，有些制度主义者认为前者对于后者而言能够产生极大的影响，另一些认为它们之间的关系影响是很难确定的，还需要谨慎考量。

对于该模型的批评多是认为国家机构—政治制度是具有相对静态性的，模型对公共政策的运作还有待动态的系统考察。

(二) 公共选择理论政策过程模型

公共选择理论的代表人物是詹姆斯·布坎南。该理论模型主要用于解释该如何在多数决策的机制之下，将个人的理性选择融合或转换成为集体的选择。首先，该模型通过个体单位进行分析，认为个体都是追求效用最大化且自私自利的理性行动者，个体为了实现自身的利益而通过协议或契约集合起来，通过集体决策来实现自身利益。其次，该理论认为政府起源于社会中的个体为了实现自身利益而形成的社会契约，即在正确引导下的自利行为会使个人组成政府来保护个人的生命、财产和自由；同时，该模型也假定将政府也看作“理性经济人”，政府会通过服务和某项政策取向来换得选民的支持；此外，将人类社会划分为政治市场和经济市场，在这两个市场中个人可以相互交易，且存在供求双方之间的互动，在这两个市场中活跃的都是同一个人，都是为了追求实现自我利益的最大化。前者被称为政治决策，后者被称为经济决策。与此同时，该模型又将政治市场划分出了三大类别，即初始市场、政策供给市场和政策执行市场。在初始市场中，选民和政治家之间存在某种交易行为，此种交易行为实质上就是指政治家将政策打包“卖”给选民，且选民也应该为此而支持相应的“价值”即自己手里的选票；在政策供给市场中，政府各官员会通过各种途径以及运用各类政策工具来保证其政策目标的达成；对于政策执行市场来说，因政策执行会或多或少对利益相关者产生影响，因此这些人会调整自身行为来适配政策要求。再次，该模型认为当自利化的个人在追求自身利益最大化实现的过程中不可避免会造成“市场缺陷”，如会有外部性问题发生或无法提供公共物品等，此时政府必须发挥作用来克服该缺陷；最后，公共选择是一种集体行为，在一定程度上会有成本的出现，即外在决策成本和时间成本。从决策最小化的角度来考量的话，最优途径是介于全体统一和个人独裁之间的最优多数规则。对于该模型的批评多来自于一点，就是在现实的政治生活中，经济人假设思维存在非现实性。

(三) 博弈政策过程模型

博弈指利害双方或更多的参与者们在冲突情境之下按照一定规则来采取合理行动，根据对方所采取的行为做出有利于己方的措施选择。博弈论政策过程模型指在公共决策中将博弈论融入进去，即人们在决策中无法自行做出最佳选择，因此政策不仅取决于自身的行为，通常也会受到对方行为选择的影响。

必须在有两方主体甚至更多主体时，考虑博弈才会有意义。博弈的内涵不难理解，实际上就是指作为博弈的一方不仅在做决定时需要考虑到自身的资源及能力等多方因素，还需要对涉及的他方进行科学合理的判断和估计，考虑到他方的资源和能力，预测其可能会采取的措施以及做出的决定以使利益最大化。身处博弈的各方主体既可以是一个政府或组织，也可以是个人，只要他们有自身明确的目标且希望能够达到自己最大的理性选择。实质上，在该理论下，更侧重于解释和阐述身处博弈下的多元主体在相互竞争的环境下如何考虑并做出最理性的决策。

现代博弈论是由美国著名数学家诺伊曼提出的，直到20世纪50年代计算机的出现才使博弈论大放异彩。可以说，博弈论的前提假设条件就是参与的各方主体之间都是彼此依存的。博弈理论假定当决策者在面临博弈决策情境时，通常都会选择保证自己损失最小化的方案。对于博弈中的决策者来说，最佳选择途径为在计算其他参与者可能采取的行动会对自身造成何种影响之后再采取相对应的措施。由此可以看出，博弈论本质上并非具体描述决策各方会在决策过程中采取何种措施，而是假定如果参与决策的各方都是理性的话，处于相互竞争的环境之下会如何做出决策。

博弈理论是根据极大极小原则演绎出来的一种决策理论模型，即假设决策者在博弈决策情境下，正常情况下都会选择一种使自己遭受最小损失的方案。极大极小的理性策略能够有效降低对方的最佳选择给自己造成的伤害，因而也被看作是一种保守的策略，因为它的最终目的仅仅是为了降低损失或是确保最低限度的收益而非为了更高收益去冒更大的风险。在博弈论的解释中还曾经引入过一个非常有趣的例子，即“囚徒困境”。假设两个同案犯都被抓进了监狱并被分别囚禁。法官已经认定了这两者的罪行，但假若这两者都“守口如瓶”，互相信任，法院便没有足够有效的证据判罪，按照法律的规定就只能给这两者分别五年监禁的惩处；如果两个人坦白，则都会受到从宽惩处即判以十年监禁；如果一方坦白，另一方不坦白，坦白者会将功赎罪判处一年监禁，不坦白的一方会被处以所犯罪行的最高刑罚即二十年监禁。现在的问题便是，这两名罪犯都知道上述的量刑标准，但两个人被分别监禁，无法得知对方的选择，此时应该如何选择自己的行为呢？在此种情况下，该模型的重点就落在所有被抓的囚徒面前的选择上，即如果所有的囚犯们统一口径，彼此之间相互信任，坚信对方不会出卖自己，此种情况之下就会给所有人带来共同的最佳利益，也就是无罪释放。但如果一方认为对方可能会出卖自己从而获得利益，选择自己主动将对方供出来，就会给自身带来一定的利益即缩短自己的刑期，而增加对方的刑期。此外，还存在最后一种情况，即若两方共同将对方供出来，则虽然不能给双方带来共同的最大利益，但至少能够保证自己的利益最大化。但在社会现实中，相关政府机构不会设置此类的情境来处理案件，所以对于囚犯而言，必须自己去考虑除了量刑之外的很多相关因素。

博弈论的分类如下：首先，根据博弈参与主体的多少可分成两类，即多人博弈或者是两人博弈；其次，根据博弈双方分为合作博弈以及非合作博弈；同时，根据博弈各方主体想要获得的利益不同的情况，将其分成零和博弈或者变和博弈。零和博弈指各方之间自私自利，一方的损失往往就是另一方的收益，永远无法达到令双方满意的结果。变和博弈指各方之间通过相互信任合作等来达成互利共赢的目标。此外，根据博弈行为的时间顺序可将其分成动态博弈和静态博弈。前者指博弈各方采取行动时有时间上的先后顺序，并且在后面采取行动的主体能够知道前一主体所做出的决定和采取的措施。后者指后面行动的博弈主体不知道对方的决定和措施。最后，博弈还可分成完全信息博弈和不完全信息博弈。顾名思义，前者指在整个博弈过程中，博弈的各个主体能够清楚、准确地了解到其他主体的信息；但后者却往往相反。

随着时代浪潮的不断向前推进，人类在经历了战争、经济的迅速发展以及社会的快速进步，在全球化趋势不断加深的当下，零和博弈思想已逐渐被互利共赢的新观念所取代。身处竞争的环境，不仅要“利己”，更要促进“共赢”，各方都要有真诚相待的勇气和精神，相互尊重游戏的规则，不妄想成为合作中的控制者，才能更好地促进人民、国家和世界更好地向前发展。

九、政治系统论模型

上述模型均是针对特定的社会政治具体制度来探讨公共政策运作情况而进行的分析。政治系统论政策过程模型则从更抽象的层次，即从系统论视角出发，超越了具体的特定社会及政治框架下所制定的具体制度来对公共政策过程进行了全新的分析。

贝塔朗菲创立了一套系统论，由此衍生发展而来的系统工程、系统科学及系统方法都在之后被应用到了政策的研究中。政策系统论模型中，首先引入了政治系统这一概念，此处将政策主体等同于政治系统，即这个概念中的政策主体就是由那些在社会中能够通过相互识别判断出彼此且彼此之间有相互关联的机构和组织所组成的；其次，在这一模型框架之下政策过程被看作四个小分环，即输入、决策、输出以及反馈，形成的一个环环相扣的政策制定和执行的过程。在这一框架之下，所谓的“输入”主要指社会环境对政策系统所提出的自我需求以及由此引发出的政策支持等。该处的“自我需求”的内涵是环境当中的某些团体或者个体为了能够达到自己的目的和实现自身的特定利益而提出的一定的政策倡议等；而与此相应的“政策支持”，其内涵就是这个社会团体和个体自觉或不自觉地去遵守制度规章以及受到法律的约束，接受政治系统所做出的决定。由此，由三个主体，即决策者、程序过程以及结构等所构成的政治系统对环境所提出的需求和意见进行相应的回应和举措，并最终形成了公共政策。

图 4-1 所示，便是政治系统运行的整个周期过程。

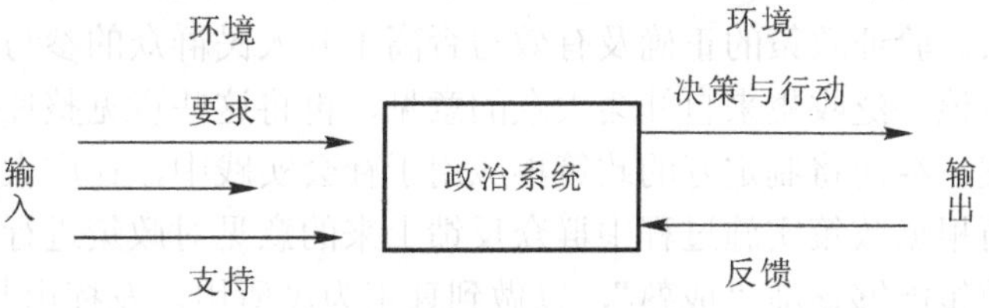

图 4-1 政治系统论模型

这个模型的优缺点同生共存，一方面该模型有助于把可能会影响公共决策的所有因素有机组合到一个统一的框架中进行分析；另一方面，该模型只能提供一个大体的分析轮廓，无法指明所分析决策的具体特征。

第三节 基于中国经验的政策模型

我国的公共政策学起步较晚，改革开放之后才逐渐从西方引入概念体系和分析框架，但不可避免地出现了“水土不服”的现象，即引进的模型难以有效分析中国本土实际的公共政策过程。因此，需要建立一个根据本国实践经验来创建的能够反映中国特色的政策过程模型。本小节将围绕基于我国实践经验的政策理论模型进行理论分析解释。

一、上下来去模型

构建公共政策模型时必不可少地需要借助两类资源：其一为理论资源，其二为公共政策的社会实践活动。因此从 20 世纪 90 年代后期开始，宁骚教授便根据相似性原则，基于中国本土的实际情况，逐渐创建了适合我国的政策过程模型。宁骚将自己的政策模型称之为“上下来去”模型，体现出上下互动、实事求是的原则。毛泽东曾说过 “要按照客观事物的规律性，从实际出发找出内部关联性来作为行动的向导。”

上下来去模型中的“上”就是指人们主观的认识、所习得的理论以及处于核心领导地位的政策行为者；“下”的含义包括客观实际行动以及社会大众等。在整个上下互动的过程中，上下来去模型中包含了四个子模型，即政策认识的实事求是模型、政策操作的群众—领导模型、政策操作的民主—集中模型和政策操作的试验模型。

第一，政策认识的实事求是模型，侧重考虑的是政策主体对现实客观事物真理的理解和把握程度。只有在政策主体对真理的认识和把握理解正确的前提下，政策制定的正确性和合理性才能够有所保障。那么，政策主体应该如何做到对真理的正确理解和把握呢？其根本就在于要从社会实际出发，从现实事物中总结规律，从抽象现实中逐渐总结概括出一般规律，同时对客观事物的理解要从感性认识层面上升到理性认识的阶段，这无疑是一个循环往复的阶段。政策过程可以分为两个阶段，即从现实中获得理论认知之后，再令理论认知回到社会实践中去。在这样一个双向的互动过程中，让理论正确指导实践；在另一个层面上，也可以让社会实践来真正检验此种理论的正确与否。因此，此模型所强调的就是实事求是，要在实践中总结和把握规律。

第二，政策操作的群众—领导模型。顾名思义，此模型的落脚点在群众，因此该模型又常被称作群众路线模型。实质上，该模型延续了中国共产党的一贯做事原则，即从群众中来，到群众中去。验证政策的正确及有效与否离不开人民群众的参与。该模型认为在政策的制定过程中应该广泛收集来自社会大众的意见，再将这些意见整理概括，从中找出解决问题的最佳方案，继而将制定好的政策再应用于社会实践中，让广大人民群众去检验政策的效度，同时再根据政策实施过程中群众反馈上来的意见对政策进行更进一步的完善和修改，从而保证政策能够逐渐“成熟”，以做到真正为民所用，发挥出其应有的效力。

第三，政策操作的民主—集中模型，更多地与我国的民主集中制原则相契合，因而又被称为民主集中制模型。所以我们可以在民主集中制的基础上学习此模型。在该模型的理论框架下，政策的正确与否有赖于在政策制定之前将各类的政策行为者根据是否具有决策权的标准分为两大类，一类是决策者群体，另一类是非决策者群体。决策者会采用各种形式去发扬民主，使大众的声音和意见能够通过协商和讨论的形式得到倾听，保证政策问题以及与此相关的其他问题都能够得到提前发掘和反映，从而进行调查研究，在政策讨论中充分发挥民主的优势，令政策的考量度和考量范畴最大化。最后，在这一步的基础上，决策者会把所有收集起来的信息进行分类总结，然后对每一领域中的信息进行深入分析和总结，并最终形成一个较为完备的政策方案。

第四，政策操作的试验模型更侧重于对模型是否能够成功大范围实施的考量。某个特定的问题被发现和提出后，对其进行深入研究后将问题之间的各种隐性和显性的因果关系梳理清楚并最终制定出政策，继而在政策的实施中先框定小范围进行政策执行，即进行政策试点。通过政策试点后能够完整得知政策的实施效果，再将理论投入到实践中去，逐步从小范围慢慢延伸至大范围的全面实施。所以该模型的重点在于强调政策的试点过程，只有经过试验过程才能够保证政策的不断完善。

“上下来去”模型建立的根本就在于运用公共决策这一视角看待中国为何能够迅速得到蓬勃发展。所以该模型从基础的设定上就仅是深植于中国土壤的，即其自身并不是用于分析别国的政策过程的工具。尽管如此，“上下来去”模型在中国的应用也只能去分析和解释一些特定的重大政策过程，那些即时性较强、偏日常性的决策仍然还是很少会应用该模型的路径。

二、其他中国政策议程设置模型

用在任何特定阶段中的政策和体质特征来概括描述中国模式都是远远不够的。模式必须是一个动态化事物，伴随着国内外形势的变化，要与时俱进才能具有可持续性。因此，王绍光学者提出了中国政策议程设置模型。

在这一模型的解释中，我们可以发现，“学习”和“适应”是这个模型中的核心。一方面，该模型的“学习”部分，主要探讨的前提问题就是决策者为何会对学习产生一定的兴趣。对于这一问题的解释，王绍光学者指出在现实生活中，决策者在面对政策失效或者政策偏离等现象时，会积极去总结过去的经验从而总结原因，或者是从别人的实践中去获得相应的解决措施的灵感冲动。这就会让决策者去进行自我学习，去努力探索能够找到解决问题的有效措施。另一方面，“适应”指的是社会环境等各类因素都处在不断变化的过程中，面对该情况应该能够根据现实情况积极迎接新变化和新挑战，去发现和接受并有勇气和能力去纠正现存的缺陷，尝试新方法。不管是在过去还是现在，对于一个国家而言适应能力都是至关重要的能力之一。随着科技的不断进步，社会形态也在逐步变化前进，任何事物都处在不断变化发展中，因此决策者或者相关专家在面对纷繁复杂的局面以及多边利益格局和冲突下，都要学习适应。人都只具备有限理性，即便是在信息充足的情况下也无法预见所有可能发生的事物，因而做出最佳选择只能是一个理想状态，所能做的也只能是在逐步推行过程中，慢慢试错，通过不断的调整和对比最终选择一个能够令人满意的结果。

在政策制定的整个过程中，大部分人都将重点放在了政策过程本身，但是却没有思考一个更重要的问题——被提上议事日程的事物都有何标准呢？社会面对的挑战众多，同时也涉及许多不同范畴的挑战，但在面对和处理这些挑战的过程中，政府所拥有的精力和资源往往是有限的。因此，在相关政策制定之前，政府不得不对那些应该应对的挑战进行排序，有所取舍。根据各类议题的重大程度和影响范畴对其进行相应的排序，可将议程分为政策议程、公众议程和传媒议程。这三类政策议程之间并非是相互割裂的关系，而是相互关联的，有时还能相互转化。

基于此，王绍光学者从两个维度出发，区分出了六种议程设置的模式，如表 4-1 所示。

表 4-1　公共政策议程设置的模式

<table>
<tr><td colspan="2" rowspan="2"></td><td colspan="3">议程提出者</td></tr>
<tr><td>决策者</td><td>智囊团</td><td>民间</td></tr>
<tr><td rowspan="2">民众参与程度</td><td>低</td><td>Ⅰ关门模式</td><td>Ⅲ内参模式</td><td>Ⅴ上书模式</td></tr>
<tr><td>高</td><td>Ⅱ动员模式</td><td>Ⅳ借力模式</td><td>Ⅵ外压模式</td></tr>
</table>

基于上表可以看出：第一，作为传统的议程设置，在关门模式下是不存在公众议程的，只有决策者才可以提出议程。在此种模式下，决策者认为不需要具备大众支持，且有些普通民众的思想觉悟并不高，也并未有政治参与的意识。第二，动员模式是指决策者在确定了一项议程之后，就会采用各种办法来获得社会大众的支持，但同样也都是由决策者来发起和提出议程的。第三，内参模式，即议程的提出者一般都是政府的智囊团，他们会通过多种途径向决策者提出自己的建议，希望自己的建议最终被采纳到议程中去。在该种模式下，智囊团更加侧重的是决策者而不是社会大众的支持，因而有时候他们不希望自己讨论的问题进入公众议程中，担心会遭到社会大众的反对，继而得到决策者的反对。第四，借力模式，即智囊团主动将自己的建议公之于众，希望能够获得社会舆论的支持。此种模式下，智囊团和社会公众是主动交流的。第五，上书模式，即那些拥有知识优势且在社会中具有较高的地位和影响力的人给决策者写信来表达自己的观点，提出相关的政策建议。第六，外压模式，即议程提出者会通过社会舆论、民意支持，使决策者采纳其新议程建议。

本章小结

本章主要阐述了政策过程、政策过程模型及其相关理论。通过本章内容的学习，应该认识到模型的作用，了解政策过程模型在政策过程中所起到的具体作用，掌握政策过程模型的主要理论观点，从而理解政策过程模型在政策实践中的具体应用。

关键词

政策过程　具体模型　有限理性　渐进主义　博弈理论　零和博弈　混合扫描模型　垃圾桶模型　集团理论模型　上下来去模型

思考题

1. 试述为什么要借助模型进行公共政策分析？
2. 传统理性模型(完全理性模型)所做出的“最优选择”需要具备哪些条件？
3. 有限理性模型在完全理性模型的基础上做出了哪些改进？

4. 简述渐进主义模型并举例说明。

5. 试述什么是“上下来去”政策过程模型，并利用该模型对当代中国的一项政策进行系统分析。

案例

中国的改革开放

我国的国家治理在改革开放四十多年的积极探索和坚定发展中已经取得了突飞猛进的成绩，获得了巨大的成就，可谓是创造了“世界的发展奇迹”，综合国力和国际地位及世界影响力等方面因素都在不断攀升，这令我们骄傲和自豪。

改革开放政策可以从两个方面来阐述：其一是改革，即对内实行改革，这是为了更好地保障生产力的发展和各项事业的共同进步，更好地实现人民群众的根本利益；其二是开放，即实行对外开放，这是符合当今世界发展的大势所趋，是加快建设我国现代化的必然选择。首先，改革开放从农村起步入手，再逐步向城市推进。安徽首先进行了家庭联产承包责任制，经过了时间的检验之后验证它符合解放农村生产力的目标，因而能够在全国进行宣传和推广。这种做法，能够最大程度地避免政策的失败，有利于保证社会的稳定发展。改革开放以来，我国形成了“点—线—面”结合的开放格局，我国首先将东南沿海地区作为首批开放地区，继而逐步向内陆地区扩展。我国对外开放新格局形成的过程，可以分为四个步骤：第一步是创办经济特区；第二步是开放沿海港口城市；第三步是建立沿海经济开放区；第四步是开放沿江及内陆和沿边城市。到1993年，经过多年的对外开放的实践，不断总结经验和完善政策，我国的对外开放由南到北、由东到西层层推进，基本上形成了“经济特区——沿海开放城市——沿海经济开放区——沿江和内陆开放城市——沿边开放城市”这样一个宽领域、多层次、有重点、点—线—面结合的全方面对外开放新格局。当前，经历40多年发展，中国对外开放循序渐进、成果卓著。对外开放发展从一开始的“四个特区”战略，到沿海开放城市战略，再到沿海经济开放区和产业园区发展、保税区战略，发展到近几年的中国自由贸易试验区、自由港，中国特色的开放型经济发展不断走向深入。

思考题：

1. 试述该政策体现出了哪一种政策过程理论模型，请结合案例进行具体分析和阐述。
2. 结合我国改革开放政策试述应如何实现政策的科学性、民主性及创新性。

第五章 公共政策的制定

公共问题形成并进入公众视野，随后进入政策议程，这是一个重要的环节。问题的存在是日常生活的常态，一个人无时无刻不面对着诸多问题，但这些都只是个人的问题，不涉及他人。一旦整个社会广泛出现此类问题，就不是单纯的个人问题了，这些问题的性质发生了变化，就具有了公共性或社会性。而政府可能会通过民众的诉求、大众传媒、调查问卷等多种方式敏锐地感知到这些广泛存在于社会中的问题，从而引起政策制定者的重视。公共政策学这门课程就是要讨论什么样的问题需要列入议事日程，什么样的问题可以成为未来所颁布政策的执行的对象和目标。

第一节 政策问题的概念、属性和分类

一、私人问题、公共问题以及政策问题

首先我们需要明确界定私人问题、公共问题和政策问题，这样才能判断哪些问题可以纳入政策议程。

一般来说，某个人的期望和实际情况间存在差距时，这是某个人自己的问题。当这种问题发生后，只影响事件主体或者与其相关的极个别人，这种纯粹的私人问题只能依靠自身去解决，而不可能依靠政府去解决，这类问题就是私人问题。例如，生活中最常见的失业问题，如果在经济情况平稳，社会安定的情况下，某一个人失业了，不管是何种原因导致其失业，都只涉及失业者个人，是其个人亟待解决的问题，并不需要政府出面解决。但是，一旦失业人数激增，出现广泛失业的情况，给社会和多数民众的生活带来困扰，这就不再是私人问题了。范围扩大，影响必然也会扩大，性质也就自然而然地发生了变化，由私人问题转变为公共问题或社会问题。

公共问题是指一些民众感觉到自己实际获得的价值或利益和他们期望的价值或利益不符，远远不能满足自身的需求，因此，他们想要让更多人知晓这种情况，争取更多人的支持和关注，以此种方式来达到满足自身利益需求的目的，加速问题的解决。

许多国内外学者都曾对政策问题下过定义，我们认为，政策问题是指许多人认为现实生活中所经历的事件和情况跟他们想要获得的利益有很大的矛盾，因此需要政府对此采取行动并解决的，被政府列入政策议程的公共问题。综上所述，政策问题的基本内涵主要有以下几点：

1. 客观真实

任何政策问题都是基于现实生活中客观存在的情况而提出的，不会因为人的主观意愿

而消失。政策问题通常来自于民众的日常生活、经济活动以及政治活动。在整个社会的发展和运转过程中，人们不可避免地会遇到各种各样无法由个人或团体解决的问题，需要政府出面干预、协调和解决，但这些所存在的问题的客观性并不完全等同于政策问题的客观性。近年来，有些学者提出了新思路，他们认为政策问题是人们主观意念的产物，主要受人们主观观念的影响，分析者从问题情境中抽象出影响因素，进而提出政策问题。

2. 敏锐察觉

政策问题的察觉性内涵就是说民众、专家学者、利益团体、政策制定人员、少数统治者或统治集团从各自的角度和不同层面上察觉和发现了一个或一些客观存在的问题，而且这个或这些问题是值得上升至政策议程的。现实生活中，有许多客观存在的值得上升至政策议程进行探讨的问题，但若是没有人能够敏锐地发现，也于事无补。由于人们的经验、思维、所掌握的知识、精力等的限制，我们无法保证所有民众关心的并且值得进入政策议程的问题都能得到解决，还有许许多多我们没有察觉到的社会问题，在未来可能对大多数人产生影响，从而得到专家学者或其他有识之士的关注，由此成为政策问题。

3. 严重冲突

社会上存在的客观情况往往会与大多数民众或少数统治者的期望、需求、利益、价值观不符，让人们感觉自己的利益受到了侵犯，这种冲突给人们带来了不好的感受，他们期望这种冲突可以尽快得到解决。但是一般情况下，只有在冲突已经比较严重，情况比较紧急，问题必须立刻得到解决时，公共问题才会进入统治集团、政策制定者、专家学者的视野；问题不严重时，人们通常不会去主动关注，也就不会成为政策问题。

4. 组织行动

公共问题的产生通常是不会仅由个人提起和导致的，极个别人的力量太过弱小，提出的问题无法引起广泛关注，只有采取一定的团体或组织性的行动后，才有可能影响相关公共组织和政府。必须通过一定的组织实践才能察觉到一些公共问题并把这些公共问题转化成政策问题，绝对不可能只靠自身的力量就将一个公共问题纳入政策范畴并上升为公共政策。

5. 想出解决方案

政策问题必须由政府或相关权威组织来提出解决方案并付诸行动，通常不可能完全由普通群众或社会组织来私自解决，且前提是这些问题在政府部门的权责范围内，否则政府无权管理，也就无法解决问题。

二、政策问题的基本属性

1. 关联性和公共性

一个政策问题是绝不可能独立存在的，它是整个政策问题体系中的一个组成部分，往往会与其他政策问题之间产生千丝万缕的联系，它们彼此联系、相互影响、相互作用。政策问题之间的相互关联增加了其复杂性和政策制定的难度，但是，反过来讲，这其实在一定程度上为解决政策问题提供了一些便利。由于这些问题彼此相关，很有可能着重解决一个问题后产生连锁反应，使其他相关问题也迎刃而解。

公共问题具有公共性，这是显而易见的。公共问题，顾名思义，就是整个社会或者说社会上的大部分人都会面临的问题。许多人都面临的问题集合起来就会引起政策制定者的重视。这些问题往往会对一个国家、一个地区乃至世界各国产生一定的影响；并且这些问题单凭个人或少数团体是很难解决的，必须由公共权力机构干预并解决。

2. 主观性和客观性

公民提出的问题基于人们自身的想法和现状、主观的价值判断、切身感受、分析研究以及其他主动的行为，受到广泛关注和社会中普遍存在的问题就成了公共问题，再逐渐上升至政策问题。这些公共问题中包含着每个公民个体的需求，带有公民的个人色彩，因此公共问题具有一定的主观性。面对同样的情况时，具有不同价值观、不同信仰、不同利益、不同立场的人往往会做出不同的选择，这也是公共问题具有主观性的一种表现。有的人可能认为某个问题迫在眉睫必须马上解决，但其他人可能会觉得这并非一个多么要紧的问题，应该集中力量去解决其他重要的事情。例如：就环境保护来说，有些重工业企业可能会认为重工业虽然对环境造成严重的污染，但它是国家的支柱产业，在国民经济中的地位极其重要，为国家的经济发展提供了充足的动力，目前想要做到环保和经济发展兼得是有些困难的，所以应先努力发展重工业，暂且把环境保护放在一边，等经济发展好了，国家有更强的经济实力的时候再回过头来治理。但大多数民众却更希望能生活在一个干净清洁、无污染的环境里，希望政府能够尽快出台更多环境保护方面的政策，为人民的生活质量提供保障。民众提出的这些问题是在现实生活中实实在在、不可避免和客观存在的，因此公共问题具有客观性。

3. 历史性和动态性

公共问题的出现并非是一朝一夕或突然发生的，都是需要逐步发展、逐步沉积才达到普遍化和严重化的程度，有许多问题甚至已经存续了几十上百年，却因为没有合适的应对措施或是对民众的影响不大，所以一直未得到妥善的解决，这类历史遗留问题充分体现了政策问题的历史性。而且，许多新的政策都是在现行的政策或已被废除的政策的基础上形成的，这也证明了政策问题的继承性和历史性。

政策问题是不可能一成不变的，会随着政策应用的环境、政策问题的成因和当下面对的情境而变化，也会因为人们不断提出的新的要求、期望、需要而对现行的政策中不符合新要求的内容进行修改、扩充或局部删除。以我们熟知的“计划生育”政策为例，我国自20世纪80年代开始实行计划生育政策，并将其定为我国的一项基本国策于1982年写入宪法并一直保留至今，但进入新世纪以来，我国的人口状况已经发生了根本性的转变，由上世纪五六十年代起传统的高出生率、高死亡率、低增长率在进入新世纪时转变至高出生率、低死亡率、高增长率，短短几十年后又转变至低出生率、低死亡率、低增长率的模式，人口老龄化加剧。

三、政策问题的分类

将政策问题划分归类后，才能对问题的了解更加清晰明了，找到更合适、更有针对性的对策。

按发生的领域来区分，政策问题一般可以分为五种，分别是经济、文化、外交、民族、政治问题。针对不同领域的不同问题，应对的方式、规则和手段也会不同。政治问题主要涉及国家的权力分配、组织运行、公民权利的维护等，在解决政治问题时，应当遵循合法性和正当性原则，以避免发生政治冲突。经济问题主要涉及经济制度、经济结构以及经济的发展和运行等，经济发展比较注重效益。民族问题仍然是当今世界最为突出的问题之一，不同民族所处的地理环境不同、所崇尚的意识形态以及宗教信仰等也不同，这导致不同民族间不可避免地会发生碰撞，我们应理性地、合理地处理民族问题。我国自新中国成立以来一直奉行独立自主的外交政策，和平友善地与世界其他国家相处，但当今世界仍战争不断，这为各国间的外交带来了一定的负面影响。随着经济和科技的迅猛发展，当今世界已经成为一个“地球村”，各国间的交流日益增多，我们可以吸收到世界各国的文化，但越是在这样的环境下，越应当注意防范其他国家的文化入侵。

根据政策作用所涉及的范围大小，政策问题可以分为地方性问题、区域性问题、全国问题、国际问题。国际问题一般会涉及多个国家或地区，因此需要各个国家联合起来，共同应对，如全球气候变暖问题、反恐问题以及 2020 年爆发的新冠疫情等。一个国家必然会因为种种客观因素而面临着各种全国性的问题；同时，不同的地区由于地理环境、文化氛围、人口数量等不同而存在诸多地区性或地方性的问题。例如：我国西部经济发达程度与东部相比有一定的距离，教育资源也相对匮乏。

依据问题的结构不同，威廉·邓恩将政策问题划分为三类：结构优良型政策问题、结构适度型政策问题以及结构不良型政策问题。在结构优良型政策问题中，主导决策的人数比较少，可能只有几个，通常决策者们所提出的可以有针对性地解决问题的方案也较少。这些决策者基于同样的政策目标进行决策，因此他们的意见比较容易达成一致。在这种条件下，决策者通常可以确定每一种备选方案的结果，也易识别可能存在的风险。结构适度型问题指的是摆在决策者面前的有多个备选方案，决策者在这些有限数量的备选方案中选择出最合适的方案。结构不良型问题并不是指这个问题本身有什么错误或不恰当，而是指它没有明确的结构和解决途径。

从政府、市场与社会三者关系的角度，政策问题可以分为市场失灵问题、社会失灵问题和政府失灵问题。市场失灵问题一般是指市场存在信息不对称、垄断、外部性与公共物品等市场不能自发解决的问题，需要公共组织甚至政府介入。社会失灵问题主要指社会组织自身不能解决的有关社会运行的问题。政府失灵问题主要指政府因体制、机制等原因出现公共服务缺位或效率低下等问题。这些问题往往需要政府、市场和社会的共同努力。

第二节 公共问题的提出

私人问题在引起足够重视之后就会变成公共问题，随后可能就会被提上政策议程，从而成为政策问题。接下来我们来了解一下公共问题通常是由哪些主体提出的。

一、公共问题的形成因素

美国学者拉雷·格斯顿的观点是：有两个方面的因素可以引起公共问题，即国内的和国际的。国内的因素主要有自然灾害、社会进步、经济风暴、科技发展和政治环境变化等。国际上的因素主要有战争、全球性的经济危机、军备竞赛、国际冲突等。

我国的学者林水波和张世贤也同样将公共问题发生的原因划分为国内和国际两个方面。国内的主要因素有自然灾害、无法预知的社会事件、社会和科技的进步等；国外的因素主要有国家间的军备竞赛、国家间的冲突和战争、国家间的联盟关系变动等。

二、公共问题的提出者

1. 政府部门

政府是国家进行统治和社会管理的机关，代表着国家的意志，通常负责处理国家事务和发布政令。一般可以从广义和狭义两方面来理解政府的概念，这里我们只谈广义的政府。广义的政府包括立法、行政和司法等部门，它们都可以行使国家权力，那么它们就都可能成为公共问题的提出者。政府的作用是维护国家的主权和安全、促进科技进步、提高国民生产力、优化社会结构、消除贫困，为人民群众服务等。所以，政府有责任和义务积极主动且敏锐地发现社会上已经存在的和潜在的问题，关注与民众的利益密切相关的事情，真正做到为人民排忧解难。政府部门是提出公共问题的主体和政策的制定者，在政策制定方面占主导地位，因此，政府所提出的公共问题更容易被政策制定者接受，也更容易进入政策议程，并成为正式的公共政策。

2. 政治人物

政治人物通常是指在政治领域有一定的权威和影响力的人物，他们通常会通过选举或任命进入政府并在政府中担任要务，他们以政治家的身份站在不同的角度和高度看待问题、处理问题，并利用自身担任的职务使自己的观点让更多的人了解和接受，从而达到为民众解决问题的目的。因此，政治人物在提出公共问题方面具有重要的、不可忽视的作用。

3. 政党组织

各个政党组织有他们各自的利益诉求，他们在参政议政的过程中会提出本党派的诉求，维护本党派所代表的利益。为争取选民的选票、获得执政机会，这些党派就更需要积极努力地提出公共问题，尽可能地代表更多人的利益。

4. 利益团体

利益团体指在社会生活中，一些正式或非正式的社会组织，这种社会组织中的成员都有共同的目标和需求。无论在任何历史阶段、任何社会制度下，利益团体都是广泛存在的。利益团体通常是因利益诉求一致而聚集在一起的跨越职业、地区、种族的群体，代表的通常是一个行业或职业，其目标并非上台执政，而是通过宣传、游说等方式引起政府的注意，向政府部门提出与本团体有关的公共问题或有利于本团体的政策需求，使提议进入政策议程，同时也尽力阻止政府提出和通过对本团体不利的政策。由此可见，利益团体在提出公共问题方面有着不可忽视的重要作用。

5. 大众传媒

随着科技的发展、时代的进步，互联网等新媒体在我们的日常生活能活中扮演着越来越重要的作用。在智能手机普及的当下社会，人们会通过微博、微信等一些热门自媒体浏览热点新闻，在网络上发表自己的观点和评论，许多公共问题也都是通过网络反映和传播才被列入政策问题的。因此，大众传媒在提出公共问题方面的作用不容小觑。

在提出公共问题上，大众传媒近些年做出了很亮眼的成绩。一方面，大众传媒以大多数民众代言人的形象出现，及时将民众最关心的、与民众生活密切相关的问题反映出来，引起更广泛的关注，促使政府部门将公共问题尽可能纳入议事日程，最终转化为可实施的政策。另一方面，大众传媒也有其自身的缺陷，它们并不能时刻都客观公正地反映问题，传递正确的信息；它们可能会受到意识形态、社会舆论的压力、平台自身的价值取向等因素的影响，导致许多信息都是经过筛选、加工、整合后才最终呈现在我们面前。这样就会产生一些问题，那就是经过大众传媒传播并受到社会各界广泛关注的问题就容易进入政府部门的视野，而一些本就不易被察觉、影响范围较小的问题就会因媒体不重视而更无法得到妥善的解决。

6. 专家及咨询机构

在现代社会中，社会问题日益复杂化，这就对政策的制定提出了更高的要求，需要所制定的政策更加科学合理。在发现问题和解决问题方面，专家及专门的咨询机构较之于普通民众甚至许多政府官员有更强的专业性，有更专业的方法和更独特的视角。因此，专家及政府咨询机构(即“智库”或“思想库”)的作用越来越大。专家可以独立地利用自己丰富的知识为政策制定出谋划策；可以受聘于专业的咨询机构，联合其他专家一起发挥作用；也可以充分利用智库里的资源及时地发现和提出公共问题，为民解忧。思想库也称作智库，是一种专门机构。它站在大众的立场上，担负着社会责任，其研究对象是公共政策，目标是影响政府部门的决策，具有极强的专业性。在世界上许多发达国家，智库早已存在了许多年，并且已经发展得很成熟了。这些国家很重视发挥智库的作用，并且智库也确实在国家的政策制定方面产生了很大的影响。我国现在也慢慢开始重视智库的作用，积极建立和发展智库，希望通过这种方式将更多的专家学者聚集起来，让他们充分发挥自身的聪明才智，利用自己的知识为国家的政策制定和社会进步做出贡献。

7. 公民和社会团体

公民的意见建议可以通过各种渠道收集汇总，将人们最真实最关切的问题展现在政府面前，推动政府进行政策制定和政策改革。人大代表们都会提出许多老百姓实实在在的问题和需求，像看病难看病贵、留守儿童问题、外出务工人员子女教育问题、空巢老人、房价太高买不起房的问题等。这些问题都与民生息息相关。此外，随着现代社会的逐渐建立，一些社团组织、非营利组织逐渐发展壮大，他们的声音渐渐被更多人听到，影响力也随之扩大，这些团体在环保、救助弱势人群等问题上发挥了很大的作用。

第三节　问题认定与政策议程

社会上存在着众多亟待解决的问题，其中有许多问题政府无权管辖或者无法管理，因此真正可以被政府确认为政策问题的少之又少。某个问题是否能成为政策问题、是否能进入政策议程都需要政府认定。那么，某些问题究竟是怎样被列入政策议程从而成为政策问题的呢？

一、问题认定的含义、方法和步骤

(一) 问题认定的含义

问题认定的含义是：在充分了解了需要解决的问题之后，将问题的内容、范围、性质和利益相关者进行界定，运用创造力和想象力构建政策问题。

(二) 问题认定的方法

1. 边界分析法

边界分析法是将公共问题的范围、性质和实质都做出明确界定的方法。事物是普遍联系的，公共问题也不例外。某个公共问题往往会与其他问题产生这样或那样的联系，多个问题交织在一起就注定了政策问题具有复杂性。因此，在分析政策问题之前应先将政策问题的边界界定清楚，在所界定的范围内分析问题，提出对策。

边界分析法往往有三个步骤：

(1) 饱和抽样。饱和抽样指在抽样过程中尽可能多地收集相关人员的信息，充分获得各个阶段、各个层次的样本。在这个过程中，可以先从某个比较有代表性的人群开始调查，尽可能细致地了解这部分人的利益需求以及对该问题的观点和态度，并要求他们说出对该问题最支持和最不支持的人，按照这种模式连续不断地对多个不同人群进行调查，尽可能顾及到更多的与该问题有相关利益联系的人，直到没有人再提出新的意见，这样即是尽可能地获取饱和的样本。

(2) 诱导性提问。诱导性提问指提问者利用一些说话的技巧或方式方法诱导受访者说出自己真实的想法以及想要获得的答案，以获得对该问题的不同想法和陈述。在这一过程中，可以通过当面交谈或电话访问等方式，这样可以获得更多、更实际、更有意义的资料。此外，也可以利用饱和抽样中取得的资料进行辅助。

(3) 边界估计。在边界估计这一步，可用元问题边界图来进行辅助(如图 5-1 所示)。

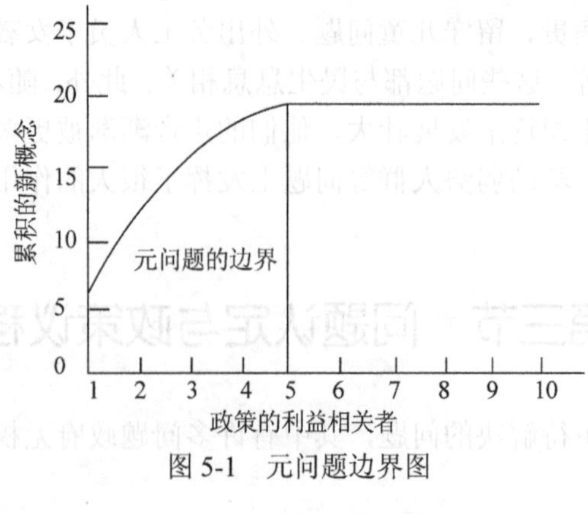

图 5-1 元问题边界图

我们来对元问题边界图进行简单的介绍，图中横轴代表政策的利益相关者，纵轴代表积累的新概念，如目标、假说、思想和变量等。在最初的时候，政策利益相关者较少，积累的新概念也较少；随着调查者提出问题的增加，积累的新概念也在不断增加，但增加到一定的程度，新概念就不会再大幅度增加了，基本呈现水平态势。这种方法是合理的，因为这种方法可以帮助我们有效地完成问题界定，厘清公共问题的成本与效益、本质和特征，但这不代表它所得出的结果一定是完全正确的，需要与其他方法结合起来才能得到更好的效果。

2. 类别分析法

类别分析法在实际应用中比较常见，在公共问题的分析上也时常会用到，一般是经过逻辑区分和逻辑归类两个步骤完成的。逻辑区分指将一个问题细分为多个问题的过程。例如，可以将环境污染分为空气污染、噪声污染和水污染等。逻辑归类则刚好与之相反，指将多个同类的问题归纳成一类问题的过程。仍以环境污染为例：水污染、噪声污染和空气污染可以统一归类为环境污染。在使用类别分析法时，应当注意遵守以下五个原则：

(1) 实质的相关性。在运用这种方法时，应当按照研究目的和问题本质来进行分类，分类方式应尽可能与实际情况相符且密切相关。

(2) 穷尽性。在分类时，应尽可能做到将所有应当纳入分析范围的细节都考虑到，每一个大类中细分出的小的类别都应该涵盖进去。若是目前的分类不能将所有的类目都囊括进去，那就说明目前的分类并没有做到穷尽，应当重新分类，做到穷尽。

(3) 相互排斥性。同一层级的类目间应当彼此独立，具有互斥性。每一问题对象只能被归入一个大类中的一个细类，不能出现同一层级的类目之间可以相互涵盖的情况。例如，区分贫困问题时，应让每个家庭不归为贫困户就归为非贫困户，不能出现一个家庭既可以为贫困户又可以为非贫困户的情况。也就是说，在同一大类中的各次类之间应是相互排斥的。

(4) 一致性。每个层级的分类标准应当是统一的，不能出现同一层级的类目之间可以互相包含的情况。例如，把城市车辆交通问题分为公交车问题、出租车问题、私家车问题、自行车问题和步行问题等，就犯了分类标准前后不统一的错误，因为其中划分的标准是多样的，有公交车与私家车、机动车与非机动车、车辆交通与步行交通等。可见，这一原则是第二和第三项原则的自然延伸。

(5) 层次分明性。分类的层级要清晰，不能混乱。例如：教育问题可按教育的层次分为高等教育问题、中等教育问题、初等教育问题等类别。同样以层次划分，高等教育问题又可分为研究生教育问题、本科教育问题、专科教育问题；中等教育问题可分为中专教育问题、高中教育问题、初中教育问题等。这样划分出的公共问题就会非常明晰。

3. 层次分析法

层次分析法是指将一个复杂的多目标决策问题作为一个系统，将目标分解为多个目标或准则，进而分解为多指标或多准则的若干层次，有针对性地设计多种方案来优化决策的系统方法。其实，对问题原因的层次分析法也属于一种类别分析法，因此，在使用层次分析法时也应当遵循类别分析法的五项原则。在实际应用过程中，通常会将引发公共问题的原因分为三个层次，分别是可能原因、合理原因以及可诉原因。可能原因指可能导致问题出现的原因；合理原因指通过可靠经验或科学调查得出的引发问题的原因；可诉原因指那些可以受政策制定者控制的因素。

层次分析法和类别分析法的区别在于前者主要是按照导致问题发生的原因进行分类，而后者主要是根据问题的概念、属性、本质来进行分类的。当然，这两种方法都有不同程度的局限性，不能做到百分百准确，因为分类不一定能够做到完全合理准确，同时也容易受到分析人员个人知识水平和偏好的影响。

4. 头脑风暴法

头脑风暴法是一种尽可能搜集更多的思想和方案的方法，主要是将相关领域的专家学者聚集起来，共同讨论相关问题，各抒己见，在这个过程中，主要追求的是提出方案的数量。这种方法一般需要经过下面四个阶段：

(1) 组建团体。要进行头脑风暴，首先需要召集相关领域的专家学者、权威人士以及与该问题有利益关系的人群，让这些人充分发挥自己的想象力和主观能动性，就所提出的亟待解决的问题提出尽可能多的创意、想法和方案。

(2) 意见产出。在意见产出过程中，应当尊重每个人思考的成果，给参与者尽可能多的自由，引导大家开动脑筋，激发大家发表出尽可能多的意见。即使是天马行空的想法也不要立刻反驳，避免过早地对大家所提出的意见和建议进行批判和反对。这种批判和反对会极大地挫伤大家的积极性，不利于问题的解决。

(3) 意见评估。在通过意见产出这个过程后，必定会得出许多意见，这个时候再以专业和客观的角度去对这些意见进行评估。

(4) 意见排序。在进行完意见评估这个过程之后，应对这些意见按照重要性进行排序，并编制相关方案，以便为公共问题定性及将这些意见纳入政策议程。

这种方法也不是万无一失的，同样也有一定的局限性，参与头脑风暴的成员之间的意见可能比较难达成一致，也容易忽略问题的本质。

5. 多角度分析法

多角度分析法是指通过技术、组织、个人等多方面的认识来全面了解公共问题及其解决方案的方法。

(1) 个人角度。政策最终是需要施加在政策对象身上的，而政策对象又是由一个个独立的个体组成的，政策问题与这些个体息息相关，因此，必须关注和重视个人的利益和情感需求。

(2) 组织角度。若只从个人角度来考虑问题，势必会有失公允，也是不合理的。在我国这样的社会主义民主国家中，绝不可能只由一个人说了算，提出和解决问题通常都会涉及许多决策组织。在提出问题和解决问题的过程中，各种利益相关组织往往都会参与其中，并对其造成很大的影响。因此，作为提出公共问题的主体，他们的价值取向和利益需求应当得到关注和重视，应当分析组织特征及其会对公共问题造成的影响。这个角度(即组织角度)的特征是不大关心程序或效率的改进，只是使用标准化的操作程序和常规性的做法，把公共问题及其解决方案看作一种组织状态向另一种组织状态有序渐进的一部分。

(3) 技术角度。通常使用的技术手段有成本—利益分析、计量经济学、概率论与数理统计、系统分析等。利用这些技术手段得出最优的模型，并通过技术角度得知公共问题存在的客观性，将问题的重要性和影响力进行定量刻画，严谨地反映出来。通过技术手段定量化地将问题的全貌和性质反映出来，更加有利于问题的解决。

对许多较为复杂、不容易厘清的公共问题，就可以利用多角度分析法。因为只从一个角度分析，可能会不够全面；从多角度分析更容易了解到问题的紧迫性和严重性，从而推动公共问题进入政策议程。

6. 假设分析法

假设分析法是相较于以上几种方法来说比较综合性的一种方法。这种方法是通过创造性地将一些互相冲突的公共问题结合在一起的一项分析技术。因此，在使用这种方法时，首先要做到的就是搞清楚各方参与者所提出的基本假设，比较、评估这些假设，综合各种考量后得出一个公认的最优方案。这种方法比较适用于结构不良型的问题。其基本步骤如下：

(1) 确定利害关系人。公共问题受到关注和最终确认往往是与该问题相关的利害关系人率先提出和发动的，所以要想了解他们的目标、意图和利益需求，首先需要确定哪些人群属于利害关系人，并按照这些人对问题影响的大小排序，确定哪些是与问题密切相关的人，哪些是无关紧要的人。在确定利害关系人的同时，还应当考虑这些利害相关人的立场、意见，为以后解决方案的提出做好充足的准备。

(2) 呈现假设。呈现假设一般分为三步：首先，根据已有的政策逆向追溯其基本假设，然后确定该假设的原始资料，最后反过来验证能否从原始资料推演出基本假设和有关政策。

(3) 评比假设。收集到所有假设之后，政策分析者需要将这些假设进行比较和评估。通过比较，才可以更直观地知道这些假设中哪些是合理的和可行的，哪些是不正确的。在开始评估时，可以先将两个差异最大的假设放在一起对比，这样能更清晰地确定哪个假设与现实情况更贴切更合理。

(4) 汇集假设。这个阶段需要将之前各阶段所提出的假设都收集起来，在收集时应当将分析者认为重要的都收集起来，尽量不要遗漏；然后将这些假设按重要性和确定性进行排序，确定优先次序。汇集假设的一个重要目的就是希望得出一个让大家都尽可能满意的基本假设。

(5) 综合假设。经过前面几个步骤，已经建立了许多可接受的假设，在这个阶段，要将这些假设综合起来，创造出一个有利于问题解决的最优方案。

综合假设，有以下三个特征：第一，利益相关者通常会比较了解政策方案，但不太了解问题的假设。在使用这种方法时，是从有效的解决方案出发，而不是从问题的假定出发。第二，公共问题中的关键冲突并不在于事实资料本身，因为现有的资料是固定的，关键在于不同的人对同样的资料的理解和解读。第三，这种方法的优势在于可以精确认定问题，界定问题的范围，妥善处理各种冲突性的意见和方案，得出具有创造性的结果。

(三) 问题认定的步骤

对于问题认定的步骤，许多专家都有自己的见解。美国著名政策分析学家卡尔·帕顿和大卫·沙维奇把问题的认定分为七个步骤：

(1) 初步观察所拟问题。要认定一个问题，首先要完整地将所观察到的情况描述出来并整理清楚，明确与该问题有密切关系的人群，并搞清楚这些利益相关者的利益需求和情感需求。

(2) 对问题的边界进行明确界定。清楚地了解该问题产生的原因、未来可能会持续多久、未来可能会怎样发展；问题发生在多大范围内，已造成的影响有多大。

(3) 搜寻事实依据。在明确界定问题后，应当及时围绕问题搜集尽可能多的、可靠的事实依据，因为只有大量充分的事实依据才能给公共问题的认定提供坚实的支撑，然后将这些搜寻到的信息与已有的事实依据进行对比。

(4) 列举目标和目的。将目标和目的明确地列举出来，以便于对其进行衡量、比较和检测。

(5) 明确政策套封。政策套封指政策分析者在研究政策时所受到的种种阻碍和限制，换句话说，也就是与该问题相关的各方力量给政策制定者和研究者所划定的界限和范围。

(6) 计算与政策相关者密切相关的、潜在的成本和收益。计算出相关成本和收益，并用图文展示出来，使政策制定者明确了解如果解决了该问题，政策相关人员将会得到什么，失去什么。

(7) 再次审视对该问题的表述。最后需要审视对该问题的表达是否清晰明确，针对该问题制定政策是否很急迫。

二、公共政策的议程设定

(一) 政策议程的含义与类型

关于政策议程的含义，许多学者都给出了他们的看法。詹姆斯·安德森认为，政策议程就是：对于那些有必要的、重要的问题，政策制定者认为必须对其采取行动，而这些行动的要求则构成了政策议程。根据国内外学者的观点，我们可以归纳出政策议程的内涵主要强调以下几点：首先政策议程必须得到高层领导者和政策制定者的关注；其次政策议程需要决策主体利用公共权力去解决，并且政策纳入了讨论过程。放眼全世界，对政策议程的划分各有不同，现代的民主国家通常都将议程分为两类，即系统议程和政府议程。

1. 系统议程

系统议程（system agenda）也可以叫作公众议程。系统议程是指社会公众认为值得关注和重视的问题，他们向政治系统提出诉求，要求采取措施对其加以解决的一种政策议程。其实我们不难发现，系统议程实质上是社会公众共同讨论某些问题并商议对策，积极应对的过程。由此看出，政策议程在这种意义上说并不能算作是完全意义上的政策议程，因为即便是许多问题在这一议程中进行讨论，但最终能否成为正式的公共政策还未可知。有些问题可能会因为其紧急性、严重性、影响广泛或具有较大的社会意义而进入系统议程，成为值得讨论的议题。一般情况下，某个问题关注的人越多，越有可能进入人们的视野，进而进入系统议程。当然，并不是所有进入政策议程的公共问题最终都可以进入政府议程，很多公共问题可能由于涉及范围小、统治集团或少数统治者不重视、政府认为并不是非解决不可等各种原因无法进入政府议程。

2. 政府议程

政府议程（governmental agenda）是政府组织内部将某些公共问题提上商议日程，正式讨论这些问题，并考虑将这些问题上升至政策层面的过程。政府议程比系统议程要正式，因此又可以称为正式议程。政府议程的项目有新旧之分。旧项目是指以常规形式出现的项目，已经有既定的处理规则。一般而言，政府的工作人员对旧项目都比较熟悉，有处理相关项目的经验，处理方案和流程也已经成型，处理的过程会相对比较顺畅。政策议程中的旧项目往往能从决策者那里获得优先处理权或其他特权，因为决策者的时间和精力有限，他们通常会将精力更多地放在旧项目上。新项目是指因发生了新情况而产生的项目，新项目的出现很多时候是由社会压力的不断增加导致的。

(二) 进入政策议程的条件与障碍

社会上的问题不胜枚举，不可能都上升至政府议程，交由政府来处理。那么，公共问题进入政策议程有哪些条件呢？进入政策议程的过程中又会遇到哪些障碍呢？

1. 进入政策议程的条件

对公共问题进入政府议程需要符合的条件有各种说法。许多外国学者认为，某项提议要进入政策议程需要满足以下六点：问题已经紧急到无法忽视；具有特殊性，可以代表更大的问题；影响范围较大；吸引了很多民众和媒体的关注；具有流行性；质疑社会中的权利和合法性。

因此，综合了多个学者的观点，我们总结出以下几点重要因素：

第一，事件必须明朗而严重。一些比较严重的问题必须充分暴露在公众的视野里才能引起社会各界的密切关注，从而进入政策议程。问题是否明朗化和问题的严重性之间息息相关，问题越严重就越容易明朗化；反之，明朗化的问题却并不一定表明该问题一定是严重的，只可以在一定程度上表明问题的严重性。古今中外，有许多事件因明朗且严重而导致相关政策的颁布，如种族矛盾、战争、自然灾害、大规模游行示威等，都会引起政策制定者的关注，并迫使政策制定者出台相关政策。

第二，在政治上具有一定权威的领导人进行预测性发动。即使出现了明朗而严重的问题，但若没有一个权威人士或一个权威性的组织发动，首先提出并号召大家注意，那该问题想要进入政策议程的可能性就会小很多，进入政策议程的进程也会慢一些。许多潜藏在平静表象背后的问题通常会被人忽视，得不到应有的重视，但若是有敏锐嗅觉的政治权威领导人或相关的专家学者能够见微知著，洞察到表象背后所蕴藏的更深层次的难以察觉的问题，并进行预测性的发动，那么该问题就可以很容易地进入政策议程。

第三，要有正常、民主和开放的问题察觉机制。

(1) 正常的问题察觉机制指长期关注民生，关注各种公共问题，保持持续性的警觉，及时对这些问题进行分析和研讨，以便形成合理的政策构建机制。为了能够及时准确地捕捉到关键信息，政府应当建立对社会问题进行搜集和分析的常设机构，安排专职人员从事问题察觉的相关工作。

(2) 民主的问题察觉机制指应当尊重公众的意见，尽可能体现民主。民主的察觉机制的前提是国家要有民主的运作体制，设置民主的组织和程序。我国是人民民主专政的社会主义国家，走的是群众路线，所以重大决策不能个人说了算，应充分了解和吸收群众的意见和建议，为民众排忧解难。

(3) 开放的问题察觉机制指问题察觉系统和机制应当是开放的，允许广大群众和组织团体提出意见和建议，应当有一定的包容性，不能封闭起来，闭门造车。充分吸收和听取各方意见才是最好的选择。

2. 进入政策议程的障碍

首先，不符合以上三个条件的、与这三个条件正好相反的情况就会构成进入政策议程的障碍，即事件不够明朗和严重，权威人士没有进行预测性发动，没有民主、开放和正常的察觉机制。

其次，巴卡拉克和巴拉兹早在 1970 年就明确提出，政策议程的建立面临两个障碍：首先是社会群体内部达成共识的价值规范，其次是某些制度的限制。凡是不合乎社会既得利益者的价值取向或损害其利益和权利的提议，通常都会被他们利用权利或武力进行压制和制止，以至于无法进入大众视野和政策议程。

最后，政策制定者的表达方式在一定程度上也会影响到某些问题能否进入政策议程。若表达方式太激进、夸张，很容易引起政策制定者的反感；若提交的方案太过冗长复杂，会难以引起政策制定者的兴趣。

(三) 政策议程确立过程的模型

在制定公共政策的过程中，问题能否进入议程是非常重要的一个环节。议程的确立会经历怎样的过程呢？这引起了人们的好奇，也就成了专家学者们研究的焦点问题。他们纷纷建立各种模型来模拟政策议程建立的过程。下面简单介绍三种应用比较广泛的模型。

1. 科珀和埃尔德提出的模型

第一种是由科珀和埃尔德提出，后来又经过多位学者修改最终形成的模型。这种模型是根据政府在政策议程中的作用划分的，由于政策制定者将问题发散的程度和方向也是重要影响因素之一，因此科珀尔和埃尔德提出的模型分为外在创始型模型、内在创始型模型和动员模型三类。

(1) 外在创始型模型。

外在创始型模型是一个非政府团体创始政策问题的过程，通常问题创始者让问题先进入系统议程，然后再进入到政府政策议程。这个模型通常适用于：创始者并非政府内部人员，创始者表达意愿或提出需求，有意向将该问题散布至更广的范围，以便先进入系统议程(公共议程)，最终向政策制定者施加压力，以促成该问题进入政策议程。

这种模型通常在民主社会中比较常见，但一个公共问题经由该模型进入政府的议事日程，并不意味着政府会原封不动地按照问题创始者的意愿制定政策，通常都会大打折扣或者改得面目全非。

(2) 内在创始型模型。

内在创始型模型的提出主要是政府为了解决纯政府内部的事务和问题而提出的，希望问题尽可能在政府内部解决，并且政府并不愿意将该问题扩散到公共议程中，想要将公众排除在外，让大众没有参与的可能性。在该模型中，一般只有政府内部人员或决策团体提出的政策问题才可能得到重视，该模型在权利和财富高度集中的社会中比较常见和流行。

(3) 动员模型。

动员模型是政府直接首创政策问题并将该问题扩散到系统议程的过程。该模型下的公共问题一般都能顺利进入政策议程，但为了获取更多民众的支持，政府还是会让其提出的公共问题进入公众议程加以讨论的。

在现实生活中，政府并不会只使用一种模型，将这些模型结合起来使用也是很常见的，因此，许多国家的政策议程建构模型都呈现出高度的复杂性。

2. 芭芭拉·尼尔森建立的模型

第二种是芭芭拉·尼尔森建立的一个重要的模型。她认为议程的建立过程应分为四个阶段：议题确认、议题采纳、议题重要程度排序以及议题持续。在第一个阶段，某一足够重要的问题受到了关注，并且政策制定者认为应当对此有所行动。在第二个阶段，政府自主决定是否对政策问题做出反应。若人民认为政府有责任就该问题做出反应、采取有效措施，则政府就很有可能采纳这个议题，反之，政府则可能不会采纳。在第三个阶段，议题被采纳后，要做的就是将这些议题根据相对的严重程度和重要程度进行排序，分清议题的轻重缓急。在第四个阶段，需要对议题做出最终的决定。所提出的问题要想得到持续性的关注，就必须使政策制定者保持对该议题的兴趣，并使针对该问题所提出的建议能够得到政策制定者的认同和肯定，否则这一政策就会很难保留在政府议程里。

尼尔森的这个模型将议程确立的过程划分为前后相接的四个阶段，使我们很明晰地了解到政策议程是怎样确立的，但其不足之处在于没有体现出是哪些因素影响了政策议程的确立。

3. 约翰·金登提出的模型

第三种模型是约翰·金登提出的著名的三源流模型。他提出了三种源流：问题流、政策流和政治流。每个源流中都含有多个影响政策议程建立的因素。

(1) 问题流主要关注问题的定义，包括人们对问题的认知以及客观现实是怎样被界定为问题的。问题通常会通过指标变化、焦点事件(如危机事件)、程序运行结束后所收到的反馈或者预算约束来受到人们的关注。

(2) 政策流主要是针对政策问题提出合理的对策，其表现形式通常为法规、文件、谈话等。政策流与解决问题的技术可行性、对策的公众接受度息息相关，政策是否与人们所崇尚的、正向的、在社会中占主导地位的价值观相一致也对政策流有一定的影响。想要进入政策流的各种建议还要足够有效，足够符合当下的现实情况和流行趋势。

(3) 政治流通常与政治相关，因为政治对于政策方案会产生很大影响。像民族情绪、政体变化、公共舆论、选举政治、法律的权威等都会对政策问题产生较大的影响。此外，利益集团往往也会根据自身的利益考量对政策制定者施加一定的压力，以满足本团体的利益需求；当政府人员对某一项政策的意愿与民众的意愿一致时，更容易获得议程上的优势地位。

“政策窗口”在三个源流汇合时打开。政策窗口即提出问题的解决办法的机会。其实在现实生活中，不一定是这三个源流汇集起来时，政策窗口才能打开，当出现强大的政治流或发生了重大问题时，政策窗口都有可能打开。

政策影响者是指对政策问题进入政策议程这一过程有比较重要的影响的人，他们情愿并且会主动利用自己所拥有的资源提出政策问题、寻求政策方案、寻求重要人物的关注并推动政策议程进一步发展。政策议程会受到政治流或问题流的影响，这一点毋庸置疑，但若是问题流、政策流和政治流经过政策影响者之手，被纳入政策议程的可能性会大大增加。

由此可见，政策问题的认定本身就是一个重要又复杂的过程。政策问题并不是直接摆在我们面前的现成的东西，而是需要我们认真、仔细、敏锐地去发觉的产物。政策问题的认定确实不简单，也正是如此，至今也没有一个公认的比较成熟的分析框架。只有建立了成熟的有公信力的分析框架，才能更好地为后续相关问题的解决打好坚实的基础。

第四节 政策方案的规划与抉择

公共政策的制定是政府或其他公共组织根据一定的程序和原则，对一些很重要的政策问题确定政策目标，拟定和评估政策方案并将其合法化的过程。由于政策制定的目标确定、程序设定、方式方法以及工具配置都对政策产出有极大的影响，因此，这个阶段是整个政策过程的核心阶段。

从公共决策的角度看，公共政策的制定就是要尽可能选择一个最优的解决方案，有针对性地去解决政策问题。在政策制定的过程中，政策制定者势必会受到各种外界的影响和压力。各种利益团体、组织、普通民众、专家学者和企业等都会从自身的角度出发，给政策制定者施加压力，这就要求政策制定者有更加清晰、敏锐的判断，理智地做出最合理有效的、最优化的解决方案。

一、公共政策目标的确定

(一) 政策目标的含义与特征

虽然在现实生活中，很难做到将政策目标完全明晰化，但还是应当尽力克服阻碍，大致弄清楚政策目标，才能更好地进行政策方案的规划和制定。

政策目标就是政策制定者为了解决某些问题而出台一系列相关政策，做出一定的行动和反应，期盼这些行动和反应可以达到的效果。

公共政策目标的特点如下：

(1) 问题有针对性。政策目标应当是针对现今社会上人们广泛关注的焦点问题而建立的，而不是凭空产生的。政策目标的针对性不应只表现在对当下问题的解决，还应有长远的眼光，对未来可能发生的事进行一定的预判，提前制定好对策，防患于未然。

(2) 对未来有预期性。公共政策主要是为了解决与广大民众切身利益相关的问题，但当下的问题不可能当下就解决，需要经过长期的、复杂的程序才能在未来的某个时间解决，并且，未来的许多不可控因素也会对政策的目标产生一定的影响。因此，需要对未来有清晰的预知。

(3) 目标是多元的。任何一种政策问题都是复杂的，因此，相对应的政策目标也是多元的。一项政策的出台必定是有多重目的的，但是这些目标是有主次之分的，政策主要还是针对主要目标制定的。

(二) 政策目标的分类

1. 政策目标的类型划分

(1) 根据政策目标的时间范围，可以将其划分为短期政策目标、长期政策目标和其他政策目标，其他政策目标中可能会包含中长期政策目标等。

(2) 根据政策目标所服务的空间范围，可将其划分为全国性政策目标和地方性政策目标，国内政策目标和对外政策目标，全国性政策目标和局部性政策目标。

(3) 根据政策本身所属的社会领域，可以将其划分为政治统治性和公共治理性政策目标、经济性政策目标、文化政策目标和社会政策目标等。与此相类似的是，依据政策目标本身所属的社会领域，有政策的政治性目标、经济性目标、文化性目标和社会性目标。

2. 公共政策的基本目标

政策目标有基本目标和具体目标之分。基本目标也可以称为元目标；具体目标有四个，分别是公平、效率、自由和安全。这四个目标往往是现代社会中最基本的价值追求，其他的具体目标通常是由这四个目标衍生出来的，且最终要服务于这四个基本目标。

(1) 公平。公平指每个人或每个群体都能得到相同的利益。公平可以分为三类。第一类是机会公平，每个人都有获得同等数量分配物的机会，但这并不意味着每个人最终都能得到分配物。第二类是分配公平。在分配公平中，又存在两种情况。一种是在一定的范围内人所得到的分配物是相同的，但该固定范围之外的人可能就无法获得分配物或只能获得很少。例如：某单位给职工分配职工专属的住房，该单位以外的人自然是没有资格获得住房的，但该单位每个职工都有申请住房的同等权利。另一种是不同的个体或各集体之间是公平的，但这些个体背后或集体内部并非公平。第三类是最终状态公平，这种状态会满足每个人不同的偏好、实际需求和价值追求。

(2) 效率。效率就是在既定投入情况下获得最大产出，或者是在既定产出要求下进行最小化的投入。要想获得高效率，通常需要两方面的因素，其一是成本、努力、投入，其二是产出、成果、效益等，并且需要将这两方面的因素进行比较。在投入方面，要考虑怎样分配生产资料的投入，找出投入与产出之间的关系，思考怎样以尽可能少的投入获取尽可能多的产出，尽可能地确定某项投入的机会成本。在产出方面，需要着重关注两个方面：一是如何确定产出目标；二是在有多个产出目标的情况下，如何确定这些目标所对应的产出比例。

(3) 自由。对于自由的定义，众说纷纭。孟德斯鸠认为自由就是每个人都有权利做任何事，只要不伤害他人。自由是相对的，并不是绝对的，允许个人自由的前提是个人的行为不会危害到他人、社会和国家利益。

(4) 安全。通常意义上，安全就是人们在社会上生存和生活的最低的、最基本的保障，在政治共同体中，安全的概念却并没有这么简单。我们一般将安全分为人身、财产、社会、国家、信息、心理安全等六种。前四种是我们常见并且熟知的，但随着全球一体化进程的加快，整个国际社会的局势瞬息万变，信息安全和心理安全也日渐成为突出的新的安全类型。当下社会，信息泄露情况日益严重，给人们的日常生活带来了困扰，损害了民众的利益。此外，国外一些恐怖组织的言行常常会给人们带来心理上的伤害。

对于这四个目标之间的关系，学者们都有不同的意见，至今也未达成有公信力的普遍认同的说法。在现实生活中，制定一项政策时，想要同时达成这四个目标是很困难的，常常会顾此失彼。但政府必然会尽力做到平衡各方利益，做出最有利的抉择。同时，我们相信政策制定者们在未来一定会就这四个目标的关系提出具有公信力的理论。

(三) 确定政策目标的原则

1. 从实际出发，实事求是

从实际出发，实事求是是制定政策最基本的一条原则。首先，公共政策的制定必须从实际情况出发，有针对性地解决政策问题。其次，政策目标和政策本身都应切实可行，不能脱离现实，不能因为决策者个人的私利或某些人群的压力而不敢突破和创新，做出违背事实情况的决定。政策目标要可行，保证充足的人力、物力和财力都是非常重要的。

2. 对未来进行预期

公共政策的制定应当是面向未来的，需要对未来有一定的预期性。具体来说，就是在制定政策时，不能只看到眼前的情况，要充分考虑政策问题及目标在未来可能会发生的变化，对这些变化进行仔细预测，避免因为环境变化等原因对所出台的政策进行频繁更改，继而降低政府的威信和公信力，要充分考量未来可能发生的情况才有利于政策符合未来社会发展的需要。

3. 系统协调

政策目标往往不是单一的，常常会出现多个目标交织在一起的情况。这主要是因为不同的个体、社会群体、利益集团都有其自身的利益需求，公共政策需要在这些不同的利益需求和价值取向中寻求一个平衡点，尽可能地进行协调，满足各方利益。为此，一方面需要运用系统论、控制论、运筹学等方法对政策目标进行全面考量，尽可能做到统筹兼顾；另一方面，要明确政策问题的实质，尽可能将政策目标的数量降到最低，以便合理分配资源。

4. 明确具体

在有了政策目标的大致轮廓后，下一步要做的就是将目标明晰化。对目标中所包含的各种细节，如目标内容、具体概念等都要阐述清楚，用词要准确，各项要求都要具体和详细，确保目标制定者之外的人都可以明确了解。

5. 对伦理价值进行考量

一般来说，所有的政策目标都会考虑到社会伦理价值。公共政策在很大程度上代表和体现了统治阶层的利益和意志，但为了保证社会的稳定，稳固其统治地位，统治阶级也需要考量普通民众的利益和需求。因此，在制定政策目标时，应当考虑社会伦理价值，这样就可以在达成统治阶级意志的同时体现社会公平，推动政策顺利推行。

二、公共政策方案的规划

1. 政策规划的含义和特征

政策规划也可以称为政策构建。在参考了国内外专家学者的观点后，本书认为，政策规划就是为了实现政策目标，政府在政策议程建立后拟定政策方案的过程。

政策规划有两个主要特征：首先，政府主导，多方参与；其次，政策规划处在确定政策目标和进行政策抉择这两个过程之间。

2. 政策方案的设计原则

(1) 贴合政策目标。设计出的政策方案首先应当做到的就是符合政策目标，要以政策目标为核心，完全围绕政策目标，科学合理地设计政策方案。

(2) 设计多个备选方案。在制定政策时，一般需要制定两个或两个以上政策方案，这样可以给政策制定者足够的选择空间，以便人们运用理性思维选择出所有备选方案中的最优方案。

(3) 各个方案不能重叠。所设计的政策方案要彼此独立，互不隶属，若属于同一个大类是可以的。若多个方案相互隶属，那么这些方案在本质上可以说是一种方案，无法达到真正的方案多重化的要求，这样提出的多重方案是无意义的。若可以做到所有的方案真正意义上的独立，就很容易产生多种方案的评估和选择。

(4) 方案要有创新性。创新是人类发展的不竭动力和源泉，我们不能一直将解决问题的思路限制在一定的框架之中，应当尽可能地进行思路创新、方法创新，力求通过不同形式的创新更好地解决问题。但这并不意味着要放弃已经实行过的成熟的解决方案，在已有的解决方案的基础上进行创新也不失为一种创新的好方法。

(5) 方案要具备可操作性。前面说到应当设计多重政策方案以便更好地进行选择，但所设计的多重方案应具备的最基本的特性是可操作性。因为即便是再好的再理想化的政策方案，若是无法付诸实践，也是无意义的。

三、政策方案的抉择与合法化

公共政策的抉择的含义是：政策制定者根据实际情况、各个备选政策的合理性以及政策的整体规划情况等因素，在合法合规的程序下，对政策方案进行决定性选择的过程。政策抉择会对后期政策的执行产生深远的影响，是一个极为重要和关键的过程。

(一) 公共政策的抉择主体

在现实中，政策抉择的主体有四类人，分别是：

(1) 国家元首、政府首脑。国家元首和行政领导直接参与国家政策的制定与抉择，拥有决策的决定权，是公共政策抉择的最主要的主体之一。

(2) 立法机关。那些长期使用的稳定的政策是有机会经过合法化后转变为法律的，要想上升至法律层面，还需要立法机关的审批和民众的赞同。公共政策在立法机关中，通常是专门委员会的主席、委员以及立法机构的领导人员会对政策的抉择起较大作用。

(3) 法官。在西方国家，国家最高法院法官判案可以被视为一种立法行为，这就意味着最高法院的法官是有权进行政策抉择的。我国最高司法机关发布的司法解释也可以被视为一种公共政策。

在现代国家，执政党在国家政策的抉择中有着极为重要的作用。在西方的某些国家，军事机关的首领会发挥重大作用。

(二) 公共政策的抉择原则

1. 科学分析，谨慎抉择

在进行政策抉择时，抉择者应当尊重事实依据，按照科学合理的程序进行抉择。任何人仅凭自身的经历和所学的知识，是无法做出最科学的决策的。所以，在不涉及国家机密的前提下，尽可能地寻求专家学者的意见，科学分析，谨慎抉择。

2. 协调和平衡各方利益

公共政策的制定过程会触及各方利益，为了社会的公平和安定，政策抉择者应协调各方利益，尽可能民主地进行抉择，找到各方利益的平衡点，避免社会冲突。虽然这在现实生活中很难实现，但在备选政策中优中选优，在政策实施的过程中根据现实情况的变化进行不断的修改和完善，有助于其达成。

3. 政策抉择者要果断、有决断

中国有句古话说得好："当断不断，反受其乱。"作为决策者，在其他人摇摆不定，因害怕承担后果而不敢做决断时，能够头脑清醒地不受外界影响，果断地做出最终的决定，是决策者非常重要的一个品质，是决策者有能力、有担当的体现。

4. 严格按照规定程序，规范执行。

公共政策的抉择要严格按照规定的程序进行抉择，政策内容、决策系统以及政策执行都应做到合法合规。

(三) 公共政策抉择的合法化

政策合法化的含义是：有关政策抉择主体依据相关法律，按照法定程序对政策方案加以审查、批准、签署和发布的过程。从这个含义中可以明晰其核心内容，即政策内容、决策程序的合法化和政策文本的法律化。

1. 政策内容的合法化

政策内容的合法化指政策内容要符合法律法规，不能与法律意志相悖。若制定的政策与法律意志相背离，那这样的政策就是无效的；若制定的政策模棱两可，与法律产生了冲突，会让人们无所适从，不清楚到底该遵循怎样的原则行动。

2. 决策程序的合法化

政策内容合法的同时，决策程序也要合法。决策程序中最重要的两个系统是行政系统和立法系统。

(1) 行政系统的决策程序通常是：首先，法制部门要先进行审查；其次，领导会议讨论决定，公共政策一般都要经过政府常务会议或全体会议讨论决定，行政首长进行最终的裁定；最后，由行政首长签署后发布。

(2) 立法系统的决策程序。每个国家的决策程序不同，但共同点是一般都会包括四个阶段：提出议案、审议议案、通过议案和公布政策。

① 提出议案：一般会由享有法定权限的国家机关和个人提出议案，在我国，很多时候是由政府提出的。

② 审议议案：一项议案要经立法机关的多次讨论和审议才能进行下一个程序。

③ 通过议案：立法机关对经过审议的法律议案进行表决。特殊情况下，一些重大的抉择可能会有更高的要求。

④ 公布政策：审议通过后，需要经过合法程序进行公布，才算最终生效。

3. 政策文本的法律化

政策文本的法律化也可称为政策立法，这是一个将一些成熟、稳定的政策上升至法律层面的过程。实际上，可以将这个过程理解为立法。但并不是所有的政策最终都可以成为法律，只有那些出台时间比较久，已经成熟稳定的，并且出台后经历过实践考验的政策才有资格进行法律化。这类政策通常在生活中已经得到了人们的普遍接受和认可，未来几乎不会再有需要修改政策的情况发生。在政策文本进行法律化的过程中，并不是简单机械地将政策直接一成不变地照搬而转变成法律，而是需要进行详细地修正、删改和调整才能上升为法律的。

本章小结

本章主要介绍了政策问题、政策议程以及政策方案的规划与抉择。从确定政策问题到进入政策议程，再到对众多政策进行选择的这一过程是公共政策制定过程中不可或缺的重要环节。公共问题进入政府议程是政策议程的起点，而方案的规划和抉择对后续的政策出台和政策执行也会产生深远的影响。因此，我们应当重视这两个环节，敏锐观察，发现问题，积极思考，解决问题。

关键词

私人问题　公共问题　政策问题　问题认定　系统议程　政府议程　政策目标　政策方案　政策合法化

思考题

1. 试述私人问题、公共问题和政策问题之间的联系和区别。
2. 系统议程和政府议程的区别是什么？它们之间又有怎样的联系呢？
3. 公共问题进入政策议程需要具备哪些条件？
4. 公共政策的基本目标有哪些？
5. 什么是政策学习和政策移植？
6. 确定公共政策目标的原则有哪些？

案例

预防未成年人犯罪

近年来，未成年人犯罪的案件时有发生，且犯罪的未成年人的年龄有越来越小的趋势。媒体报道了多起极其残忍的低龄未成年人实施严重犯罪的案件，如江苏 13 岁男孩弑母案、湖南 12 岁男童杀母案、大连 13 岁男孩杀害 10 岁女孩案等，这些案件的施害人皆因年龄尚不足 14 周岁，无需承担刑事责任，引发社会广泛关注。

通过媒体的报道和互联网的传播，未成年人犯罪问题不断被讨论，修改刑事责任年龄的社会呼声愈发强烈。2020 年 10 月 13 日，刑法修正案(十一)草案提请十三届全国人大常委会二次审议，回应社会关注的低龄未成年人涉罪问题。草案拟在特定情形下，经特别程序，对法定最低刑事责任年龄做个别下调。

2020 年 12 月 26 日，十三届全国人大常委会第二十四次会议表决通过的刑法修正案(十一)规定，对需要负担刑事责任的年龄做出了调整：已满十四周岁但不满十六周岁的未成年人，若犯下故意杀人罪、故意伤害他人致重伤或死亡，放火、抢劫、强奸、贩毒等严重罪行的，应当负担刑事责任。已满十二周岁不满十四岁周岁的人，犯故意杀人、故意伤害罪，致人死亡或者以特别残忍手段致人重伤造成严重残疾，情节恶劣，经最高人民检察院核准追诉的，应当负刑事责任。

这次法律的修订，十二周岁至十四周岁未成年人故意杀人等犯罪，将不再是刑事“免责人群”。因不满法定刑事责任年龄不予刑事处罚的“问题孩子”，经专门教育指导委员会评估同意，教育行政部门会同公安机关可以决定对其进行专门矫治教育。

预防未成年人犯罪，不仅需要强制性的威慑，还需要成年人的悉心教导和全社会的关爱。只有凝聚全社会的力量，发动全社会共同关注，加强对未成年人的心理疏导，才能让祖国的花朵健康成长。

思考题：

在本案例中，将未成年人犯罪需要负刑事责任的年龄调低这一政策合法化的意义是什么？政策合法化需要符合哪些条件？

第六章　公共政策的执行

公共政策的执行是相当重要的，涉及很多方面，如目标能否实现，政策相关问题有没有难以解决的地方。政策执行得好坏与否直接决定了政策能否成功，能否最大限度上发挥政策的作用；若是执行得不好，可能会导致政策失败，甚至可能会引起人民群众的不满，影响社会安定。

第一节　政策执行的含义与模型

一、政策执行的含义和特点

公共政策经过合法化过程并择定、公布后，就要开始进入执行阶段了。在充分了解了国内外众多专家学者的观点后，我们可以这样定义公共政策的执行：公共政策的执行是为了能够达到相应的目标，利用各种手段和方式来进行操作，让政策有实现的对象，并且将浮于文字上的理论变成实践，这是一个实践的现实过程。政策执行需要根据政策指令来进行变化，所有的行动都会因地制宜地进行操作，成为一个行动的过程，并且具有相应的特点，具体为：

(1) 政策执行要具有可操作性和实践性。要想政策更好地发挥作用，关键在于执行，必须在实践中不断对其进行探索。若政策执行没有实践性，在实际执行时无法开展工作，无法操作，那政策的执行必将陷入停滞。

(2) 政策执行中需要灵活应对，具体问题具体处理。在政策执行的过程中，必然无法预知所有可能发生的情况，为了更好地执行政策，应当在遇到突发状况时灵活应对，充分发挥自身的主观能动性，避免因墨守成规和不知变通而导致政策执行的效果不佳。

(3) 公共政策的执行具有强制性。公共政策的执行，有政府的强制力作为保障。在公共政策执行的过程中，可能会遇到政策对象拒不配合或阻碍政策执行的情况，这时候就需要动用政府的强制力了，政府的强制力可以保证政策的顺利执行。

二、政策执行的理论模型

(一) 基于西方经验的政策执行理论模型

1. 过程模型

史密斯提出了过程模型——一个分析政策执行因素的模型，然后对其进行了深入的研究，并且在《政策执行过程》一书中进行了诠释。

根据史密斯的观点，在众多可以影响政策执行的因素中，最重要的是以下四个因素：

(1) 理想化的政策。政府制定的政策必定无法达到完全理想化的程度，但应当尽可能地使政策合理化，有针对性且有效，这样的政策就可以视为理想化的政策。

(2) 执行机构。政府中通常会有专门进行政策执行的机构，这些机构的诸多内部因素对政策的执行也会产生较大的影响，如内部机构的情况和政策、执行人员的态度和能力等都会直接影响到政策执行的结果。

(3) 目标群体，即政策执行对象。公共政策主要就是针对目标群体而发布的，通过调整和规范政策执行对象的行为来达到预期的目的。

(4) 环境因素。任何公共政策的执行很大程度上都会受到外界环境的影响。此外，政策本身也可能会受到环境的影响。影响政策执行的环境有很多种，如政治、经济、文化、社会、历史等，都是比较重要的影响因素。

2. 互适模型

互适模型是麦克拉夫林倡导的理论之一。他认为政策执行是一个使政策执行者与政策目标群体之间就目标和手段相互调适来使双方都满意的过程，这是一个动态平衡的过程，政策执行者与目标群体之间的互适程度决定了政策执行的效果。根据麦克拉夫林的观点，该模型有这样几个逻辑认定：

(1) 执行方式应尽可能使双方满意。政策执行者和政策对象的立场、需求以及观点都不尽相同甚至恰恰相反，但为了尽可能平衡双方的利益需求，双方应友好协商，做出适当让步，尽可能地商议出使双方都能满意的结果。

(2) 平等的双向交流。互相调适是一个复杂又艰难的过程，需要双方平等地进行双向交流，政策执行者不能通过过度使用自己的权威逼迫或强制对方按照规定的方式执行。

(3) 政策执行者的手段和目标并不是一成不变的。在实际执行的过程中，由于环境、政策需求等因素的变化很可能会导致政策执行者的目标和手段随之也发生变化。

(4) 政策执行会受到利益集团的影响。在政策方面，如果要执行相应的操作，那么就会有利益群体受到影响，这些影响都会在政策上呈现，然后利益方面就会有损失或者增加，涉及到相关的价值取向问题。

依据以上四点可得出结论：政策想要变得成功，就需要在执行层面上更加用心，并且有一个相互调适的过程，这样才会达到更好的效果。

3. 循环模型

循环模型是美国学者雷恩和拉宾诺维茨提出的。该模型把循环作为关键的要点，以此来对政策执行方面进行深入的分析。他们认为政策的执行有三个阶段，即拟定纲领阶段、分配资源阶段、监督执行阶段，这三个阶段都会在合法理性的前提下进行执行。这个过程如果能够实现主动执行—监控这样的方式，就可以形成循环。因为监控对于有效执行有着非常大的意义，毕竟如果缺少了监控政策，在执行的阶段存在遗漏或者没有执行到位，那么政策执行的效果也会大打折扣。另外，在执行的过程当中也应该放开要求，有一定的封闭性的同时也应该有一定的开放性，这样才能够有效达到高效的执行。

4. 博弈模型

博弈模型是从博弈论中产生的，是一种理论的模型形式。该模型把博弈当中的观察和分析融合到其中，并且做了相应的互动，如说服和协商，这都是很理性的表现形式。如果在发生冲突的时候能够让理性人做出选择，让每一个参与者损失最小、收获最大，这样的模型是相当优秀的。

美国的公共政策学者巴达克(E.Bardach)是用博弈论来进行政策执行分析的主要代表人物。他认为政策执行是一场游戏或者赛局，其规定是：① 竞赛者会执行这个政策；② 在竞赛的过程中会产生相应的利害关系，并且有着不同的原因；③ 竞赛资源会有不同；④ 竞赛规则是基本公平的，让每一方都会有取胜的可能性；⑤ 竞赛者之间会有相应的沟通或者信息交流；⑥ 结果是不确定的，也是不稳定的。

5. 系统模型

系统模型是美国学者霍恩和米特尔提出的一个政策执行模型，因此该模型又被称为“霍恩—米特尔”模型。他们都认为变量会发生变化，进而影响到政策的执行，并且系统本身也会有相应的影响，所造成的结果是不确定的。但是政策执行模型要合理，就需要确定一些重要的变量，包括：① 政策的价值诉求应该有相应的标准；② 政策资源是比较重要的实现条件，只有实现了才会有价值体现，这涉及到多方的资源问题，如财务和信息方面的资源等；③ 执行者属性相当重要，这是执行人员相关能力和精神的体现，执行机构的执行结果能够反映出相应的情况；④ 执行方式涉及多方主体，政策执行者需要进行多方沟通，使政策更好地落实、协调才能够实现得更好；⑤ 系统环境方面有比较多的维度，如经济、文化、政治、社会等条件都是变量，这会对政策产生影响。

6. 综合模型

综合模型是由美国学者梅兹曼尼安和萨巴蒂尔提出的，这个模型确定后，对多种变量影响的政策执行问题有了比较好的诠释。这两位学者在上述系统模型的基础上，把政策问题也视为影响政策效果的一个重要变量，将政策执行的变量追溯到政策问题。

可见，可以从不同的角度观察政策执行的情况，从不同的变量反映不同的问题，从而有效地进行思考，从中得到分析和指导。

(二) 基于中国经验的“上下来去”模型

宁骚教授在对中国的经验进行研究之后，根据中国的实际情况建立了“上下来去”模型。因为在中国政策执行的过程当中，必须要实事求是地去考察，按照实际的情况落实，发挥从群众中来，到群众中去的工作路线。此外，在政策大面积执行前先选择较小区域进行试点也是很重要的，先选择试点，再进行全面推广并进行“执行—总结”的政策试验方式。在政策实现的过程中，定会受到不同因素的影响，导致政策执行模型发生一定的变化，呈现“上下来去”的情况。根据宁骚教授的观点，该模型具有以下三点内涵：

(1) 政策执行是一个“从群众中来，到群众中去”的过程。

“从群众中来，到群众中去”不仅要求政策制定者在制定和执行过程中集思广益，充分了解民情，广泛收集民意，还要在政策执行过程中充分利用这些信息，将这些信息分类、整理、加工、提炼，并形成领导决策，再返回到群众中去，使群众可以充分意识到这些政策是符合他们的利益和诉求的，这样群众才会更加配合政策的执行，群众也会自觉行动起来，积极践行相关的公共政策。

(2) 政策执行是一个“实验—推广”的过程。

根据我国多年来积累的经验，在一项政策全面推广之前，应当先选择几个地区、部门或单位进行试点。通过试点可以了解该政策可能存在的不足、在实施过程中可能存在的问题以及应当怎样改进，进而以在试点过程中取得的具体的工作经验为依据，对试行政策进行调整和完善，最后再大范围实施。这样做的好处在于可以减少政策执行的成本和风险，有利于政策的顺利执行。

(3) 政策执行是一个“执行—总结”的过程。

政策执行涉及很多方面，在相应的政策得到落实之后，可以根据相应的需要进行对政策的管理，然后合理评价，再全面衡量和反思。政策执行的过程往往体现着执行者的智慧，政策执行过程中获得的成功经验值得我们充分了解并进行研究，将这些成功经验收集起来并进行系统的整理，就可以成为政策执行者以后行动的借鉴，为下一轮或以后的政策的有效制定提供基础。

第二节　政策执行过程

公共政策的执行是在社会环境中进行的活动，通常会受到许多因素的影响和制约，如对象系统、执行系统内部和外部环境等。对这些因素进行充分的分析，对于研究政策执行具有非常重要的意义。

一、规范意义上的政策执行过程

公共政策的执行是一个复杂的、系统的、完整的过程，主要包括政策执行的准备阶段、执行阶段和总结阶段这三个阶段，涉及很多活动环节，才能让政策得到相应的宣传，让政策在实践中不断地试验，使对的政策得到全面推广，并受到监控，以便最终获得好的决策效果。

(一) 政策执行的准备阶段

公共决策在执行前需要进行相应的准备。中国的许多俗语都表示了充分准备的重要性，如“好的开端是成功的一半”“有备无患”“兵马未动、粮草先行”等。政策执行的相关工作要做好以下几个方面的准备。

1. 加强政策认知

要想更好地贯彻执行政策，首先要做的就是认真学习政策，深刻理解政策内涵、意图和目标。习近平总书记曾明确指出，不能对政策一知半解，要了解政策与政策之间的关系，要了解政策的统一性和差异性，这样才能够对政策有更好的运用和理解。也就是说，既不能用局部政策替代整体政策，也不能用整体政策替代局部政策；既不能用灵活性损害原则性，也不能用原则性束缚灵活性。通过学习政策来深刻了解政策，加强对政策的认知，这样政策执行者才能准确把握政策的实质和内在机制，特别是政策的核心理念、目标、界限和时效。这里核心理念是政策的灵魂，目标是政策执行的目的和方向，界限是指不同政策之间的分界线，时效是指政策生效的时间限度。

2. 制定执行计划

制定执行计划就是根据实际情况，在学习和理解政策的基础上，制定出旨在达到目标的未来的行动方案。这样做主要有两个原因。第一，公共政策往往首先从较为宏观的层面去制定，注重长远的、整体的和战略的考量，这样产生的结果是所制定的政策相对比较抽象，与当下的现实情况契合度不高，甚至有可能会有一定的冲突。因此，在执行政策的过程中，要做的不是按部就班地执行，而是将政策研究清楚，将政策的整体目标进行分解，划分为不同阶段的具体目标，然后再根据各阶段的具体目标设计执行方案，谨慎执行。第二，政策文本出自顶层，从政策的制定、出台到最终的执行，其间存在着一定的层级距离。正是由于这样的距离，政策目标在传递过程中很可能会产生信息失真、目标扭曲的情况，这样很容易在执行过程中产生执行偏差。为了更加准确高效地执行政策，国家制定的公共政策在落实到具体的地区之前，首先需要将政策进行细化或再规划。制定执行计划时必须遵循以下几个原则：

第一，政策执行计划的编制应当实事求是，切实可行。在编制计划时，应当避免加入太多个人的主观意识，否则会影响计划的合理性和准确性。计划的各项子目标的编制应当做到既不保守也不冒进，不能是轻而易举就可达成的，也不能是几乎无法达成的目标。对执行过程中所需的人力、物力、财力，应当做到心中有数，充分利用这些资源，不可浪费。

第二，编制的计划应该要有适应性，能够适应外界环境的变化、应对突发的事件。在政策执行过程中会发生许多无法预料的突发状况，因此，应当尽可能地考虑到在遇到这些突发事件时的应对方案，使执行方案具有灵活性，通过创新发现政策执行的新的切入点和新措施、新方法，既要科学有效地执行，同时也要节约执行成本，提高政策执行效益。

第三，编制的计划要能够兼顾很多的方面，尽量协调各种关系，实现短期的目标，也要实现长期的目标。计划跟计划之间要有相应的衔接，不能顾首不顾尾，这样才会有效率地实施计划。

3. 进行物质准备

物质准备是政策执行的关键基础。仅仅做好政策执行的计划和人员安排是远远不够的，在这个过程中，需要大量的物质支持，如充足的装备、物资设备和执行资金等。物质准备涉及多方面，如财力的准备和物资的准备等都是很重要的。执行者需要根据具体情况来分配支出，合理运用经费。

4. 做好组织准备

组织准备是政策执行的重要保障。组织结构能够发挥相应的功能，让政策得以有效执行，并且可以根据实际的情况做出相应的调整，这是组织工作很突出的功能之一。

组织准备的首要工作就是确定由哪个机构来执行。一般的政策可以让常设的机构来执行。如果设置专门的执行机构会浪费人力、物力、财力，只要稍微对现有的机构进行改组就可以实现对政策的执行。但若是遇到非常规的、紧急重大或涉及范围较广的政策时，可以临时组建专门的机构，在执行结束后将其撤销即可。新机构的设置应尽可能做到设置完备、分工合理、权责分明、界限清晰，防止在出现问题时因权责不清而互相推诿扯皮。此外，机构中还应有良好顺畅的沟通机制，能顺利地和外部环境进行沟通和互动，顺利接受外部环境的输入和输出。

执行机构确定之后应当考虑的就是政策执行人员的选择。这项内容非常重要，因为人员是政策执行过程中最具有能动性、最活跃且具有不确定性的主体。政策执行对执行人员的要求较为严格，需要执行者具有较强的专业知识和技能、管理能力、实践经验、理解能力、沟通协调能力以及思想道德修养，能知人善任，胸怀宽广，能妥善处理各方的人际关系，讲求工作效率，脚踏实地，实事求是，思维敏锐，遇事可以沉着冷静，灵活应对。

5. 建立配套制度

制度是政策执行的关键，也是一种规范的体现。有效的制度准备可以使政策执行保持领导统一、计划统一、指挥统一和行为统一。配套制度的制定也很重要，一方面应当填补制度空白，形成完整的、系统的制度网络；另一方面应当在总结往昔经验的基础上充分发挥主观能动性，调动创新思维进行制度创新，制定出能够反映组织运行规律的新制度。

(二) 政策执行阶段

政策执行需要从政策目标方面着手，然后看如何做好关键环节。习近平总书记强调，在贯彻落实政策时，要防止徒陈空文，等待观望，急功近利，必须有时不我待的紧迫意识和夙夜在公的责任意识。根据我国从改革开放至今所总结出的经验，公共政策执行的实施阶段依次为政策解读、政策试验、政策推广。这样，政策的“解读—试验—推广”就形成了一个逻辑严密、层次完善的执行范式，这正符合我国政策执行常用的渐进主义模式，也是“上下来去”政策模型的具体体现和灵活应用。

1. 政策解读

政策解读是比较重要的环节，是一种功能活动的体现。政策执行是一个长时间的复杂的过程，在这个过程中需要很多执行人员一起协调合作，执行人员会和政策对象之间频繁互动。因此，为了保证政策的顺利执行，首先需要所有执行人员的思想达到统一，政策解读就是使执行人员思想认识达到统一的有效手段。执行者只有充分理解政策意图、政策目标和执行手段，才能准确无误地向政策对象传达政策理念，从而顺利执行政策。

政策解读的根本目的是解决政策知晓度的问题。所谓政策知晓度，指的是政策信息在政策制定者与上下级执行者之间、执行者与政策对象之间、政策主体和政策环境之间的沟通中政策信息能够准确无误流动的程度。政策知晓度与许多因素切实相关，如政策是否得到广泛关注和知晓，政策目标是否具有可实现性以及政策是否有针对性、是否是有效的。

那么，应当如何正确解读政策，提升政策的知晓度呢？这里主要提出了四点可供借鉴的措施。

首先，公共政策在完成合法化后，必须及时准确地向社会公众解读有关政策，真正做到信息公开。建成法治社会，就应该打造一个信息公开的运行程序和秩序。对政策进行充分解读并向政策对象准确传达政策内容，尤其是那些与广大人民群众的利益息息相关的政策，更需要政府有关部门直接面向群众讲解，使群众能够准确无误地知晓相关政策信息。

其次，各层级的执行者应当明晰自身的职责，将自己职责范围内的政策烂熟于心，在遇到职责范围内的问题时能够得心应手、妥善处理。这是各层级执行人员最基本的职责，也应当是政府绩效考核的一项基本内容，如果政策执行过程中无法准确无误地传递政策信息，很容易导致信息失真和执行偏差，政策的有效性会大打折扣。

再次，应加强对政策执行者的监督和问责。各级人大、政协以及政府内部的监察机构必须对政策执行者进行监督，检查所公开信息的内容、范围、方式、频率，还有这些信息的公开是否及时准确，并随时启动问责程序，在执行出现问题时，以最快的速度追根溯源，追究相关责任人或主要领导的责任。还应当注意的是，有些政策，特别是惠民政策，可能会影响或损害某些部门、地方、集体的利益，原本可以享有这些利益或与这些利益有密切关系的政策执行者往往会不情愿放弃这些利益，因此就会对公开解读相关政策有很强的抵触情绪，在执行过程中可能会消极执行或有选择性地执行。如若在发生这种情况时，监管机构监督不到位，政策执行者这种把国家利益部门化或者将自身利益凌驾于国家利益之上的行为，必然会给公共政策的执行造成极大的损害和阻碍。

最后，知情权是公民的一项重要的权利。当代社会，大家的公民意识快速觉醒，公民越来越关注自己的权利，也越来越积极主动地行使自身的权利。在科技飞速进步、社会快速发展的现代社会，公民个人可以通过政府网站、大众传媒获取相关政策信息，加强对政策的学习和更深入的理解。

2. 政策试验

政策试验是指在研究了实际情况的基础上，根据不同的政策对象和不同的政策适用范围，选取具有代表性的地区施行政策来进行试验的方法。政策试验对于政策执行具有重大意义：

(1) 政策试验是一种小范围的实现形式，风险会比较低。由于政策制定者自身认知、经验、学识等方面的局限，即便是集合众多专家学者的智慧，也无法将所有因素通通考虑周全，将政策设计得天衣无缝。在面对全国各地不同的环境、不同的现实情况时，一项刚刚出台的不完美的新政策直接大范围施行，很容易出现政策“水土不服”的情况，甚至出现被当地排斥的情况。为了尽可能地避免这类情况的发生，政策试验就不失为一种减少风险的绝佳方案。由于政策信息具有非对称性，政策执行者通常无法洞察整个执行过程，掌控全局，因而只能利用所拥有的少量资源做出局部性、临时性的判断。因此，政策试验往往要增大精心挑选的项目组内的不同类型政策行为之间的小的差别，并在做项目测试前估计它的后果。由于政策试验过程中所投入的资源较少，可以在很大程度上减轻政策风险和损失。

(2) 政策试验可以降低成本，也可以检测政策的有效性和可行性，检测政策是否可以长期施行。在试验过程中，若发现政策中存在漏洞，可以及时修改和完善，而且，通过试点可以使人们逐渐转变传统观念并接受新政策。

政策试验从科学的角度来进行操作会更好，具体有下面这三个步骤：

(1) 选择试验对象。应按照规定选择具有普遍性特征的试验对象或试验地区，这样才有利于大范围地全面推广。

(2) 设计实验方案。在对实际的试验对象进行试验时，应当按照事先设定好的方案执行。这样可以使政策执行有章可循，增强执行的目的性和计划性。例如，我国在改革开放时期设置了许多经济特区，在这些经济特区内设置了许多特殊的经济政策，更加开放包容地进行对外贸易。

(3) 总结试验结果。分析和总结试验结果是为了总结出经验以便在今后的政策执行中避免此类问题的发生，为今后的工作提供经验和数据等资料，这是一个极为重要的步骤，因此在总结结果时应当实事求是、客观全面。

3. 政策推广

政策的全面推广是一个大范围的工作，在这个过程中会出现许多不确定因素，必定会牵涉到整个政策系统，在很大程度上也会影响政策功能的发挥还有政策执行的效果，因而我们应当对这一阶段格外重视。在总结了我国多年的政策执行经验之后，我们总结出了在政策推广阶段应该遵守的三个原则：

(1) 自上而下和自下而上相结合。常规情况下，政策的全面推广执行是自上而下的，从中央到基层，从城市到农村。这样推行的好处在于：按照层级有规律、有计划地上传下达，能够准确且不遗漏地将上级的指令传递下去；但其局限性在于这是一个单向的信息传递，完全的上传下达使得这个过程中上下层级无法很好地进行双向沟通，不利于提高政策的接受度，也不利于政策的推广。因此，在执行政策时，应当根据实际情况选择推广的方式，在某些情况下也可以将两种方法结合使用。例如，我国的行政机构改革就是自上而下，从中央到基层；而在经济体制改革时，是自下而上，从农村到城市，从基层到中央的。

(2) 从局部到整体进行推广。从我国改革开放以来各项政策推进的经验来看，不难发现我国的政策通常都是先进行局部试点，再进行整体性推进的。政策由局部地区向全国推进可以减少许多风险和阻力。例如，我国在改革开放初期在沿海地区设置了许多经济特区；到了九十年代，我国开始进行西部大开发，着力发展中西部地区的经济，力求全国的经济平衡发展；这样，我国的对外开放政策从东到西，从南到北全方位地覆盖了全国，真正做到了从局部到整体的稳步推进。

(3) 把握重点和解决难点相结合。在执行公共政策时，应当注意在着眼全局的同时也关注重点和难点。这是因为，在这个过程中受到政策资源有限、执行人员有限、现实条件不允许等情况的限制，无法做到事无巨细，照顾到方方面面，让各项工作都齐头并进。把握重点就是要把握住政策执行的关键因素，仔细分析关键性政策对象的具体情况和需求，努力得到这部分群众的支持，以此来获得顺利执行的机会。解决难点就是要集中力量攻坚克难，先解决了难点，其他问题解决起来就相对容易了很多。

(三) 政策执行的总结阶段

政策执行的总结阶段需要对各种信息进行反馈，然后检查各个阶段的情况，看从中能够得到什么样的经验，后面再进行监测，然后继续决策。

1. 政策执行监测

监测是对政策执行的监控，如果出现突发情况，还可以进行救急。监测人员在政策执行时全程监测，对执行过程中的情况了如指掌。在执行出现问题时，能够以更客观公正的角度准确描述和分析出执行行为和结果之间的因果关系；在出现政策偏差时，及时且强有力的监测可以控制住风险，最大程度上降低执行偏差带来的不良后果。政策执行监测的主要作用有四点：

(1) 监察。监测有利于监督政策执行人员、相关领导或利益相关者是否按照法律法规或规定的标准和程序行动。

(2) 审计。审计可以加强对政策执行者资金使用情况的监督，确保资金通过正规途径真正用在政策执行上。

(3) 核算。通过监测所获得的信息，可以核算出公共政策大范围执行所导致的社会或经济的变化。

(4) 解释。监测还可以提供公共政策和计划结果出现变异的原因的相关信息。

2. 政策执行再决策

政策执行的再决策涉及很多方面，需要对信息进行反馈，然后有一个修正的过程，这是行政决策的意义范畴。

执行再决策包括了以下四个方面：

(1) 在政策执行当中决策，决策就能够发挥作用，且只有及时进行决策才会有意义；

(2) 执行再决策并不意味着将整个执行计划重新规划，而是对一些与现实情况不符的、不完善的部分政策进行调整，是小范围的轻微调整；

(3) 要解决的目标问题与再决策前的相同；

(4) 可能会出现的结果要结合政策方案来考虑，让方案具有科学性和合理性，操作起来会更加容易落地。

政策执行再决策的依据是：

(1) 政策环境的变化。在政策执行过程中，环境、人员、政策执行资源等许多因素都会发生变化，这些客观因素的变化必然导致政策的修改和调整。

(2) 人们认识的深化。政策制定者受到自身知识、经验和其他客观条件的限制，无法制定出完美的政策。因此，随着实践的增加和认识的提升，人们会发现政策中的不足之处，如某些方面可能思考得不够深入，有待改进。因此，在坚持既定政策的基本方向、原则和精神的前提下，对政策进行适当的修改，使内容更加完善，更加贴合实际。

(3) 政策偏差的产生。在政策执行过程中出现失误和偏差是不可避免的事情，为了纠正这些偏差和失误，对政策进行再决策是非常必要的事情。

(4) 政策副作用的产生。由于许多客观条件的制约以及政策自身的局限性，多多少少会产生一定的副作用。为了把副作用控制在可接受的范围内，将政策内容和执行方式进行修改和变动也是时有发生的。

政策执行再决策具有双重特征，即政策执行和政策制定。它具有政策执行过程中一部分新增的活动。执行再决策主要是为了既定的政策目标服务，其意义在于：

第一，纠正政策执行偏差。政策执行偏差会导致政策资源的浪费，政策效果不佳，执行过程偏离原本的目标，这样政策问题很难得到妥善的解决。这时，政策执行再决策就提供了良好的解决方式。再次决策的过程中，可以通过删减、更新、撤换、修正等形式对现有的政策进行补充完善。

第二，再决策时需要从效果来进行考虑。为了保证政策执行有良好的效果，期间必定会经历多次修改和调整，只有不断更新调整，与时俱进，才能保证政策符合当下和未来的现实情况，达到较好的政策效果。

第三，为今后解决类似的问题提供经验、创造条件。再决策的作用是在执行过程中让政策内容不断完善，找到了相关问题当下的解决方案和执行经验，为今后可能会再次发生的类似问题提供了范本。

二、影响政策执行的主要因素

影响政策执行的因素有很多，可以简单地将其归纳为四类，即政策本身的情况、执行主体的问题、政策对象的情况和政策环境。

(一) 政策本身与政策执行

公共政策是否具有合理性、具体性和稳定性决定了政策是否能够得到有效施行。

1. 政策的合理性

公共政策是人类有意识地调节、组织、控制和管理人类社会系统的工具。合理性是公共政策应当具备的最基本的性质。政策首先应当合理，才能引导政策执行过程向正确的方向发展。政策的合理性是指：第一，公共政策必须经过合法化程序，必须严格按照法律法规进行制定和执行；第二，公共政策要符合现实世界的客观规律，要具有可行性；第三，公共政策需要从群众的角度出发，考虑到根本利益的问题；第四，政策要符合我国的国情，融入我国的社会文化，才能获得人民大众的普遍认同和接受。

2. 政策的具体性

公共政策制定得是否具体很重要。模棱两可的政策无法得到顺利施行，这一点是显而易见的。如果政策制定者在制定政策时只制定了较为宏观层面的规定，而忽略了政策方案和目标的明确表达，没有对执行程序进行明确规定，没有清楚说明政策工具和政策资金的使用细则，无疑会让执行人员无法下手，更谈不上顺利执行了。此外，公共政策的具体性还要求必须有一套尽可能细化的、可检测的、可量化的指标体系来对政策目标进行检验和测量。

3. 政策的稳定性

政策需要稳定，而且需要连续。政策的稳定性指政策制定好并且出台后，除了发生某些紧急或特殊的事件，不可随意更改政策。若是政策刚出台不久就发生变动，会让民众无所适从，且怀疑政府的工作能力及政府是否真的站在群众的角度上为群众谋福利，这样会降低政府的威信。当然，在政治变革和社会大发展等特殊时期，必须进行政策变动，但也不能随意变动，仍然应当保持连续性。

(二) 执行主体

执行主体需要有比较好的素质，也就是说执行人员要有能力、有水平，才能让政策进行得更好，政策目标的实现也会更加顺畅。

1. 政策执行组织

政策是由一些特定的组织来执行的，组织内部的人员和资源的配置至关重要。执行组织结构合理，才能保证执行的力度没有问题。

(1) 组织结构的合理性。

合理的执行组织结构是实现政策目标的组织保证。组织结构合理性也是相当重要的，这能够体现专业性的问题。纵向结构的层级化是指各级政府和政府内部各部门的上下级之间的人员配备、工作程序、职位、权力分配等方面的有序的等级划分。这样规整有序的等级划分便于完成上传下达的指令，统一领导，统一指挥；每个层级认领并完成好自己的工作，逐层落实；当出现问题时，便于快速找出责任人，也便于对政策的执行进行监控。专业化是指将执行组织按政策目标、管理对象、权力责任和业务性质划分为若干个横向的职能部门。专业化的部门划分有许多优点：首先，这有利于吸引相关的技术型人才，相对应地会提高政策执行的专业技术水平；其次，有利于事权一致，政令通畅。执行组织合理结构还要求执行组织内部的年龄、知识、能力结构协调均衡。

(2) 组织权责的明确性。

组织权责相当重要，在各方关系当中都需要体现出来，如中央政府和地方政府之间的关系、上级政府和下级政府的关系以及政府内部各部门之间的关系。就上下级政府或同级政府之间的关系而言，应当将权与事分开，为了明确权责关系，应当建立责任追究机制，将责任落到实处是很有必要的。应当将集权和分权相结合，保证上级权威的同时实现必要的分权。分权是为了提高下级部门和工作人员的工作积极性，手中有一定的权力，执行政策时才更顺利；但也不能让权利太过分散，要在不影响上级政府对辖区内的事务做综合管理和宏观调控的前提下进行分权。要划清中央与地方之间、地方政府不同层级之间的事权、财权、产权和立法权等；实现党政分开、政企分开、政事分开，简化行政审批制度。就各职能部门之间的关系而言，要明确各部门及其工作人员的权力和责任，做到权责统一，杜绝各种形式的相互推诿扯皮、越权、失职、渎职行为。

2. 政策执行人员

政策执行人员是政策执行中的重要因素，但政策执行人员会使执行过程具有一定的不确定性。执行人员的利益、心理、个人能力、知识储备等因素都会对政策执行产生很大的影响。此外，执行人员的思想道德素养、认知水平等也会对政策执行产生一定的影响。这里，我们主要讨论前四个因素。

(1) 利益因素。政策执行人员面对各方复杂的利益需求，不仅需要代表国家的利益，还需要代表本单位、本部门的利益；此外，他们可能还会为自身的利益考虑。所以，在政策执行过程中会有各种利益的冲突和整合。那么，在改革开放的转型时期，利益结构会呈现多元化发展，执行者的利益意识会非常强烈，但是有一些执行者利用手中的权利做出了不太好的事情，导致了公共权力的腐败，出现了严重的政策执行偏差，政策的服务就变成为个人利益而服务。

(2) 心理因素。执行者的心理是很复杂的，我们无法准确判断执行者内心的想法、观念、动机、态度、需求、情绪和意志等，因此在政策执行过程中或许会遇到很多麻烦，如执行资源不足、政策内容不够准确具体、政策环境频繁变化等。在出现这些情况时，往往需要执行者发挥自身的主观能动性，积极创造条件，灵活应变，排除障碍，顺利完成政策执行任务。

(3) 知识因素。每个执行者的受教育程度和生活经历都不尽相同，而且，当今世界处在一个信息爆炸的时代，执行者如果没有知识储备和实践经验，没有办法实事求是地分析解决问题，执行工作会很难推进下去。

(4) 能力因素。合格的政策执行者在沟通、交往、应变、组织、领导、创新等方面的能力应该都很突出，至少要表现良好。将丰富的知识储备和强大的个人能力结合在一起，才是做好政策执行的有效方法。就领导者而言，要有统筹全局和抓住重点的能力，做事情分清轻重缓急，处理好重点任务和非重点任务的关系，处理好整体和局部的关系；应当有胆识有魄力，对未来可能会出现的情况有一定的预测，做好预防措施；还应当知人善任，充分了解下属的特长和缺陷，把他们安排在合适的地方，使下属能最大程度地发挥自己的能力，激发他们的工作热情和责任心，提高整个政策执行团体的执行效率。

(三) 政策对象

政策执行需要在公共政策执行当中体现，把目标群体当作执行对象。公共政策的目标就是影响和改变这部分目标群体，因此，政策执行的效果与目标群体的态度和支持程度息息相关。每项公共政策都有多个目标，这些目标主要是针对某一部分人群或利益集团，表现为对一部分个人、群体或组织行为的指导、制约和改变，这部分人是政策执行过程中所产生的影响和作用的承受者。公共政策对象的特点主要有以下几点：

(1) 规定性。

政策执行必须按照政策方案有条不紊地执行，任何政策都是对政策对象有规定的，都会明确政策对象的范围。若政策对象的范围不明确，可能会导致许多不必要的事情发生。

(2) 受动性。

通常意义上，人们会认为政策对象有是否接受某项政策的权利，从这个意义上来说，政策对象是有主动权的。但从另一个角度来说，公共政策出台并开始执行后，一般不会有太大的变动，不会因为政策对象的不满或不愿配合而进行修改，政策对象是政策执行的客体，只能被动接受。此外，政策对象的受动性还表现在公共政策具有强制性。为了顺利达成政策目标，国家会运用行政的或法律的手段对那些阻碍政策执行的人进行惩罚。

(3) 主观差异性。

政策对象是由一个个独立的个体组成的，每个人都有不同的想法，不同的利益需求、受教育程度、文化心理情况等都决定了政策对象的主观差异性。正是由于这种主观差异性，即使是同样的政策、同样的执行力度，在不同的政策对象身上产生的作用也不尽相同。

从政策对象来说，有几种因素会对政策执行有着相应的影响：

(1) 利益取向。目标群体的利益取向是影响政策执行极为关键的因素。公共政策的制定和执行都必须要考虑各方利益，尽量做到公平公正。这是一个对社会公共利益进行整合的过程，在这个过程中，在满足一部分人的利益需求的同时，会损害到其他一部分人的利益。这样，利益得到满足的那部分人就会乐意接受这项政策，利益受损的那部分人就会抗拒甚至反对这项政策。因此，加强对公共政策目标人群的利益取向分析，有利于在进行政策执行时抓住问题的本质，也有利于有针对性地对人们加强政策宣传，提高目标人群接受政策的自觉性和主动性。

(2) 文化心理因素。文化心理因素是目标人群思想认识和心理认知的总和，这种心理认知和思想认知主要是基于目标人群对公共政策目标、功能、执行方式等的理解所形成的。人们固有的思维方式、传统观念和价值观对政策执行也有很深的影响。

(3) 文化教育程度。目标人群的受教育程度和文化水平与政策执行的顺利与否也有很大的关系。文化程度较高的政策对象可能会更容易理解和接受政策，文化程度较低的人群可能会因目光短浅而只看到眼前看不到政策在未来可能会带给他们的便利。教育程度不仅包括学校教育，还包括社会的再教育。在接受了更多的文化教育之后，目标人群必然会提高对公共政策的理解能力，正确分析自己的利益和行为习惯，从而变得更加理性。

(四) 政策环境

影响政策执行的环境有自然环境和社会环境。

1. 自然环境

政策执行系统的自然环境涉及很多方面，如外部的信息交互或者自然物质联系等。政策执行必然要在自然环境中进行，要与一定的自然环境发生联系和交集，因此，自然环境多多少少会对政策执行造成一定的影响。当今世界，有许多需要人类共同面对的危机，如温室效应、酸雨污染、极端主义和恐怖主义等。因此，政策执行者应当充分了解和分析政策执行地的自然环境，因地制宜、趋利避害，开展执行活动，实现政策目标。

2. 社会环境

政策执行的系统要把人放在比较重要的位置，然后对影响政策执行的各种社会因素进行分析和处理。适宜的环境有利于政策的执行；相反，不适宜的环境会给政策的执行带来阻碍。社会环境本身涉及政治、经济和文化等多方面因素。

(1) 政治环境。

公共政策执行本身很复杂。政策执行的输入和输出都离不开政治环境，具体表现为：

① 国家政治制度规定了政策执行的机构设置、执行程序和执行方式。

② 政党制度影响着政策的执行情况。

③ 政治生活的民主化程度越高，政策执行的沟通、协调、公开化程度就越高，越能反映民众的意愿，真正做到服务于民。政治局势稳定了，政策才能有序且顺利地执行。

④ 国际政治环境也会影响公共政策的执行和发挥。当今世界，国家之间的联系日益紧密，整个世界已经是一个“地球村”，因此，国际上的政治动荡势必也会影响到各国政府的决策和政策执行。

(2) 经济环境。

经济环境是公共政策很重要的环境因素，没有这样的物质基础，很难实现政策的高效执行，所以要从经济体制和社会生产关系角度出发来衡量执行的情况。

(3) 生产力发展。

具体来说，首先，生产力的高低决定了政策执行的物质基础是否坚实，因为生产力发展状况好的情况下，可以为政策执行提供充足的人力、物力、财力和信息资源。其次，经济的快速发展可能会导致一些社会问题的出现，这样，公共政策的社会管理功能就开始凸显出来了。最后，政策的制定不应只从本国的角度出发，而应当站在更高的层次，从更高的战略的角度审视和规划，政策的制定和执行不仅要在不危害其他国家利益的基础上促进本国的发展，也要为其他国家的发展和进步考虑，更要为全世界的和平安定以及繁荣发展考虑。

(4) 生产关系状况。

这主要体现在以下几点：第一，经济基础对公共政策执行有很大的影响。经济基础很大程度上影响着政策执行的方向和程度，往往给政策执行带来较大的压力，对政策执行过程和结果都会产生重大影响。第二，经济体制决定公共政策执行相关情况。在计划经济体制下，政策制定者通常会着重考虑大局，而对目标群体的个人利益关注度不高。民众无法参与或干预政策的制定和执行，只能被动接受，并且执行者往往会缺乏效率意识。在市场经济体制下，政策制定者会关注到目标群体的需求，目标群体也会积极关注政策的执行过程，双方的良性互动使得政策的执行更加顺畅、高效。

(5) 文化环境。

文化环境涉及很多方面，如习俗和观念都是能够影响社会心理的因素，进而体现在社会中的人的行为模式上。在平等民主的社会环境里，政策相对会较多地反映民众的意愿，民众有较高的参与度，政策也会最大程度上体现公平和效率；但在落后的社会，政策中所凸显出来的主要是绝对的权利和强制性。

根据以上的论述，我们可以很明确地了解到，政治、经济、文化以及其他可能存在的环境因素都会对政策的执行产生一定的影响。因此，我们应着力创建更好的、更适宜政策执行的良好环境，推动政策执行向预期的方向发展。

第三节　政策执行偏差及其矫正

在各种主、客观因素的影响下，公共政策在实际执行过程中总会出现这样或那样的问题，这可能会使得政策执行与原定的政策执行计划有较大的偏离，这个过程中就产生了政策偏差。

一、什么是政策执行偏差

政策执行偏差指政策执行者在执行政策的时候，会受到众多因素的干预，导致行为效果和政策背道而驰，最终难以实现政策的真正目的。我们称之为“政策执行偏差”的政策问题在其他专家学者口中还有其他的名称，如“执行不力”“执行不畅”“执行障碍”“执行阻滞”“执行走样”“执行梗阻”等。虽然每个专家学者的说法不同，但其内核是相同的，都是政策执行过程中出现了异常，偏离了原来的轨道，背离了原定的目标。政策执行偏差受政策执行影响。公共政策主要是针对政策问题而制定的。为了解决政策问题，实现政策目标，若是政策执行过程中出现了偏差，就会导致政策偏离目标，背离了政策最初想要达到的目标，这样的结果就是政策的制定和执行变得没有意义。

但应当注意的是，政策执行偏差与政策的创造性执行是完全不同的。创造性执行指的是在政策执行过程中运用新颖独特或创造性的方式、方法、技术、渠道来执行政策，且是在不违背政策目标、不违背政策基本准则的基础上进行的。但政策执行偏差是执行过程中出现了问题，已经与政策目标南辕北辙。

政策执行偏差中一般会出现以下几种表现形式：

(1) 象征性政策执行。顾名思义，象征性政策执行的意思是执行政策只停留在表面上，纸上谈兵，对解决深层次问题没有帮助。政策实际上变成了一纸空文，只是做做样子，政策目标没有落到实处。

(2) 附加式政策执行。附加式政策执行是在政策内容既定的基础上，为了满足自身、所在部门或所属人群的利益而人为地进行一些公共政策中并没有规定的内容，这些内容超出了政策的基本要求。附加式政策执行会严重破坏原本的政策结构和政策目标，是不合理的，也是不被允许的。

(3) 残缺式政策执行。残缺式政策执行很好理解，就是有选择性地只执行部分公共政策。这可能是基于利己主义，也可能是由于执行者的懒惰懈怠，政策执行得不全面会大大减弱政策的效果。

(4) 替代式政策执行。通俗的说，替代式政策执行就是“挂羊头，卖狗肉”和偷梁换柱，是在实际执行过程中，用另一套执行方案替换原本的政策方案，按照自身的利益和要求进行执行，对不符合自身利益的政策就曲解变形，转换成符合自己要求的政策再去执行。

(5) 观望式政策执行。这指的是政策执行者在政策执行的命令下达后行动迟缓，只是持观望态度，迟迟不愿做出行动。导致这种情况的因素很多，可能是执行者懒惰拖延，也可能是因为执行者无法确定政策在执行后民众会做何反应，若政策执行结果并不理想，自己是否会承担责任，也不排除执行者因自身利益没有得到满足而不愿执行的情况。

(6) 照搬式政策执行。这种执行问题是极为常见的，执行者在执行政策时，不愿调动自己的创造性思维来灵活执行政策，不懂得具体问题具体分析，而是一味地照搬其他地区或国家的政策执行方案，不认真学习和思考，即便上级文件不符合当地情况，也要生搬硬套。这会大大降低政策的有效性，也会降低政府在民众心中的形象。

(7) 规避式政策执行。规避式政策执行是在政策执行过程中，不能做到分工合理、权责分明，也不能将分内的工作保质保量地完成，该自己承担的责任不承担反而去推诿扯皮。这种政策执行问题在实际执行过程中也是非常常见的，这样会严重影响政策执行进度，破坏政府的威信。

二、政策执行偏差产生的原因

政策执行偏差产生的原因多种多样，每种偏差都有其特殊的原因，将各种原因归结起来可以分为两大类，一类是主观原因，一类是客观原因。

(一) 主观原因

公共选择学派的观点是，在政府内部也有一定的利益团体，会为了追求自身利益最大化而做出一些阻碍政策执行的行为，政府内部的官僚集团可以被认为是一个“经济人”。这导致的后果是产生大量腐败、受贿的情况，使得政策执行扭曲变形。执行者自身的科学文化素养、思想道德品质、是否具有战略思维和远见都对政策的具体执行影响很大。

执行机构在管理上有不到位之处，往往会使执行偏差的发生率大大提升。管理缺陷表现为以下形式：① 执行过程中多方沟通不畅，思想有分歧，行动不一致。② 组织结构、人员配备不合理。③ 组织内部的制度本身有一定的缺陷，不能在政策执行者执行过程中对其进行充分的管控。④ 多方关系协调上的失误，也会导致政策执行偏差情况的出现。

政策执行得不到有效的宣传也会导致执行失能。例如：宣传不足，可能会导致人们对政策的理解不到位，在政策执行后可能会利益受损的部分人群没有充分了解政策，可能会产生不满情绪。执行者面对局部利益与整体利益之间的矛盾、眼前利益与长远利益之间的矛盾时，也会不知道如何处理。但政策宣传过犹不及，执行机关有时会过度宣传，夸大政策效果，使得群众的期望值过高，若政策执行的效果不好，只会使得群众的期望落空，产生逆反心理，抗拒政策甚至抵制政策，降低了政府的威信。

(二) 客观原因

政策问题往往是对实际与期望差距的表达。由于社会实际状况时刻在发生改变，某一问题可能会与其他许多问题交织在一起，有着较为复杂的关系，政策问题就很难明确界定。另外，政策问题牵涉的层面很多，如不同领域、层级、国家等，这些层面的相互合作与配合，是解决问题的关键。但调动多方主体共同参与是一个极为困难的事情，因此，政策本身所具有的复杂性常常会使得政策执行难以取得预想的效果。

首先，政策质量低劣往往是造成政策执行效果不佳的根本原因。政策低劣主要有以下几类表现：

(1) 政策目标不准确。政策目标是政策执行的灯塔，指引着政策前进的方向。若政策目标都是模糊不清的，那执行者就会感到手足无措，不清楚如何执行。

(2) 政策“打架”。如果政出多门，且各个部门出台的政策都相互矛盾，那民众就会感到无所适从，不知道该遵循哪项政策，从而产生执行偏差。

(3) 政策不可行。若所制定的政策只是理想化的，但现实中并不可行，势必会导致政策偏差，甚至还可能会导致政策失败。因此，所制定的政策应当“接地气”，确保政策工具、政策环境、资金等资源都已到位，这样才有可能顺利执行政策。

(4) 政策缺乏稳定性和连续性。公共政策覆盖范围极广，牵涉人群很多，若是不能做到稳定和连续，就会使执行者失去对政策执行的信心，频繁的政策变动会给民众带来不安，民众也会逐渐失去对政策所带来的效果的期待，造成政策偏差。

其次，目标人群能直接影响政策执行的过程和结果，作为政策执行的承受者发挥着巨大的作用。目标人群的不配合会给政策执行带来很大的压力，迫于这种压力，产生执行偏差也是常有的事。这种压力具体体现为：第一，利益集团带来的压力。利益集团有自己的利益取向，若是一项政策使得他们的利益受损，必然会招致他们的不满、反对和不配合，这样就给政策执行者带来了巨大的压力，从而产生执行偏差。第二，目标人员的文化障碍，即目标群体基于不同的思想意识、价值观和受教育程度等而产生不同的思考，对政策抱有不同的态度，可能会不适应新政策，从而产生执行偏差。

除此之外，监督不到位、法制不健全、执行方法不当、监督渠道不通畅等原因也可能会导致政策执行的偏差。

三、政策执行偏差的矫正

矫正公共政策执行偏差指的是政策执行者使用正确的措施，使政策执行重回正轨，进而降低和消除负面影响、不良后果。在总结了外国的以及我国改革开放以来的实践经验的基础上，我们总结出了以下五点纠正政策执行偏差的措施。

1. 加强对政策执行的成本—收益分析

政策的执行也是非常讲究投入产出比的，应当用尽可能少的投入获得较高的产出。经济利益对政策执行偏差的影响主要体现在收益成本上，对其进行正确的分析，对执行偏差的控制十分有利。因此，政策执行者要做的是尽可能协调好各方诉求，平衡好各方利益，给予利益受损群体适当的经济补偿，以此来减轻政策执行的阻力，降低执行成本。

2. 加强政策认知

政策的制定是政府层面的事，民众通常是无法全程参与的，这也就意味着民众无法了解政府更深层次的意图，由于对政策认知的不清晰而使政策执行产生偏差的事也时有发生。所以，无论是政策执行者还是目标群体，都应加强对政策的认知，努力学习新政策、新思想，更新自身的知识体系，提高个人能力，自觉推动政策的顺利执行。

3. 政策执行者应主动提高自身的素质

政策执行者是政策执行过程中的变动因素，具有很大的不确定性。执行者自身的思想道德素质、个人能力、文化素养、政治觉悟等情况都会在不同程度上影响政策的执行效果。因此，执行者应自觉提高个人素养，提高政治觉悟，站在较高层面看待公共政策，要有战略眼光和大局意识，按照既定的规则规范执行。

4. 加强对政策执行的监控

政策的执行不可能是任由执行者随心所欲的，必须有专门的监督机构对政策执行全过程进行实时监督，这样既可以对执行者的行为进行一定的约束，也可以在出现突发状况时，及时明确原因，准确找出解决方案。加强对政策执行的监督和控制，应实现诊断问题、强化执行、及时评估、监督标准、机制等的确立。

5. 加强政策执行的制度创新

创新是人类社会发展进步的不竭动力，政策制定者和执行者都应加强创新意识，为制度创新建言献策。对于不合理的、不符合时代发展要求的旧制度应当及时修改、完善或废除，同时应当在旧制度的基础上进行创新，营造良好的政策执行环境，最大程度上减少执行偏差的产生及其带来的不良后果。

本章小结

本章主要介绍了政策执行的含义和特点，几种常见且常用的政策执行模型，我们知道了政策执行主要分为三个阶段，分别是政策执行的准备阶段、执行阶段和总结阶段，还知道了影响政策执行的因素主要是政策本身、政策执行主体、政策对象还有政策环境。在这么多复杂多变的因素的影响下，政策执行过程中难免会出现偏差。在第四节中，我们了解到了什么是政策执行偏差，通常什么因素会导致政策执行偏差，在面对执行偏差时应当怎样矫正，以尽可能地减少政策执行偏差带来的消极影响。

关键词

政策执行　政策执行模型　政策试验　政策解读　政策推广　政策执行监测　政策执行再决策　政策执行偏差　政策进行偏差的矫正

思考题

1. 公共政策的执行有哪些特点？

2. 基于中国经验的政策执行“上下来去”模型的内涵是什么？
3. 影响政策执行的主要因素有哪些？
4. 政策执行偏差产生的原因有哪些？应怎样矫正？
5. 如何提升公共政策执行力？

案例

新冠肺炎疫情防控“九不准”

2022 年 10 月 13 日下午，国务院联防联控机制召开新闻发布会，会上表示：不能以“静默”代替管控；要坚决整治“层层加码”；毫不动摇坚持“外防输入、内防反弹”总策略和“动态清零”总方针。

国家卫健委发言人表示，要坚决整治“层层加码”，关心关爱受到疫情影响的群众，切实保障他们的生活和就医需求。在毫不动摇坚持“外防输入，内防反弹”总策略和“动态清零”总方针的前提下，各地要更加高效统筹疫情防控和经济社会发展，进一步提高防控措施的科学性、精准性、针对性，坚决防止简单化、一刀切和层层加码等现象，坚决做到“九不准”：

1. 不准随意将限制出行的范围由中、高风险地区扩大到其他地区。
2. 不准对来自低风险地区人员采取强制劝返、隔离等限制措施。
3. 不准随意延长中、高风险地区及封控区、管控区的管控时间。
4. 不准随意扩大采取隔离、管控措施的风险人员范围。
5. 不准随意延长风险人员的隔离和健康监测时间。
6. 不准随意以疫情防控为由拒绝为急危重症和需要规律性诊疗等患者提供医疗服务。
7. 不准对符合条件离校返乡的高校学生采取隔离等措施。
8. 不准随意设置防疫检查点，限制符合条件的客、货车司乘人员通行。
9. 不准随意关闭低风险地区保障正常生产生活的场所。

国家疾控局传防司司长在发布会上表示，要不断提升疫情防控科学精准水平。要求各地加快精准流调，疫情防控不能简单化，不能过大范围划定风险区域，不能以“静默”代替管控。要及时精准划定中高风险区，及时采取坚决果断的管控措施，并根据疫情形势变化进行动态调整，符合解封条件的要及时解封，方便群众生活及出行。对风险区域外的学校、餐饮等单位，加强疫情监测，坚决避免“一关了之”，最大程度减少疫情对经济社会发展的影响。同时，要减少疫情防控对群众的影响。开展疫情处置时，强调科学精准管控的同时，还要讲究“温度”，全力保障疫情期间群众生活物资供应和就医需求，全面统筹社区社会组织、业主委员会、物业服务企业、志愿服务人员等多方力量，确保保障到位、服务到位、温暖到位。同时，呼吁群众要增强法律意识，严格遵守法律法规和政策措施。

思考题：

为何防疫政策在执行过程中会出现“层层加码”和“一刀切”的情况？如何解决这类问题？

第七章　公共政策的评估与监控

政策评估和政策监控是公共政策过程中不可或缺的两个环节，制约和影响着政策的制定、执行、调整、终结以及周期。在政策实施过程中，政策评估包括对政策方案、政策过程以及政策结果的考量，政策主体通过对公共政策各个方面的检测和评价，决定一项政策是应该继续执行或是需要修改还是应该完全废止。政策监控则是在政策评估的基础上的更为严格的一种权力行为，它检测政策的合理合法性和有效性，从而保障公民和组织的基本权益。政策评估与政策监控相辅相成，它们的存在对每一项政策的产出和效益都起着非常大的作用。

第一节　政策评估的含义、作用和主体

政策评估的重要性并不逊于政策的制定和执行，它有自己特定的标准、方法和程序。作为公共政策分析过程中的重要组成部分，我们首先需要弄清楚的问题是：政策为什么要评估？评估有什么用处？由谁来进行评估？

一、政策评估的含义

政策活动本身是复杂的，一项政策从提出构想到初步形成再到确定执行等的一系列过程中，都可能会出现各式各样的问题，或是政策设想的方向存在偏差，或是政策形成的选择不是最优，抑或是政策执行的方法欠缺妥当。这其中任何一步如果没有经过及时有效的评估和反馈，都达不到政策目标最初预设的效果。通过政策评估，我们不仅可以提高和确保政策的价值与有效性，还能够总结和积累经验教训，为今后新政策的制定和执行质量提供保障。

评估就是评价和估量。具体来说，政策评估应该采用定性和定量相结合的方式进行。在政策评估活动刚开始的很长一段时间里，人们习惯把评估的重点集中在政策的效率、效益等事实标准上，忽视和缺乏对政策的回应性、公平性等价值标准的评判。因此自20世纪70年代起，许多专家开始意识到在政策评估中优先考虑评估的合理性、合法性以及公平性等伦理价值因素的重要所在。

那么，政策评估到底应该怎么解释呢？学术界对其大致有以下五种定义。

第一种定义认为，政策评估是对政策方案的评估，也就是评估政策的可行性和预期效果。持有这种观点的学者侧重于在政策执行前对多种备选方案进行考量和比较，评估主体通过搜集相关信息，运用定性和定量的分析方法为决策者选择最优方案提供参考意见。

第二种定义认为，政策评估属于广义的政策执行过程中的一个环节。广义的政策执行

包括执行、评估、修改与变更、调整四个阶段。

第三种定义认为，政策评估是对整个政策过程的评估。学者安德森认为政策评估作为一种功能活动，是可以并且一定存在于整个政策过程中的，不能只将其作为最后的阶段。由此可见，政策评估应该贯穿于政策过程的始终，不仅针对于政策方案，还针对于政策执行情况和政策结果。

第四种定义认为，政策评估就是要发现误差，纠正误差。学者朱志宏在其书中对政策评估定义如下：政策评估就是一个在公共政策中寻找失误、纠正失误的活动。由此可见，政策评估就是一项发现并修正政策误差的工作。

第五种定义认为，政策评估是对政策实际效果和最终结果的评估，也就是判断一项政策是否达到了政策方案所预期的效果，它专注于对结果进行分析，而不涉及政策内容的描述和政策原因的解释。

可见，学者们对于政策评估的见解各有不同。本书的观点是，政策评估以政策结果为导向，同时综合对政策全过程的评价和考量，即通过对政策过程每一环节的考察和分析，确保政策结果，实现政策目标，解决政策问题。说得再简单一点，政策评估要贯穿过程、强调结果。

总之，政策评估就是评估主体根据一定的评价标准和事实依据，运用科学的步骤和方法，综合考虑事实标准和价值标准，对政策过程中的各个环节进行检测和评价，从而判断政策结果是否满足政策目标的价值期望和预期效果，最终决定一项政策应该继续、调整还是终止的活动。

二、政策评估的作用

政策评估作为一种对政策的事实标准和价值标准进行评判的政治行为，在政策过程中扮演着什么角色，发挥着什么作用呢？

政策评估主要有以下五点作用：

(1) 政策评估可以有效检验政策结果。

一项政策开始执行之后，如果没有评估和反馈，那么政策的结果就不得而知。政策是否达到预期的目标，有没有呈现理想的效果，有没有保证人民的权益，或者出现了哪些问题，产生了什么预期之外的影响，这些问题都得不到答案。政策的效果到底如何，仅仅靠表面的观察看不清问题的实质，得出的结论往往是肤浅的，只有通过科学有效的分析和论证才能得到正确的结论。因此通过政策评估，获取政策执行后的相关信息，了解政策的优缺点，是检验政策结果的有效手段。

(2) 政策评估可以为确定政策发展趋势提供重要依据。

一项政策的发展趋势可以分为以下三个方面。一是继续，即经过评估该政策是可行的，政策环境也没有发生什么大的改变。但是，由于政策目标还没有达到，政策问题也没有解决，所以基于这种情况，最好的办法是按照原先的政策继续执行。二是调整，即由于原先的政策存在一些偏差，或是政策环境发生了些许改变，政策无法满足现有条件的需要，政策主体就需要对原有的政策进行调整和变动来适应新的状况。三是终止，政策终止又分为两种情况。一种是政策目标得以实现，政策问题也得以解决，这时候原有政策的任务已经完成，失去了存在的价值，政策自然终止；另一种是政策本身就存在很大问题，或是政策环境发生了巨大的改变，原有政策明显无法达到政策预期的效果，调整已无济于事，继续执行是雪上加霜，这时就必须终止现有政策，出台更为有效的新政策。由此可见，政策的继续、调整和终止都离不开科学、全面、有效的政策评估。

(3) 政策评估能够为合理配置资源提供前提条件。

由于政策资源的稀缺，而政府部门需要执行的政策是多种多样的，那么如何才能将稀缺的资源科学地分配给各种政策，实现资源的效用最大化呢？这就需要通过政策评估，使评估主体对每一项政策的价值和轻重缓急有一定的了解和排序，进而从整体的角度决定每一项政策的资源投入顺序和比例，以追求资源配置的最优化，有效推动政府各个方面的活动，这样也避免了因片面地考虑某一政策所造成的资源浪费。另外，通过政策评估，评估主体也可以对照以往的政策资源分配情况，看其是否合理，总结经验，吸取教训，使政策活动优质高效地进行。

(4) 政策评估是公共政策走向科学、民主与法治的必经之路。

在改革开放的进程中，我国现代化进程的成功启动和顺利发展离不开公共政策的科学化、民主化与法治化。实践证明，那些墨守成规的政策已经不能应付日益复杂的决策问题。通过政策评估，政策才能够与时俱进、随机应变，政府部门也能够更加合理地配置资源，减少过度浪费；通过政策评估，能够了解政策是否充分听取了人民群众的意见，能够检测政策执行是否遵循民主的规则、机制和程序；通过政策评估，能够使政策执行一直在法治轨道上进行，政策的合理性和合法性得到了强有力的保证。因此，政策评估对于公共政策的科学化、民主化和法治化作用重大。

(5) 政策评估是促进社会和谐的有力保障。

人民群众的反应是政策好坏的最根本体现。一项好的政策会受到大家的支持和拥护，人们会自觉地执行它，而不好的政策会遭到人们的不满和反对甚至是忽视。一项有缺陷的政策可能在解决一种问题的同时引发更多、更严重的问题；一项制定与执行有很大出入的政策，不但不能解决问题反而可能越发激化矛盾。所以通过政策评估来判断一项政策的好坏，及时发现那些弊大于利的政策并加以解决，无疑对促进社会和谐具有十分重大的意义。

三、公共政策评估主体

评估主体在公共政策评估活动中处于主导地位，决定着评估的标准、范围、方法以及工具等因素。因此，选择合适的评估主体对公共政策评估工作起着至关重要的作用。一般来说，评估主体分为以下四种。

1. 政策制定者和执行者

政策的制定者和执行者是组织和参与政策全过程的，因此他们掌握的政策评估所需要的信息就相对全面和可靠，评估结果准确度也就高一些。但是，正因为他们是政策的制定者和执行者，所以往往会参照政策对自身或局部利益的损益来决定对于政策的态度，存在“胳膊肘往里拐”的现象，因此评估结果的可信度和客观性就偏低。一般来说，政策制定者和执行者的评估工作主要有政策调查和政府工作报告、公民意见和投诉、政策听证会以及政府效能考评等。

2. 专业研究机构和评估组织

第三方评估里的“第三方”就是指专业研究机构和评估组织，如受行政机构委托的研究机构、大专院校等。他们的独立性、专业性和权威性是政策评估公平公正的基础和保障。专业研究机构具有专业的评估理论、技术，专职的评估人员以及丰富的实践和经验，评估人员熟悉政策评估的流程和目标，从而可以提高政策评估的速度和有效性。很多大学都拥有研究公共政策方面的教授和学者，他们通过与政府部门签订合同的形式协助进行政策评估活动。还有许多私人性质的研究组织，会投入大量时间在政策评估上。这类“第三方”机构的优点在于评估者能够将自己置身在政策之外，从而使评估的客观性增强。但是，第三方评估有可能会因为委托人和研究组织经费的限制降低评估的准确性和客观度。

3. 大众传媒

大众传媒在公共政策评估主体中占有重要的地位。许多政策都是通过大众传播媒体的扩散被公众所认知的。其特点是传播速度极快、影响范围极广。在对公共政策的新闻报道中，媒体更偏爱揭发和披露政府部门的失误以及遭受人民强烈不满的政策措施，制造更多关注度和更大的新闻价值。这会引起政府部门和有关评估组织的高度重视，因为大众传媒不仅会传达政策评估的内容，还会影响大多数受众对该事件的看法和认识。通过大众传媒可以最快地让公众了解政策，同时也可以最快地了解公众的想法和态度，了解人们对一项政策到底是支持还是抵制，甚至还可以得到一些有效的改进措施。

4. 社会组织和公众

公共政策直接作用于社会组织和公众。因此社会组织和公众作为政策评估重要的信息来源，也被视作政策评估的主体。社会组织和公众根据自身最直接的看法和感受，会对政策做出客观的评价。而且，由于涉及到自身的利益，他们会拥有极高的参与热情。但需要注意的是，有得必有失，某个政策既可能会有受益者也可能会有受损者。对于受益者来说，他们可能会为了不愿失去既得利益而忽视和打压政策受损者的诉求；而对于受损者来说，可能会为了争取自身利益而夸大政策过程中的缺点和不足，甚至一味地否定政策。因此，在评估一项政策的时候，要充分考虑和平衡政策受益者和受损者双方的意见和权益。

四、政策评估的类型

政策评估随着政府活动及其影响的复杂和深入，也逐渐呈现出多样化的特点。角度不同、标准不同，政策评估的种类也就不同。本书主要从以下四种视角来阐述政策评估的类型。

1. 效果评估和效率评估

根据评估的重点不同，政策评估可以分为效果评估和效率评估。

效果评估是对政策执行所产生的影响和结果进行的评估，因此也可以叫作影响评估、结果评估。它的具体内容主要包括：① 政策目标的完成程度；② 对标的情境或团体的影响；③ 对非标的情境或团体的影响；④ 对当前与未来环境的影响；⑤ 政策的直接投入成本、政策的间接投入成本。这里所说的标的情境是指政策所欲改变的环境和条件。标的团体是指全体人口中，政策所欲改变和施加影响的一部分人。非标的情境和团体是指政策不欲影响的环境和人口。政策的直接成本是政策实施投入的各种资源。政策的间接成本是指由于实行该政策而使标的团体和非标的团体承担的成本。

效率评估是通过比较计算政策成本和政策收益来衡量一项政策是否合理有效，其常用的方法主要有成本收益分析和成本效益分析。前者力求将产出与投入的单位货币化，以利益代表产出，成本代表投入，凡是利益超过成本的方案就是可行的方案。后者的重点是在既定的成本下，使投入最小、产出最大，以获取某既定水准的产出，多适用于政府对社会政策的评估。如果说效果评估更偏重于对政策进行质的检验，那么效率评估就是对政策进行量的检验。也就是说，效率评估能够从经济理性的角度去评估政策的恰当与否。

2. 内部评估和外部评估

根据评估机构的地位不同，政策评估可以分为内部评估和外部评估。

内部评估是由行政机构内部工作人员进行的评估。具体来说，承担评估任务的通常是两种人：一种是操作人员，即政策制定者或执行者；一种是专职的评估人员。在内部评估中，由于评估者都出自政府机构内部，具有了解政策的有关资讯、评估资料较为丰富的优点，但也存在着评估结论客观性不足的弊端。

内部评估的评估主体是行政机构内部人员，那么外部评估的主体就是行政机构外部的评估者。一般来说，外部评估主体包括受行政机构委托的研究机构、学术组织、专业性的咨询公司以及高校的专家教授等。外部评估有其独有的优点。由于外部评估的评估者一般超然事外，因此一般能够客观地评估政策的是非功过；同时由于受行政机构委托的关系，评估资料的获得较为容易，其评估结论也较容易为行政机构所接受。此外，受委托的评估者掌握专业的评估方法和熟练的评估技术，因而能够保证政策评估的高质量和高效率。但相应地，在外部评估中，评估者由于在评估经费和评估资料方面受到委托人的制约，往往会为了获得评估经费等而牺牲原则，做出不科学、不公正的评估结论，从而使政策评估的科学性大打折扣。此外，由社会某些组织、团体和个人自发进行的评估也可称为外部评估。例如：某些研究机构、专家学者、新闻媒体和个人自发地对某些公共政策进行评估。这种评估从社会公众的视角出发，评估的态度最为客观，但多因经费短缺、无法获取内部重要的评估资料而使评估活动难以深入进行，评估结论也常常不被重视。

总之，内部评估和外部评估都是有利也有弊的，在现实中我们应该依据客观事实综合利用，取长补短，以获得科学的评估结论。

3. 正式评估和非正式评估

根据评估组织活动形式的不同，政策评估可以分为正式评估和非正式评估。

顾名思义，正式评估要求评估者必须在评估前做出细致全面的评估方案，且必须严格按照规定方案的程序和内容进行评估。正式评估的结果具有较强的权威性，政府部门评价政策时主要依据的就是正式评估的结果。正式评估的优点体现在：人员、经费、设施等方面有保证，因此能使评估活动顺利进行；评估结论更为科学，从而使评估结论受到政策制定者的重视。其缺点主要是对评估条件的要求比较高，如要求有充足的资金、系统全面的评估资料，评估者必须具备较高的素质等，因而进行正式评估时必须做好充分的事前准备。

非正式评估对评估的主体、程序、形式、内容和结论等都没有严格的规定和要求，评估者凭借自己掌握和了解的信息与资料自由进行评估。现实中的评估活动大量属于此类评估。其优点是不拘形式、方式灵活、简单易行。例如，既可以通过走访调查，也可以通过街谈巷议来评估政策等。非正式评估更易取得真实的信息材料，但也存在严重的不足，主要表现为：评估资料全靠评估者个人搜集，往往难以做到充分；评估经费没有稳定的来源或严重缺乏；评估者的素质良莠不齐，因此其结论具有较明显的随意性，也较为粗糙，往往不易受到重视。

4. 事前评估、过程评估和事后评估

根据政策评估在政策过程中所处的阶段，政策评估可以分为事前评估、过程评估和事后评估。

事前评估也叫预评估，是在政策落实之前进行的一种预测性评估。事前评估侧重于预测政策客体的发展趋势、政策执行的可行性以及政策实施的效果。这种评估有助于及时发现政策的弊病，进行事前的修正以减少政策的失误，从而提高政策的质量，使政策收到较好的效果。虽然这种评估有利于政策方案的优化，但无论如何也不能取代政策执行后的评估，因为政策环境的不断变化和政策执行中存在的诸多不可预测的因素，使得政策执行的效果不可能在事前完全预测出来，必须结合事后的评估进行确认。

过程评估也叫执行评估，是对正在执行中的政策所实施的评估。过程评估的重点在于判断政策的执行有没有副产品或副效应产生、政策资源的利用有没有达到高效或者最大化、政策的执行有没有沿着预期的政策目标和正确的轨道进行等。实施过程评估有助于及时发现问题，便于政策制定者根据实际情况及时对政策加以调整和控制，特别适合在政策没有经验可循或是政策面临不确定性较多的情况下使用。过程评估可以使公共政策更具可行性和有效性，因此在整个评估过程中发挥着重要的作用。

事后评估也叫结果评估，是相对于事前评估而言的，是在政策执行完成后对政策效果以及整个政策运行过程进行的全方位评估。事后评估是最主要的一种评估方式，对政策的重新决策具有十分重要的指导意义。通过事后评估，评估者可以判断该政策的执行对所确认问题的解决程度和影响程度，客观地指出政策的利弊和优势，辨识政策效果的成因，为以后的政策制定和执行提供经验教训。

第二节　政策评估的过程、标准及影响因素

公共政策涉及社会公众的利益，如果不对其进行及时有效的评估就难以保证政策的质量和公众的权益。那么在评估时应该遵循什么步骤，采用什么标准以及在评估实施的过程中会受到哪些因素的影响呢？这些问题都是我们应该深入研究和探讨的。

一、政策评估的过程

政策评估工作有自己的程序和规则，是一种有计划、有步骤的活动。虽然有时政策评估会根据政策类型和所处的政策环境等因素对评估步骤进行简化或调整，但一般来说，任何一项政策在评估过程中都要经历前期准备、组织实施和总结反思这三个阶段。

1. 前期准备阶段

前期准备工作是政策评估活动的基础。我们常说“马步扎得劳，功夫才能练好。”只

有做好前期准备这一基本功，才能使政策评估顺利进行。前期准备阶段的主要任务有以下五点：

(1) 明晰评估目的，确定评估时机。

每一次政策评估活动开始前都应该弄清楚为什么要对政策进行评估？只有明确了评估目的，评估活动的主题和内容才会鲜明，评估活动才具有针对性。评估时机的选择是否妥当也是政策评估能否顺利进行的重要因素。评估时间的选择不同，评估结论和评估价值就可能不同。评估的目的不同，评估时间也可能不同。因此，要充分考虑评估时机的问题，“天时”很重要。

(2) 成立评估机构，明确评估主体。

评估机构和评估主体是政策评估结论公平性、准确性、客观性和科学性的有力保障。需要说明的是，虽然评估机构的成员可能也担任评估主体的角色，但评估机构并不等同于评估主体。评估主体是政策评估的执行者，必须通过严格的筛选和必要的培训，他们的专业素养和理论知识是影响评估结论的重要因素。评估机构是政策评估的组织者和监督者，负责确定评估活动的组织规模、人员数量等，监督评估的全过程。

(3) 划分和选定评估对象。

评估对象是指政策评估具体指向的内容，即对什么政策或者政策中的哪些问题进行评估。在现实生活中，许多政策是错综复杂、相互影响的，往往很多政策共同促成一个结果。这样在进行政策评估时，就要根据评估目的的界定和评估主体的意愿以及客观现实的条件来划分和选定真正需要进行评价和考量的政策对象。

(4) 制定评估计划和实施方案。

制定评估计划和实施方案是前期准备阶段中的一项重要工作。在评估活动开始之前，要制订出严谨、周密的评估计划，来确保政策评估的顺利进行。该计划主要包括评估目的、评估内容、评估主体、评估方法、评估中可能出现的问题以及问题如何解决、评估需要向评估对象提出哪些问题、评估预计的效果等。在确定好评估计划后，要制订出详细而具体的实施方案。它需要建立一种形式和结构，并按照以下内容来限定：评估的频率，评估的指标，评估本身的布局及内容，记录评估结果的安排，指导该方案的引入、执行及继续的安排。

(5) 落实评估条件。

评估条件主要包括评估的场地和时间以及人力、财力、物力的准备。例如，评估人员的配备、评估设备的采购等。

2. 组织实施阶段

组织实施阶段是政策评估活动的中心环节，组织实施的质量高低决定着整个评估活动的成败。这个阶段的主要任务有：

(1) 收集评估信息。

在组织落实工作开始之前，评估主体要通过各种渠道去收集有关评估对象详细而丰富的资料，掌握最全面、最具有说服力的相关信息。收集资料的方法有很多，如个案法、访谈法、问卷调查法、观察法、资料分析法和研讨会等。

(2) 综合整理信息。

将收集到的信息进行筛选、加工、分类、综合等，保留有价值、有意义的信息。在整理的过程中，要注意信息的真实、完整、客观以及代表性和广泛性。

(3) 选定评估方式、开展政策评估。

选定评估方式包括选择适当的评估策略、评估工具、评估方法等。在完成以上工作后，评估主体根据评估目的，参考评估信息，开展政策评估工作。

(4) 撰写评估报告、得出评估结论。

评估主体依据掌握的数据资料进行分析，进而撰写评估报告，得出科学合理且有效的评估结论。评估报告应以书面形式将评估工作的内容记录在案，并且做到公开、透明。评估报告的撰写要充分体现科学民主的方式方法，而且应充分包含评估后的客观陈述和政策建议，评估目的、评估方法以及评估中存在的问题等的说明。

3. 总结反思阶段

这一阶段实际上是对前期准备阶段和组织实施阶段的总结与反思。通过总结，检讨前两个阶段出现的问题，反思为什么会出现这些问题？解决这些问题的方法有没有效？有哪些问题是可以避免的？对不能避免的问题有什么预防和应对措施？从而为下一次政策评估活动积累经验。另外，有些评估报告还需提交给政府部门或实际部门，使他们及时、全面地了解政策评估结论，发挥其能动作用，让评估报告在实际工作中充分得以运用，而不仅是纸上谈兵。

二、政策评估的标准

标准是衡量事物的准则。在政策评估活动中，标准不同，评估结果也就不同。如果对标准的认知和设定存在偏差，那么评估工作是无意义的。因此，在政策评估活动中评估标准的考量和设定是不可或缺的。政策评估既要考虑客观事实的因素，也要考虑价值取向的问题。因此，我们把评估标准划分为事实标准和价值标准两个方面。

1. 政策评估的事实标准

(1) 政策效率。

从管理学的角度来讲，政策效率是指在特定的时间内，政策的投入(人、财、物、时间、信息、场所)和产出(政策结果)之间的比例关系。它与投入成反比，与产出成正比。政策效率依据评估的内容不同又分为预期效率和实际效率。预期效率是指在政策实施前，政策客体在政策方案中提前设定的、在计划时间内应该被改变的程度；实际效率是指政策实施后，政策客体实际被改变的程度与其所耗费时间的比值。由此可见，在明确政策目标的完成度以及政策实施前后状态的实际改变速度方面，政策效率具有显著的指标意义。

(2) 政策效益。

政策效益是指政策的价值和有效性，也就是政策结果达到政策目标的程度。它注重的是政策的公平性、合理性等价值取向，一项有效率的政策并不一定是有效益的。公共政策具有公共性，因此，政策实践是否满足了公众的利益要求是政策效益的前提性条件。政策效益离不开公共利益的要求，离不开公共生活的要求。从某种程度而言，政策效益就是在公共利益实现时所获得的成果。

值得注意的是，效率标准和效益标准二者虽有区别但也相互联系。其区别就是采用效率标准进行评估的重点在于政策执行中的方法和途径，而采用效益标准进行评估的重点在于政策执行后的效果和影响。效率高的政策不一定效益也高；反之，高效益的政策也未必能达到效率的高水准。当然，也有两者相统一的时候。公共政策研究最终的目标就是要实现效率和效益的双赢，而寻找这种最佳实现路径的方法之一就是政策评估。

(3) 政策充分性。

政策充分性的关注重点是特定效益水平满足政策目标的程度。公共政策学者威廉·邓恩表示，充分性指标可以具体分为四个方面：一是当成本固定、效益变动时，充分性指标就是看在资源有限的条件下政策效益是否达到最优；二是当效益固定、成本变动时，充分性指标就是看在预期结果不变的情况下成本是否达到最小；三是当成本和效益都变动时，充分性指标就是看效益和成本之比是否最大化；四是当成本和效益都固定不变时，充分性评估则需要在双重限制的条件下进行，这时情况就比较复杂。充分性评估所针对的这些不同情况，显示了政策效益满足政策目标的不同程度。

(4) 政策适当性。

适当性标准是一个综合性的指标，它通过比较和衡量多个标准来进行综合分析，更具有全局性和系统性。政策按单个标准评估时都是合适的，但是通过适当性指标就会发现这些政策合在一起会相互干扰，降低政策效果。因此，适当性标准会根据不同情况对公共政策进行各个方面的比较和考量，从而“对症下药”，使政策评估更具备理性的思考，这就是适当性指标的价值所在。

2. 政策评估的价值标准

(1) 政策公平性。

公共政策就是为公众服务的政策，它一定是建立在社会公平的基础上的。公平性指标是指物品、资源、服务和收入等在社会不同群体间公平分配的程度，它更加倾向于对伦理道德的考量。一项政策也许拥有极高的效率和极好的效果，但是由于它引起了不公平的现象发生，那么这个政策就是失败的。正如有些公共政策学者所指出的，“一项公共政策的输出，能瞄准公共问题，直指与大多数人的根本利益直接相关的公共问题，且提出的解决方案能满足绝大多数社会成员的公平性要求，并以有效率的方式解决公共问题，该政策便是‘做了正确的事’，必定为公众所广泛接受和普遍认可。”

(2) 政策回应性。

政策回应性的关注重点是政策满足特定群体的需求、偏好或者价值的程度。它能够反映出效率、效益、适当性、公平性等价值标准是否客观准确地表达出特定群体的诉求。其具体的指标是：与公民调查的一致性程度。如果一项政策达到了其他所有的标准，但是本该从此政策中受益的特定群体却没有有效回应，那么该政策也算是失败的。举例来说，一个康乐项目可能实现了设施的公平分配和高效使用，但因不了解特定群体(如老年人群体)的实际需要及其价值偏好，政策缺乏回应性，从而导致不满情绪和抗拒行为，严重影响政策的执行结果。回应性标准突出强调了需求因素，把民意测验的作用摆在了重要位置。

(3) 社会进步。

进步性标准是衡量公共政策从社会发展总的历史趋势来看能否从根本上反映人民的

利益的准则，是检测公共政策在本质上是否符合政治正确的指标。不同的社会阶级、阶层和利益集团有不同的社会进步观。从当代世界多数国家的情况来看，自由主义的进步观、社会达尔文主义的进步观、马克思主义的进步观是不同阶级、阶层和利益集团评估公共政策的社会进步性的截然不同的进步性标准的基本依据。马克思主义的进步观依据的是历史唯物论，因此根据这一标准，社会的发展靠的是那些以先进生产关系为代表的、对社会生产力发展有利的阶级和社会力量。不论是对政府还是对社会来说，能够代表先进生产关系、满足人民群众的利益要求、促进社会生产力发展的公共政策，就是一项进步的政策，能够得到人们的拥护和支持；相反，则是落后的或反动的政策，肯定会遭到人们的反对，最终归于失败。

三、政策评估的影响因素

掌握了政策评估的理论知识，更重要的是在实践中的运用。那么，现实中的政策评估活动会和理论描述的一样尽善尽美吗？在实际的评估活动中，会遇到很多问题，如有的评估活动无法开展，有的评估活动流于形式，有的评估活动实践起来和理论预设的差距过大……由此可见，实际的评估活动存在很多不确定性。那么，究竟有哪些因素影响着政策评估活动的效果呢？

1. 政策信息的繁杂和封闭

掌握信息是进行评估的前提，高质量的政策评估一定是以政策信息的详细和丰富为基础的。“准确而相关的统计数据及其他信息的缺少可能会妨碍政策评价者。”政府往往会因为保密等各种原因而不愿意对外界公开政策的相关资料和信息，这对于政策评估者来说是非常不利的，信息资料的缺乏会使得评估活动难以进行下去。同时，即使获取到了相关信息，但是由于信息的复杂和重复，评估者很难快速整理和挑选出自己需要的有用信息，评估活动同样难以展开。

2. 政策目标的不确定性

政策目标指引着政策评估活动的方向，如果没有正确的目标，就像航船失去了方向，评估活动就无法沿着正确的轨道执行下去。另外，由于政策问题的复杂性，政策目标经常会出现模糊和分散的现象：有的政策目标(如政治目标、文化目标等)无法量化，有的政策目标在政策执行过程中会发生调整和变更，还有的政策具有多重目标且它们之间还存在着矛盾等，这些现象都会导致政策评估无法精准地确定其核心价值标准以及各个标准之间的主次轻重，增加了评估活动的难度。

3. 政策评估的方式、方法不合理

实际的评估活动大多都并不正式和缺乏严谨。有些评估只是由政策的制定者和执行者自己来做，且常常带有工作总结的性质，导致评估结果与事实不符；有些评估只采用单一的方法，而不考虑评估方法的多样性，导致评估结果的片面和单一；还有的评估方法不科学，有的评估本来应该进行实地考察，在获得一手资料的前提下进行分析，而现在却用二手资料甚至更古老的资料来滥竽充数，投机取巧。由此可见，实际的政策评估中方式、方法的选择和使用存在着许多不恰当的地方。

4. 政策主体的忽视和抵触

作为政策的主导者，政策主体的态度对于评估过程和评估效果都起着非常重要的作用。无论是在政策评估的计划阶段还是执行阶段，政策主体都应该予以重视并且积极参与。但是在现实生活中，政策主体往往会对评估工作采取消极冷漠的态度，因为他们通常认为评估工作会对政策说三道四。政策的制定者和执行者往往会因为不愿意听到有关于政策的反面言论而对政策评估进行抵制，他们担心受到质疑甚至是批判。另外，在政策实践中，政策主体有时会忽视掉公共政策的公共性这一特点，偏离公平正义、忽视公共利益，出现比较严重的失职问题。在这种情况下，政策主体就会不愿意进行评估活动甚至对其进行阻挠。

5. 公共政策的复杂性

公共政策的复杂性是指政策资源的混合以及政策行为的重叠。政策资源的混合表现为各个政策所使用的政策资源相互纠缠、混乱难分，致使政策评估者难以分清哪一项政策究竟使用了哪些政策资源，或者某项政策资源究竟属于哪一项政策。政策资源的混合使得一项政策的成本难以确定，该政策本身能产生出什么效果就很难评定。政策行为的重叠是指对于不同的部门和机构来说，他们各自制定的政策可能会作用于同一个或者相似的政策问题，因此很难将他们各自政策的效果从整体效果中区别出来。

6. 政策评估所需的经费缺乏

政策评估活动非常全面又复杂，需要大量的经费、人员和设施来支持。但是在现实中，评估工作的重要性还没有引起人们的足够重视，对其投入的成本很少，所以大多数政策评估都是不全面、不正式的。同时，就算有的机构或组织愿意提供评估的费用，但他们也总是左右和影响着评估的过程和结论，导致评估缺乏准确性。由此看来，评估经费不足是政策评估长期以来面临的困难之一。

第三节　政策评估的方法

公共政策评估工作离不开科学合理的评估方法。所以说评估活动能否成功很大程度依赖于正确且科学的评估方法。随着科学技术的不断发展，政策评估的方法也逐渐丰富和成熟起来。

一、评估方法的演进

评估需要在各个时期是不尽相同的，由此评估方法也就有所差别。美国学者古巴和林肯根据时期的不同将评估方法的演进过程划分为以下四个阶段。

第一阶段是从20世纪10年代到第二次世界大战时期。这一时期常用的评估方法是测量。这一时期的评估偏重于发现和提供技术性的测量工具，且大多数评估的方法都是在实验室内进行实验的。政策评估就是政策评估者以技术人员的身份在实验室进行实验。这种评估方法在最初使用范围虽广但却不够成熟，它过于突出测量和实验室评估研究的结论，对这些在实验室里评估的结果能否在现实生活中得以运用没有太多的思考和顾及，因此这种评估方法有纸上谈兵之效，缺乏科学性和客观性。

第二阶段是从第二次世界大战到 1963 年。这一时期常用的评估方法是描述。除了保留第一阶段测量的技术外，这一时期的政策评估偏重于描述的功能，评估工作开始向实地调查转变，政策评估者逐渐从技术人员变成了描述者。这种评估方法虽然较上一时期有所进步，但是仍然存在一些问题，原因在于它过分突出强调政策评估的价值中立，但在实际调查评估活动中，即使是以客观事物为取向，评估主体的价值偏好也是根本无法避免的。

第三阶段是从1963年到1975年。这一时期常用的评估方法是判断。评估偏重于评估者的主观诉求和规划，该时期的政策评估认为政策评估者应该把前两个阶段的评估方法结合起来，也就是把实验室研究法和实地调查法相结合，同时还要在此基础上表现出个人对于政策目标价值结构的看法和判断，对众多利益相关者产生影响，个人价值被放在了突出位置。

第四阶段是从 1975 年至今。这一时期常用的评估方法是回应的建构性评估。在这一时期，价值多元主义被重视和强调。该评估方法涉及众多的利益相关者，评估偏重于考虑他们的利益诉求、矛盾冲突等方面。在同一个事实性证据面前，不同的利益相关者的价值判断不同，因此往往会引起冲突和矛盾。解决的重点就是要使评估者与利益相关者能够意见一致。具体的做法是协商，由评估者担任问题构建者的角色，通过和利益相关者的讨论与交流，获取他们的真实需求、内心想法等回应性的表达。

二、定量评估法、定性评估法和定量定性结合评估法

评估的标准不同，所采用的评估方法也就不同。如果评估的标准为是否可以量化，那么评估方法就可以分为定量评估法、定性评估法和定量定性结合评估法。

1. 定量评估法

(1) 成本法。

成本法在事前评估中的使用偏多，尤其是在政策方案较多不知如何选择的时候。成本法包括成本—收益分析和成本—效能分析。

成本—收益分析是指以货币价值为测量标准，依据经济价值来验证项目的进展情况，是为了从经济的角度上判断某一个项目的投入是否有利可图。成本—收益分析适用于对公共项目进行评估。公共项目不同于私人项目，在评估时政府除了进行财务分析之外，还要考虑评估项目实施与完成的可行性等其他各种直接和间接的影响。私人项目的评估通常称为成本和收入，而政府活动，或者从社会角度评估项目时，称为成本和收益。成本—收益分析方法也有其弊端，即其适用范围有限。有些政府领域的效益扩散广泛，且其中还有部分属于非经济性质，不能以货币为尺度进行分析。因此，成本—收益分析更适合于那些有形的、具有经济性质的、可以用货币测量的公共政策。

成本—效能分析是成本—收益分析的重要变体，也叫费用—有效性分析。这种方法最早出现在 1950 年，美国国防部用其来评价不同的军事战略和武器系统方案和国防部的项目预算，后来被其他政府机构广泛应用。成本—效能分析与成本—收益分析的不同在于：它只计算每个项目的有形成本和费用的比值，不确定该项目的货币价值，然后在特定的输出水平对照测算。例如，需要计算人均垃圾清理成本，那么就可以假设政府在减少 70%的空气污染的情况下，设计和计算不同方案的成本。成本—效能分析方法的难度在于对备选方

案的确定，在技术方面并不难掌握。

(2) 计量经济模型。

计量经济模型主要用于研究经济现象的数量关系和数量特征。它能够解释经济系统中各变量之间的关系，从而评价每一不同的政策对目标的影响。在计量模型中，由于政策因素是属性变量，因此将其作为虚拟变量。政策变量在政策发生改变的前后分别被赋予不同的数值，通常是 0 和 1。或者在政策执行地政策变量被设置为 1，而未执行政策的地区政策变量被设置为 0。由此，要分析政策因素对目标的影响就可以通过检验政策变量的回归系数来得出结论。

(3) 回归分析法。

回归分析法指当存在着影响政策的两个及其以上因素时，分析者应用数理统计中的回归分析方法，找出其相关性，并用于政策预测的方法。该方法需要通过对历史资料的整理而形成自变量 x 与因变量 y 的坐标点，并将这些点连接起来，形成趋势曲线，借助于回归分析工具，求出与所有点都最接近的趋势曲线，从而证明两者存在着内在联系。

回归分析法有线性回归、二项式回归和多项式回归分析方法等。回归分析法是比较成熟的分析方法，广泛应用于经济政策的预测和分析。Office 的 Excel 表制作工具中也都嵌入了作为技术支撑的 SARS 等软件，分析者可应用 SARS 等软件或 Excel 的表制作工具来进行数据处理，从而大大地减少了工作量。目前，这一方法已进入实用阶段。

(4) 指标法。

作为定量评估法的一种，指标法将公共统计数值用于政策的评估。其作用是根据公共部门的统计结果设定指标体系并以此来制定或者调整公共政策。

在运用指标法进行评估时，首先应该关注政策评估指标体系的价值取向，包括经济效益取向、公平性取向和主观性的福利取向。经济效益指标所反映的数字大都是比较客观和科学的。例如，某一政策的成本效益之比。公平性取向在政策指标上的反映通常是公共政策对弱势群体所提供的帮助。某项政策若只是达到了效益最大化却忽视了公平性这一前提，那么该政策是绝对不可行的。主观性的福利取向是衡量公众满意程度的评估指标。一项政策是否成功、有效，需要收集和听从民众的意见和建议，所以该指标的测量和获得必须以问卷调查的方式进行，而不可能以成本—效益分析来估算某一政策的净效益。

其次，要注重政策评估指标体系的构建。无论初等数学还是高等数学，许多方法都可以用来构建公共政策指标体系。但只要指标与价值取向有关联，指标的选择就一定包含着政治利益的考量。不同的利益群体因为利益与价值的冲突而对政策指标的选择具有不同认识。因此在设立政策指标系统时，应该多一些调和不同价值与利益的余地。政策指标也是一个与时俱进的概念，如果社会的主流价值对某政策的看法产生了变化，政策指标体系也必须随之发生变动。

2. 定性评估法

公共政策定性评估的步骤具体如下：

首先，识别出承担政策风险的利益相关者。任何一项公共政策必然会牵扯到众多的利益相关者，其中不仅有受益者，还有受损者。因此在进行以定性分析为主的政策评估时，必须特别注意政策执行后的潜在的利益受损者。

其次，界定出利益相关者的政策认知，尤其是其利益诉求，而且应用毫无偏见的、包容性的眼光去看待这些利益诉求。

第三，构建定性评估的框架与方法。这一步要采取社会互动和人文关怀相结合的方法。社会互动就是要充分运用各种社会力量来化解各种政策风险；人文关怀就是以人为本，尤其是关心那些利益受损者或是承担风险的利益相关者的政策诉求。

第四，找到各个利益相关者的利益诉求平衡点。政策评估者的任务就是在了解各个利益相关者的需求、认知和政策主张后，找出这些不同的政策诉求的本质所在，并在其中寻找到一种平衡状态，也就是要构建出具有共识性的项目，作为评估政策诉求的参考。

第五，对于无法达成共识的诉求要尽可能寻求妥协。平衡不是绝对能达到的，总会有无法达成共识的政策诉求。如果出现这种情况，就要考虑妥协，并将谈判与妥协的时间安排好。

第六，大量收集与妥协议程相关的信息。例如，民意调查的结果、灾害损失的统计数据、相关的政策和法律法规等。

第七，建立利益相关者的政策论坛。给利益相关者提供一个能够畅所欲言的交流平台，可以全方位地、细致地了解各种利益诉求。

第八，将已经达成妥协和共识的政策诉求形成报告。政策评估者如果已经找到了对于各种利益诉求都能够达成共识的方案，也就是找到了利益诉求平衡点，那么就应该将其整理成报告并提交，从而调整相关政策并加以执行。

最后，如若出现没有达成共识的政策诉求，那么就从头开始，按照上述步骤再重新构建一次，以此循环，直到大多数人的诉求都被满足为止。

3. 定量定性结合评估法

有的政策适合用定量评估方法，有的政策适合用定性评估方法。还有第三种情况，即有的政策的部分内容适合定量评估方法，部分内容又适合定性评估方法，对于这种政策，就需要采取定量与定性相结合的评估方法。在评估活动中，同时考虑定量评估标准与定性评估标准，最终形成综合性的评估报告与结论。这样得出的结论不仅使评估工作更加科学、全面和客观，而且评估的结果也更容易被评估对象所接受。定量定性结合评估法作为一种综合性的评估方法逐渐成为政策评估的重要方法。它的优势就在于能扬长避短，既发挥了定量评估方法的优势，又避免了定性评估方法的弊端。

三、对比评估法

对比评估法是评估者根据政策运行过程的不同时段进行前与后、始与终、始与中、有与无等状况之间的比较，从而观测到政策目标与政策效果、预期效果与实际效果之间的差异的一种方法。这种方法将动态与静态、局部与整体、价值与效果有机地组合起来，反映出政策评估的基本特点和本质要求。

如果评估的标准为政策运行过程的不同阶段，那么评估方法就可以分为“前—后”对比评估法、“始—终”对比评估法、“始—中”对比评估法和“有—无”对比评估法。

1. “前—后”对比评估法

“前”代表政策执行前评估对象的状况，“后”代表政策执行后评估对象发生变化的新状况。“前—后”对比评估法就是将二者进行对比，然后从中测量出政策产出和政策影响。“前—后”对比评估法属于定量分析方法，评估者通过它对各种客观指标进行前后对比后，能够清晰地看出政策执行前后发生的变化，以此来对政策方案进行修改和调整。这种方法的不足之处在于：评估对象的变化一方面依赖于特定政策所发生的作用，另一方面可能与特定政策的作用没有必然的关系；如果将评估对象变化的程度全部归因于特定政策的作用，可能会夸大特定政策的影响力，忽视其他政策和社会其他非政策因素的影响。

2.“始—终”对比评估法

“始—终”对比评估法，是指通过对比政策对象的开始状态与最终状态继而发现二者之间的差距，以此对公共政策做出相应的评价或调整。这种评估方法也存在弊端，就是它不能反映整个政策执行过程的状态，只是对初始和最终状态做出比较，具有一定的局限性。

3.“始—中”对比评估法

“始—中”对比评估法，是指对比政策运行的开始状态与政策执行到中间时的状态。这种评估方法和“始—终”对比法的区别就在于政策运行过程的范围选择不同。使用前者进行评估时，评估的范围是在政策执行过程中；而使用后者进行评估时，评估范围则是在政策执行过程后。“始—中”对比评估法的优点在于，政策评估者可以及时发现政策在执行过程中出现的变化和问题，从而能够迅速对政策方案或者执行过程做出调整，减少不必要的损失和偏差。

4.“有—无”对比评估法

“有—无”对比评估法将评估分为两种情况，一是在执行某项政策的情况下，对政策执行前和执行后的状态进行对比；二是在不执行该项政策的情况下，对政策执行前和执行后的状态进行对比，以此来判断被评估政策的效果。这一评估法能够将政策执行后产生的纯效果从总效果中分离出来，从而有效分辨出被评估政策的真正作用程度。

实践表明，没有一种适合任何情况又能取得最佳效果的政策评估方法。所以，评估方法的使用，一定要结合具体的评估对象、评估阶段和评估环境，根据特定的条件，选择一个最适合该政策问题并在时间允许范围内可以完成的方法。

第四节　公共政策的监控

如果说政策评估是通过对政策过程的评价和估量来保证政策的有效性，那么政策监控则是对政策过程和政策评估过程进行监督和控制，从而为政策的有效性提供保障。政策监控活动同样存在于整个政策过程中，制约和影响着其他各个环节。本节我们就来了解政策监控的一些主要内容。

一、政策监控的含义

监控就是监督和控制。所谓政策监控，就是政策监控主体通过监督和控制，从而确保政策运行过程各个环节的合理、合法和有效，提高政策执行的质量和效率，保障政策目标及公民基本诉求和利益实现的一项活动。

根据上述定义，我们从以下几个方面对政策监控进行更进一步的说明：

(1) 政策监控的主体。政策监控的主体是指进行监控活动的个人或组织，通常包括立法机关、行政机关、司法机关、政党、利益集团、大众传媒以及公民个人等。然而，由于政策监控环节的复杂性和多样性，不同层次的公共政策选择的监控主体也应该不同。这就需要我们在确定监控主体时，充分考虑各监控主体发挥作用的程度和产生的效力，具体问题具体分析。

(2) 政策监控的客体。政策监控的客体不仅包括政策过程的每一环节，还包括政策运行过程中的每一位组织和人员。有时，政策监控的客体也被看作监控主体，主客体之间并不是简单的监控和被监控的关系。以立法机关为例，它要承担对下级机关和人员进行监督和控制的职责，同时由于主要负责制定政策，其立法权要得到人民群众的支持和拥护，因此还要受到大众的监督和控制。由此可见，政策监控的主体和客体是相互作用和存在的。

(3) 政策监控活动是动静结合的。静是指政策监控的监控标准、监控体制以及监控方法等必须完备，动则是指政策监控的每一环节、每一时段都必须有相关人员或组织进行监督和控制，以确保政策目标的实现和有效。

(4) 政策监控具有明确的目的。政策监控工作的目的就是确保政策朝着政策目标预设的方向执行，及时发现政策过程中出现的问题，确保政策过程的科学、合理和有效，确保政策执行的质量和效率，从而保证公众的合法权益。

二、政策监控的作用

政策过程及政策结果的科学和有效离不开政策监控活动，政策监控是政策过程中非常重要的一环，其主要作用表现在以下四个方面。

1. 实现公共政策的合法化、科学化和民主化

政策监控的主要作用就是通过其监督和控制确保公共政策的合法化、科学化和民主化。合法化包括政策内容和政策形式的合法化，也就是要通过政策监控确保政策的目标、方案等不违背国家的宪法和法规条例以及政策的制定、执行等不违背法定的程序和规则。实现政策的科学化和民主化就是要通过政策监控，充分听取各方面的意见和建议，拓宽人们的参与渠道，并遵循科学的决策程序，采取科学的决策方法，使公共政策最大程度地满足多数人的利益。

2. 确保公共政策实施的有效性

一项政策在实施的过程中会出现各种各样的偏差，比如受到执行主体的价值取向、认识水平、个人偏好及利益等原因的影响，以致政策在执行过程中经常出现偏离、误解、滥用等现象。所以政策监控就是通过一定的标准和程序，对政策的制定、执行、评估、调整等各个环节进行监督和控制，保证其有效性，从而确保政策在现实中运用的客观性和真实性，确保政策充分发挥其价值并且达到预期的目标。

3. 有利于公共政策的调整和完善

社会环境的不断变化会带来人们认识的不断变化，因此公共政策作为人们认识的产物也应该是不断变化的。但是，人的认识总是会落后于客观环境的发展变化，而政策也就落

后于外部世界的发展变化。因此，公共政策具有滞后性这一特征，一旦被制定出来并且落实执行后，就要维持相对的稳定。所以外界变，人的认识变，相应的政策就得跟着变，只有这样才能使政策目标、政策执行、政策效果等与现实紧密结合，产生良好的绩效。通过政策监控，发现客观环境、人们认识和政策现实之间的差距，从而帮助政策制定者和执行者及时做出调整，促使政策完善，达到理想状态。

4. 促使公共政策的终结

客观条件或者政策环境不是一成不变的，一旦它们发生变化，那么原来适用的公共政策也就不再符合当前的需要。很多时候这种不符合需要仅仅靠政策调整是解决不了的，因此就涉及到政策终结的问题。例如，十八届五中全会正式提出全面实施一对夫妻可以生育两个孩子的政策，由此拉开了实行二孩政策的序幕，同时也就意味着计划生育政策的终结。另外，通过政策监控可以发现那些不适当的、重复多余的政策或问题，从而告知政策制定者或执行者，帮助他们及时做出判断并提出解决方案。这是提高政策绩效，更新政策的一个关键环节。

三、政策监控机制的构成

政策监控机制的含义可以简单表述为政策监控主体和监控对象之间的相互作用关系。监控主体的组成及其发生作用的行为规则与方式是我们研究政策监控机制的重点所在。政策监控机制可分为内部和外部两种类型。

1. 内部政策监控机制的构成

在内部政策监控机制中，监控的主体是各级行政机关。在联邦制国家，如美国，联邦政府、州政府和地方政府在较多政策问题方面是按照法律的规定在职权范围内进行监控的，只有很少的一部分政策是在上下级之间进行监控的，如州际关系政策等。在单一制国家内，如中国，上下级政府之间有严格的等级制度，许多政策监控都是在上下级之间进行的。因此内部监控的运行路线可分为自上而下监控和自下而上监控两种：

(1) 自上而下监控，顾名思义，就是由上级政府对下级政府所做的政策监控。不仅中央政府要对地方政府进行监控，上级地方政府对下级地方政府、上级政府的职能部门对下级政府的职能部门也需要进行监控。

(2) 自下而上监控。一般来说，监控活动主要是针对上级对下级的，但是在实际生活中，上级的政策活动会受到下级部门的注视与关注，下级对上级的督促、谏言和批评也是不可避免且很有必要的。所以，他们是相互监督的关系，地方政府、下级地方政府以及下级政府的职能部门也同样存在监督和控制的任务。这种政策监控活动对及时纠正上级政策制定过程中的失误有较强的现实意义。

不少国家有专门的监控行政机关，如中国，有自上而下设置的监察部门，承担全部行政行为监控活动，其中包括政策监控；也有自上而下设置的审计部门，对国家财政、经济管理活动进行监控，其中包括财政政策、经济管理政策的监控。不管是法律规定范围内的政策监控，还是在行政范围内的上下级之间的政策监控，都有一个共同的目的，那就是对现行政府的政策进行不同程度和不同形式的监控，发现并纠正政策偏差，使政策符合社会公众的利益要求。

2. 外部政策监控机制的构成

在外部监控机制中，监控的主体是立法机关、司法机关、行政机关、政党、利益集团、大众传媒以及社会大众等。下面分别就它们对政策进行的监控内容和方式进行讨论。

(1) 立法机关的监控。

立法机关作为政策的制定主体，对政策产生最直接的监控。立法机关对政策的监控主要表现为以下五个方面：

① 运用法律对政策实施监控。任何一项公共政策无论再怎么高质、高效，只要违反法律，就是非法。所以，立法机关所制定的法律就是约束公共政策的首要条件，任何一项公共政策的基本框架和行为准则都要在法律允许的范围内执行，由此就形成了对公共政策强有力的约束。

② 通过审议预算、决策和政府工作报告等形式对公共政策进行监控。立法机关在对国家预算及其执行情况、政府工作报告和相关计划等进行合法检查时，能够借此机会来对有关政策做出相应的决议，以此达到政策监控的目的。

③ 通过人事任免的方式对政府的主要组成人员即政策制定者进行限制。各国都规定了立法机关有权对政府的主要领导人进行选举、任命和罢免，这样就间接对公共政策起到了监控的效果。

④ 以质问、诘责等方式对政策进行监控。如果某项公共政策的实施引起了公众的不理解甚至反对，那么立法机关就有权对该项政策的决策者或执行者进行发问，同时要求政府采取行动给予解决和说明，对此政策的决策者或执行者必须予以回应。另外，立法机关对于严重违背法律的公共政策有权行使罢免权，追究相关人员或组织的行政责任。由此对公共政策起到监控的作用。

⑤ 以监督、视察或成立调查委员会的形式对公共政策及其执行情况进行监控。对于政府各部门日常的工作情况，立法机关有权随时进行检查和监督，这样就可以及时发现政策过程中存在的问题，及时促使政府各部门找出相应的解决方案，尽快使公共政策得到调整和完善，由此起到监控公共政策的作用。

(2) 司法机关的监控。

司法机关就是行使司法权的国家机关，负责维护国家法律的尊严。公共政策一定是在国家法律的背景下制定和执行的。司法机关对政策的监控在于它具有检察权和审判权，对于违反国家公共政策的组织或人员，司法机关有权对其实行法律制裁，因此对公共政策的执行起着强制性的制约作用。司法机关对公共政策的监控主要表现在以下几个方面：

① 裁定公共政策的目标和原则是否合理合法；

② 裁定公共政策的制定是否合理合法，包括制定的主体、程序以及内容等；

③ 裁定公共政策的执行及其方式方法是否合理合法。在我国，司法机关的政策监控是有局限性的。这是因为司法机关的权利是被动的，只有在利益相关者申请后才可以行使，同时，它也只能对具体的行政行为进行审查。

(3) 行政机关对政策的监控。

行政机关对政策的监控主要是指上级政府部门对下级政府部门及其所属机关实施的纵向监控，通常以命令、督察、布置等形式进行。行政机关对政策的监控主要表现为以下几个方面：

① 中央政府对地方政府及其所属机关的监督和控制；

② 综合部门的政策监控；

③ 上级主管部门对下级业务部门及其人员的执行情况进行的监控。在这里需要了解的是：行政监察这种监控侧重于对违法乱纪现象的查处，它不针对某个机关或者部门，检查的对象为自然人而非法人，是由专门的行政监督机关进行的监控。

(4) 政党对政策的监控。

现代社会是政党社会，国家的管理活动都与政党有着密切的联系。政党包括执政党和在野党(参政党)，其中执政党对于政策的监控尤为重要。总体来说，执政党对于政策的监控作用表现为以下几个方面：

① 政党成员被选入立法机关，借助这种途径，执政党所代表的利益、纲领和方针等都可以在公共政策中得到反映，从而对行政决策起到影响和监控作用；

② 通过权力机构，对公共政策的制定和执行进行检查、监督和控制，从而起到强有力的监控作用；

③ 通过社会团体、大众传媒等组织影响和控制新闻或舆论，以此对立法和政策制定施加压力，从而达到监控公共政策的目的。

在野党(参政党)对政策监控的作用主要体现为以下两点：

① 在野党(参政党)可以凭借自己在立法机关或者行政机关中的席位，来对公共政策的制定和执行施加相应的影响，并进行监督；

② 在野党(参政党)也可以通过社会团体和大众传媒等来施加影响，从而进行监督和控制。

(5) 利益集团对政策的监控。

所谓利益集团，就是指由具有共同的政治目标、利益需求以及价值取向的社会成员组合而成的社会团体。他们通过集体化的形式来表达组织的各种利益诉求，以此对政府部门和公共政策起到影响和监控的作用。利益集团对政策的监控主要表现在以下几个方面：

① 接近。为了影响决策，利益集团通过各种方式使自己接近政策的制定者和决策者，建立起良好的个人关系，从而为影响公共政策奠定基础。

② 给予信息。利益集团掌握的信息对于政策的制定者和决策者来说是有吸引力的，他们一旦接近了政府决策者，就可以通过提供给政府有用的知识和信息来影响政策的制定。

③ 游说和组织动员。利益集团通过各种方法对政策制定者和决策者进行劝说、说服，诱使他们制定偏向和保护利益集团利益的政策。此外，利益集团还会通过动员基层选民，为维护自身利益而对政府施压，从而影响公共政策的制定。

④ 提供竞选支持。利益集团为政府领导人竞选提供相应的人力、财力和物力的支持，影响其政策的制定。

(6) 大众传媒对政策的监控。

大众传播所形成的社会舆论，是公众意志的集中反映。它能够揭露事实真相，并使其迅速、大范围地在社会中传播，从而督促政府改进不足，对公共政策的合理合法和有效性构成了强有力的监督和控制。

(7) 社会大众对政策的监控。

公共政策不同于政策的地方就在于公共二字，它是用来解决公共问题的，所以说政策活动的各个环节都要充分考虑到社会大众的利益诉求。因此，社会大众在表达自身利益、意愿和要求的同时，就会给予公共政策一定的监控，尤其是那些与自己的意志相背离的政策，从而减少和避免公共政策对自身或者公众利益的损害。

本章小结

通过本章的学习，我们可以了解到每一项成功的公共政策都离不开科学有效的政策评估与监控，他们是政策过程中不可或缺的组成成分，存在于政策过程的各个环节，制约着政策的制定、执行、调整等各环节的功能发挥，影响着公共政策的合理性、合法性以及有效性。在政策实践的过程中，只有理解和掌握政策评估和政策监控的含义、方法、作用以及实施步骤等，才能够判断公共政策是否符合法律的要求，是否满足公众的合法权益，是否取得了预期设想的效果，从而决定这项政策应该继续、调整还是终止。同时，通过政策评估和政策监控，还有利于政策制定者和执行者总结吸取政策过程中的经验教训，扬长避短，为今后公共政策的制定和执行减少困难和阻力，提供参考与借鉴。

关键词

公共政策评估　政策评估的标准　效果评估　效率评估　内部评估　外部评估　正式评估　非正式评估　事前评估　执行评估　事后评估　对比评估法　第三方评估　定性评估法　定量评估法　政策监控　政策监控机制　政策监控的作用

思考题

1. 什么是公共政策评估？为什么要进行公共政策评估？
2. 为什么一项成功有效的公共政策离不开政策评估？
3. 一个完整的政策评估都要经历哪些阶段？请简要分析。
4. 简述政策评估的事实标准和价值标准。
5. 公共政策在评估的过程中会遇到哪些困难？该怎么样改进？
6. 简述政策监控的含义和作用。
7. 论述我国的政策监控机制的构成。

案例

国家扶贫第三方评估

中国精准扶贫成效第三方评估是世界上首次开展的规模最大的国家第三方评估，相关标准规范、技术方法、工作机制都需要在实践中深入探索、不断完善。为了建立健全精准扶贫工作考核机制，党中央提出实行“最严格的考核评估”制度，并由国务院扶贫开发领导小组委托有关科研机构和社会组织，自 2016 年起开展扶贫开发工作成效第三方评估。国家精准扶贫成效第三方评估是一项复杂的系统工程，也是全球减贫史上开展最早、规模最大的国家扶贫第三方评估。

过去的扶贫开发工作绩效考核，主要通过上级政府对下级政府、各级政府对其相关部门的扶贫工作进行直接考评或互评。虽然起到了推进政策措施落实和政府效能提升的作用，但是这种自上而下的政府自评估在本质上属于行政系统内部的同体评估。

新时代实施的精准扶贫内在地包含了精准管理、精准考核，以强化社会监督、公众参与，进而全面提升精准扶贫工作成效。第三方评估通过引入独立于政府部门之外的专业组织开展政府绩效考核，弥补了政府内部自我评估的缺陷，提升了政府绩效评估的客观性和公正性。因此，引入第三方评估有助于更加独立、客观、公正、科学地评估政府精准扶贫工作成效，有利于较真碰硬、发现问题，引导提升精准扶贫工作成效及其综合效能。

国家精准扶贫工作成效第三方评估的基本原理是：由第二方——国务院扶贫开发领导小组发起评估任务，通过公开竞标方式并委托第三方机构独立开展评估工作，其任务是重点评估第一方——中西部22个省级党委和政府对第二方制定的扶贫开发政策措施执行情况，开展大数据分析和评定“两率一度”“两不愁、三保障”总体态势，梳理精准扶贫成功经验和发现存在的问题，服务支撑第二方对第一方确定相关奖惩措施、制定扶贫政策和实施专项治理工作实际需要。

第三方评估组负责制定统一的标准规范。其工作规范性、一致性具体体现在空间抽样方案、评估标准、调查问卷、调查技术规范、业务培训等六个方面。根据评估任务要求和调查对象特征，第三方评估调查问卷设计包括建档立卡户调查问卷、非建档立卡户调查问卷和村干部调查问卷三种类型，旨在提高国家精准扶贫成效评估工作效率，保证评估调查信息真实性和数据质量。国家精准扶贫工作成效第三方评估团队探索提出了“两制度、三系统”。“两制度”是指分省团队交叉评估制度、团队成员考试认证合格上岗制度；“三系统”是指精评通APP（应用程序）全数字采集系统、数据质量审核与后台管理系统、标准化统计分析与决策系统。第三方评估专家团队充分发挥学科基础和技术优势，在深入开展实地调研和试验示范基础上，利用现代互联网、遥感与地理信息系统、云计算等技术自主研发了“国家精准扶贫成效第三方评估大数据平台”，为第三方评估专家学者进行数据采集、数据管理、数据验证、数据分析等工作提供了强有力的技术支撑和安全保障。

第三方评估始终坚持“独立、客观、公正、科学”的原则，严格执行相关技术规程和规范标准，深入中西部22省份开展进村入户问卷调查、访谈和问题核查，采集大量翔实的第一手资料和海量调查数据。2016—2020年，参加评估调查的专家学者近8300人次，累计完成531个县、4059个典型村实地调查和三个典型贫困县普查工作，获得了13.5万份农户调查问卷和3741份村干部调查问卷。在深入基层进村入户调查基础上，第三方评估组撰写完成每年度的《国家精准扶贫工作成效第三方评估总体报告》和《国家精准扶贫工作成效第三方评估分省报告》，被国务院扶贫开发领导小组采纳，连续5年为国家脱贫攻坚成效考核提供支撑，促进了国家精准扶贫成效考核与决策的系统化、规范化。同时，评估专家团队充分发挥了科技智库作用，积极撰写报告，开展专题研究和支撑精准扶贫决策，多次专题汇报第三方评估结果及相关对策建议。

思考题：

结合案例，试分析第三方评估在精准扶贫工作中的作用。

第八章　公共政策的调整、终结与周期

公共政策有效调节社会行为、实现其目标的前提是政策的稳定，但是随着时间的推移或者环境的改变，政策也需要随之变化，这就需要我们进行政策调整。一项政策在经过评估和监控后，决策者需要对政策的去向进行选择和判断，如果选择终止，那么就意味着该政策生命的结束，即政策终结。公共政策从根本上来说，就处在一个时刻都在发展和变化的过程之中，随着旧政策的终结，自然会有新政策出现，由此带来的政策循环，形成了相应的周期特征。在这一章中，将讨论政策调整、政策终结以及政策周期。

第一节　公共政策的调整

公共政策具有稳定性、连续性，能够根据客观条件的改变而变动，政策调整则是政策变动中最主要的一种形式。要了解政策调整，我们首先要明白什么是政策调整以及政策调整的内容是什么。

一、政策调整的含义和内容

1. 政策调整的含义

政策调整指推行公共政策时，按照政策评估、监控中体现的政策性内容，针对原有政策，政策决策者或执行主体对其中达不到政策预期、政策对象不正确、政策环境难契合等情况，使用一定的手段和解决方式，对其进行修改、更新、剔除等动作。

政策调整具有以下三点内涵：

(1) 政策调整是渐进的。由于政策在实施的过程中会时不时地出现这样或者那样的问题，所以政策调整也是不断进行的。政策调整指的是在原有政策保持稳定不变的基础上不断的延续、修改和更新的全过程。

(2) 政策调整是局部的。政策调整的内容作为政策系统的一部分存在，可以作为调整政策的方案，也能直接对政策措施进行调整，或直接调整对象等。如果一个政策系统发生了较大规模的变动，那么应该把它称作政策变革而非政策调整。

(3) 政策调整是一个动态的过程。政策调整通过政策评估和监控，实现对政策系统内外环境变化的掌控，从而使得政策主动或者被动地适应环境的变化。面对持续变化的环境，必须不断地调整政策系统，继而不断地推陈出新，保证科学、真实的政策能够得到不断的发展，从而实现政策规定的目标。

2. 政策调整的内容

政策只适合做部分调整，各个要素、各个环节以及各个方面在调整内容中都要紧密围绕公共政策进行，具体调整内容有五项：

(1) 对政策目标的调整。实施某些公共政策一段时间后，很容易找到不符合客观实际的规划目的。例如：过高的目标，在现有的执行期内很难实现；部分过低目标，即使实现，对政策要解决的问题也难以起到作用；有些目标定得模糊不清或者目标太多，让执行者感到无从下手或者力不从心；有些目标定得过于死板，缺乏灵活性；等等。当这些情况一同出现时，需要做的是第一时间更新、改进、删减政策相关目标。

(2) 对政策方案的调整。有了明确的目标后，就要制订合适的方案去执行，但在实际执行的过程中，政策方案会存在不同方面的问题，如较高的政策执行成本、过于苛刻的运行条件、不合适的政策工具等。这时就需要对其进行必要的调整。政策方案的调整和变更应该从方案本身出发，考量现实情况之间的综合差异程度，最终的修订也要以基本可行的方案为前提，做部分的修改；如果一个方案与现实情况相差甚远，那么就需要大幅度地修改该方案甚至是摒弃它，制订新的方案。

(3) 对政策措施的调整。政策措施指执行政策方案的具体手段、方法、操作流程。政策调整需要更加合理，而且还应该考虑到实现的可能性。一些政策措施应该得到合理的调整。例如，政策在执行过程中出现了偏差，其原因可能是执行步骤安排得不妥当，也可能是执行手段和方法使用得不恰当，还可能是缺乏相应的应急措施、人员配备不够等。这些问题虽然出现频率很高，但是调整起来是相对容易的。其关键在于，根据客观事实，对出现的问题进行及时的补救和完善，从而更好地执行和完善措施。

(4) 对政策关系的调整。在现实中，同一时间、同一范围内实施的公共政策往往不止一项，所以一项政策的实施是很难"独善其身"的，通常要考虑到与其他政策的相互协调和配合，若每一项政策都只考虑自身的目标和利益，就会导致政策执行起来困难重重，出现"上面千条线，下面一根针"的困境。所以，在调整政策关系时，对存在摩擦和冲突的政策和关键节点，要做充分的理顺，对各项政策的职责进行明确，规定好范围，对发挥作用的时机做好协调和配合，尽量减少因资源的相互干扰产生的浪费。另外，某公共政策内部存在没有安排好的环节，不必要的麻烦和成本也会增加。所以，也有必要对每项政策从制定到执行、评估再到监控等每一个环节之间的关系进行调整和分析，从而保证政策系统内部的稳定和高效。

(5) 对政策主、客体的调整。在实施公共政策时，政策中存在主、客体互相转化的情况。单纯就政策主体而言，权力机关在制定、执行公共政策的时候，往往存在着很多原因，如部门设置遗漏、能力欠缺、职责混乱等，最终使得失误出现在政策中，这就要调整机构本身。就政策客体而言，政策问题和政策对象会由于政策环境的变化而发生性质和范围的改变，因此，必须及时调整政策客体来确保政策的针对性和可行性。

二、政策调整的形式、程序和原则

1. 政策调整的形式

(1) 政策的增删。政策的增删指保证不改变原有政策的整体框架的前提下，删减和增加具体的内容、适用范围、目标、工具、时间等维度参数。由于原来的考量不充分，才需要做政策的增补。新的思路方法或者是新的问题和对象出现了，需要补充原有政策。删减政策的情况很多，如过高的原定政策目标，过于宽泛的作用范围，不适应新环境、新情况等问题。例如，2020 年新修订的《中华人民共和国未成年人保护法》，全文从修订前的 72 条增加到 132 条。

(2) 政策的修正。政策的修正指不改变原有政策大框架为前提，修订和改正具体的目标、内容、适用性、时间、工具等内容。

(3) 政策的更新。政策的更新指执行政策时，为适应环境变化，以遵循政策目标为前提，将原有的政策框架打破，其具体方式是撤旧换新、从无到有，调整现行政策中的局部内容。

2. 政策调整的程序

政策调整是不断优化和更新政策方案，同时也是对政策进行重新制定和执行的过程，调整政策一般需要几个流程，具体如下：

(1) 重新界定问题。政策决策者、制定者针对政策评估、监测所发现的问题和信息，以标准和程序为依据，参照客观环境情况，重新界定政策问题。

(2) 提出调整方案。政策决策者和制定者通过新的理解和认识从而制定出若干可供选择的方案，尤其要明确政策真正需要调整哪一部分以及需要采取哪种形式，然后再对新方案进行可行性分析并且加以论证。

(3) 选择调整方案。这一步就是择优选取若干调整方案的过程，继而确定出最佳的方案并执行落地的过程。最终所选择的政策方案一定是要既优于其他备选的调整方案，又优于原先的方案，也就是要遵循双重优化的原则。

(4) 执行政策决定。敲定了政策方案后，通过合法化的程序，选定的调整方案自然成为原有政策的部分内容，进而开始真正的政策执行流程。调整后的政策方案究竟效果如何，必须要经过执行之后才能够做出判断。

3. 政策调整的原则

(1) 实事求是原则。政策调整一定是要在客观、真实的环境下进行的，也就是必须要做到实事求是。政策的调整要依据事物发展的客观规律，不能依靠个人的主观意志，在政策调整的过程中，一定要尊重实践，尊重客观事实，从实际出发来解决问题，并且认真对待群众的需求，在实施政策时要科学民主。

(2) 循序渐进原则。公共政策需要进行调整时应采取循序渐进的方式。当一项公共政策在执行一段时期后，由于出现某种问题而需要进行政策调整，这时该政策已经在社会和公众中产生了一定程度的影响，甚至大多数人已经认同和接受了该项政策。如果此时大幅度地调整政策，那么无论在思想、行动上，这种变化都很难被适应，观望的态度自然成为了调整后政策的“主旋律”，不仅难以充分地理解和贯彻政策，甚至会产生抵触、反对等消极的情绪。因此，政策调整一定要循序渐进，在实事求是的基础上逐步更换掉不符合新形势的部分，同时加强对更新部分的宣传力度，给社会和公众适应和接受新政策的缓冲期，以便于政策调整取得理想的效果。

(3) 跟踪反馈原则。作为动态的过程，政策调整需要政策制定者和决策者在信息的收集和反馈上不断地努力，对政策对象、环境进行改变与否的判断，至于发生了怎样的变化还要进一步分析，最终的调整要根据客观现实的需要以及对象、环节来决定。这种过程是政策再决策的过程，也是政策制定者和决策者不断跟踪和反馈的过程。第一，回溯分析原有政策是政策调整的前提，针对政策偏差的原因和出现的环节，针对相应的情况提出解决方法，继而修正和补充。第二，如果政策的执行结果很大程度地偏离了预期目标，而且强烈的调整诉求在公众中爆发，但是却不知道偏差产生的原因，那么就会造成很大的误解。只有把权宜的方法先实施好，把影响最大的部分做好，然后继续沟通、调整，最后逐步实现完善。

三、政策调整的原因和作用

1. 政策调整的原因

政策调整是客观、主观原因并存的。其客观原因主要指政策环境，也就是政治、文化、经济等环境与政策问题本身的变化与发展过程。在执行政策的时候，因为政策本身的作用力、政策环境的客观变化，政策的原生问题出现了偏差，或者解决了，或者有新情况、新矛盾等出现，就需要针对全新的政策环境、变化，调整相应的政策问题。政策调整有很多客观原因，具体为：

(1) 现行政策的约束。

现行政策是公共决策很重要的部分，这是背景条件因素，公共决策需要在现行政策的框架下进行发展。一般来说，政策制定的前提是现行政策，政策制定可以自由选择，但是需要在现行的政策所允许的范围内开展；很多公共政策的问题涉及现行政策不适应情况，需要处理好相应的矛盾。也就是说，决策者不是凭空造就政策的，而是在现行政策的基础上进行延续和发展。

(2) 变革成本的束缚。

因现行政策在资源上的投入已经非常大了，此时政策如果发生变动，资源的重新配置一定会被发起，相对较高的代价和成本自然会出现。所以一般来说，在决策时，政策决策者并不会对全部的政策方案仔细考虑，而是仅对不致形成自然、经济、组织、行政失衡的方案进行讨论和改进。因此，现行政策越完善、调节能力越强的国家，政策调整的难度就越大。

(3) 社会稳定的需要。

社会结构有着多元性和复杂性，不同的目标和利益需求在不同的群体中也有不同的体现形式。政策的创新和变化会打破格局，或许有一些利益相关者会反对，并且表示对新政策的不满意，各种互斥的、强烈的、全新的社会需求也将一时间被激起，决策体制的负重程度会在一瞬间加剧，导致制度的疲劳状态显现，从而使得社会危机整体爆发。因此，为了保持社会稳定，政府通常都希望保持原有政策，不愿意进行全面性的变革。但是又无法避免改革和创新，因而对政策的变动要循序渐进地开展。

政策调整的主观原因关系到政策环境问题，需要根据当时的社会环境来制定具体方针和策略，对目标和方案有比较全面的认识，才能够解决社会问题。任何一项政策都是在政策制定和执行主体一定的认识水平的基础上形成和运行的。 而人的认识总是从低级向高级、从片面向全面、从不完善向完善发展演化的。当政策主体对政策本身进行深入了解后，政策的变化会更加好，而且也会变得更加完善。政策调整主观原因涉及的方面有很多，具体如下：

(1) 利益刚性的限制。

如果一个政策得以实施，那么利益结构会发生相应的改变，利益会进行相应的调整。对利益的重新分配就是政策调整的本质，这决定了必然会损害一部分既得利益者的利益。因此，在做出重大的政策变动的时候往往会引起极大损失，甚至容易出现严重的社会紧张状态，内部也会相应地出现冲突和分裂。相比之下，那些只是部分增减政策工具的配置，或者修改现行政策部分内容的调整方案，更容易被通过和实施。因此，现行的、成功的政策在未来一定时期内将会继续维持下去，除非发生大规模的政府改组。由此可见，渐进调整在化解冲突、维持稳定和维护政治系统方面，处于不可或缺的地位。

(2) 公众意志的趋中。

一般来说，民意也是一种正态分布，中间大、两头小是常见状态。公共利益一般来说会比较稳定，变化比较小。资本主义国家政党轮流执政，当他们争取竞选选票、公民支持时，在修改政策时往往采取的是渐进的和部分修改的方式。如此，许多政策，尤其是重要政策，自然就只存在差异程度很小的认知差别。

(3) 人类理性的局限。

科学完整的政策变动对决策者的理性能力提出了强有力的挑战。决策者需要具备高超的理性思维、充足的时间和丰厚的资金来进行政策方案的调整。科学技术的发展固然迅速，但人们的预测能力，在面对自然和社会运动规律的时候，仍显得十分稚嫩，所以，每一项政策在未来执行的结果就很难被准确判定。同时，一直位于多种社会经济、政治、文化价值交叉作用下的公共政策决策者，对政策方案的每一项成本或者收益，实在是难以预估得准确。

2. 政策调整的作用

在公共政策实施的过程中，政策调整的作用在于对出现的问题及时纠偏，确保政策一直处于正确的运行轨道，最终达到预期的目标。具体来说，政策调整的作用主要有以下几个方面：

(1) 及时纠偏、减少损失。

公共政策在实施的时候往往会出现很多的偏差，这些偏差有的是主观因素所导致的，有的是客观因素所导致的。如果不管这些偏差，让这些偏差不断地扩大，那么政策所导致的负面影响会非常大，政策就不能得到很好的实施结果。因此，政策调整的作用就是问题产生后，由政策制定者和执行者对出现的问题及时做出判断，并采取恰当的措施，解决偏差和失误，消除损失或者把损失减到最小。

(2) 协调关系、有序运行。

政策问题的复杂性导致了政策自身的内部关系呈现出了一定的复杂性，最终各政策之间也变得异常复杂。例如，有的政策在自身的制定、执行、评估等环节上杂乱无章、乱作一团；有的政策缺乏长远眼光和大局意识，造成与其他政策相互矛盾、相互排斥的情况。而在这些情况下，如果政策执行者无所适从或者各行其是，就会造成混乱无序的局面，最后的结果都无益于政策问题的解决和人民群众利益的满足。因此，政策制定者和执行者要协调好每一项政策自身各环节之间的关系，同时各级政府部门要加强协调与配合，及时、有效地调整出现摩擦和冲突的政策，使每一项政策都能在衔接、配合上做到协调一致，从而使得各自的功能得到稳定的发挥。

(3) 发展完善、维持稳定。

客观环境的变化和人们认识的深化使得公共政策不会是一劳永逸的。客观环境的变化导致新情况和新问题不断出现，所以，新的政策需求不断出现，这时需要及时调整相应的政策，以便能在形势不断发展的前提下充分地适应这些需求。人们的认识随着实践的发展而不断成熟，当初只是根据现有的认识来制定政策，对未来发展也不能精确预计，因此就需要人们在实践中不断更新、调整原有的政策，使之趋于完善。政策调整的作用就是为了确保政策的不断完善，以及稳定、连续地发展。

当然，政策调整的消极作用在一定程度上也会存在，不恰当的调整带来的效果可能呈反作用。首先，政策的调整会让资源发生相应的变化，有时候资源甚至被浪费了。一部分已经投入使用的政策资源会因为政策调整而被停止使用，当它们不能再被其他政策利用时，就会出现不同程度的浪费。其次，政策调整会损害一些人的既得利益，挫伤他们的积极性，甚至形成对政策的反对力量，加大了政策执行的难度。最后，政策调整过于频繁的话，可能让公众有无所适从的无力感，甚至怀疑和不信任政策本身、公共部门，进而使得政府公共部门、公共政策形象全面降低。以上情况都会导致政策调整出现不同程度的负面影响，严重者甚至会导致公共政策的提前终结。

第二节　公共政策的终结

政策每一个环节都很重要，政策终结是政策过程的重要环节。当一项政策已经达到预期的目标，或是完全背离了目标，抑或是在执行过程中出现了其他原因使得政策无法继续执行下去，这时都应该及时终结该项政策，使其尽早退出社会和历史舞台，或有新的政策加以取代。

一、政策终结的含义、对象和形式

1. 政策终结的含义

从字面上看，终结包含终止、结束等意思，一般指的是在时间和空间上，某活动或某事物的终止、结束的状态。世间万物的经历都是从无到有、由盛到衰、从小到大、从始到终的必然过程，公共政策也要经历这个过程。

公共政策也会出现终结的情况，这就是一种政策终结。一般来说，这种终结的意义是非常不一样的，存在主动性意义，政策效果相当明显，并且对意识和思想都会有相应的反应。

从政策过程的角度来看，政策终结分为以下几种情况：

(1) 政策达成了既定目标，使命完成，没有必要继续执行；

(2) 政策偏离了预期的目标，继续执行下去只会越走越远，因此需要立即终止；

(3) 政策完全是多余的或是无效的，有没有它存在都是一个样，它的存在就是在浪费政策资源，因此需要立即终止；

(4) 政策在执行过程中产生了严重的偏差，带来了非常大的负面影响和问题，已经无法通过政策调整来弥补，此时该政策必须立即终止。

不难看出，政策终结指的就是政策决策者按照政策评估、监控，分析出的信息，在一系列的考察、估量等措施以后(相关的措施也是十分必要的)，需要以最快的速度停止错误的、冗余的、不合适的、无效的政策等功能、工具、组织的行为总和。

2. 政策终结的对象

停止公共政策一般将引起社会当前状况出现变化，影响到某些组织、个人的利益。其中影响最大的是既得利益者、政策制定者、执行者，因为政策与其利益的相关性是最大的，一旦处理不当就会阻碍政策的终结。所以，在终结相关的政策之前，首先要将政策终结的对象弄清楚。根据不同的政策目标，共有四种需要终结的政策对象。

(1) 政策功能的终结。

政策的功能主要表现为满足人民需要而提供的服务，它代表着政府基本活动的指向性，通过具体的功能所表现出来的就是政策效果。政策功能的终结就意味着停止相应的服务或撤销相关的管制。政策终结中，政策功能终结是非常难以解决的问题。一方面，无论是停止服务还是撤销管制，都会使某一群体的既得利益受到影响，从而让其产生抵制的行为；另一方面，往往某项政策不能单独承担某项功能，多种不同的政策、组织都会牵涉其中，要通过大量的准备和协调工作才能予以终止。

(2) 政策组织的终结。

毋庸置疑，任何一项政策活动的推动都要靠相应的组织来执行，整个执行的过程共同构成了一场组织运动。说到政策终结，组织的缩减或撤销通常也都会出现，政策组织伴随这种情况也随即终结。有些组织机构就是为了某一特定政策而设立的，随着这项政策的终结，该组织机构自然也就没有了继续存在的必要。还有些组织机构同时承担着多项政策或政策功能，一项政策的终结并不会导致整个组织机构的撤销，但是会对其规模、经费等方面带来影响，进而造成组织的缩减。政策组织的终结往往会受到组织人员、组织结构等多方面因素的影响，可能会因影响到组织人员的切身利益而引起他们的抵制，也会因为组织结构的纷繁复杂而造成终结工作的困难，因此组织终结的难度通常比较大。

(3) 政策自身的终结。

政策终结意味着：政策活动组织虽然存在，但是新的政策会来承担政策的所有功能。对比前两种终结形式，政策自身的终结往往相对容易。就某一项政策而言，其出台的目标往往明确且单一，就是为了解决某一现实问题，因此容易进行评估并决定取舍。另外，政策更改相较于功能转化和组织调整来说，代价更小，更容易得到有关部门的认可，不会像政策组织的终结那样受到多方面因素的牵制和约束，操作起来更加简单易行。

(4) 政策工具的终结。

政策工具的终结指政策执行的手段和措施的终结。政策终结的多种对象中，最常见而且最容易达成的就是工具的终结。这是因为，政策执行的手段和措施往往是与现实问题紧密联系的，政策效果到底如何，人们能很清楚地看到，从而达成共识的可能性就很大。其次，政策措施和方法，都存在有限的影响面，对此类终结的抵制和反对也相对较少。

政策终结，总体来说是重大的政策类行动，是需要付出一定的代价且不十分容易的事。

无论是政策功能、组织等的终结，还是政策自身、工具的终结，都会改变既定的现状，从而重新分配利益。所以，政策终结的阻碍一般受多方面的影响和干预。

3. 政策终结的形式

诸多因素影响公共政策的变动，社会震动的幅度也会变得很大，所以实现政策终结没必要使用彻底或者过于激进的变革形式，而是往往使用渐进、连续、平缓的形式。按照政策实践经验，主要有六种政策终结形式：

(1) 政策废止。

政策废止是政策终结中最直接、最彻底的一种方式，是彻底结束旧的政策，使之不再在社会上产生效力。政策废止一般针对于那些完全过时或者完全失效的政策。政府会根据经济、政治、环境的变化，周期性地将一些不合时宜的政策进行处理和删减。不过，政策废止所带来的影响和冲击是五种形式中最大的，因此，这种方式不宜经常使用。同时，有关部门不仅要慎重决策，还要提前做好解释说明工作，并且加强政策实施过程中的监控力度，以确保政策废止的顺利实施。

(2) 政策替代。

政策替代涉及新旧政策的更替，需要基于基本事实去解决相应的目标和问题。这种推陈出新的方式可以减少政策废止所带来的震动和冲击。新政策出台以后，旧的政策自然就终止了。这样，不尽完美、甚至无法解决的旧政策便可以得到很好的解决，原定政策的目标也就能更好地实现。同时，新旧政策之间要有一定的连续性，以便于更好地实现衔接。

(3) 政策分解。

政策分解会把不同的规则和内容进行相应的划分，然后让新的政策进行重新组合。按照实际的情况来看，虽然政策分解从形式上终结了旧的政策，但是新政策会对某一些内容进行保留。当原有的政策内容、效果被更加复杂、众多的目标影响之后，有效的解决方式就是政策分解。例如，单一的“就业保障”模式长期作为我国传统的社会保障形式，职工的社会保险和福利的兑现往往通过单位“办社会”的形式进行保证。改革后的新局势下，此类计划体制的产物难以适应。所以，国家有关部门一一分解原有政策类型，其依据就是不同的保障内容，多项保障措施相继建立，保险方面涉及工伤、生育、医疗、失业、养老等。

(4) 政策合并。

政策合并指虽然终止了某些政策，但是保留了其某些功能和职能，即对其中可以使用的部分进行保留，且将自身的某些特性并入其他的政策内容，最终打造出一项全新的政策。政策合并一般有两种形式：一种是用已有的政策兼容被终止的政策的内容，从而形成现有政策的部分内容；另一种是对两项或者两项以上已经废止的政策，选取它们仍然切实可用的部分，进而组合成一项新的政策。公认的最能提高政策效率的终结形式被称为政策合并。

(5) 政策缩减。

政策缩减指的是终结政策的时候，运用循序渐进的方式慢慢结束，用相对温和的方式，尽可能地减少变化给社会带来的冲击和震动，使各方关系能得到良好的协调，也尽可能地将某些损失和麻烦降到最低。政策缩减经常采用的实施方式如下：逐步减小政策作用广度，逐步降低政策投入，逐步放松政策执行标准的束缚程度，最终使终止政策的目的得到实现。

(6) 政策法律化。

另一种政策终结的表现形式是政策法律化。它是指一项政策经过长时间的实践检验，在各个方面都表现得成熟、稳定，而且能够继续并长时间发挥效力，从而经过国家立法机关或授权立法的行政机关审议通过，将其上升为法律的一种终结形式。全局、稳定、成熟和必要等条件是政策法律化的必要条件，社会生活与法治的平稳和完善只有这样才能得到发展和促进。

二、政策终结的原因和作用

1. 政策终结的原因

有两种情况会导致政策的终结：

(1) 经过评估认为已经实现了政策的目标，且解决了政策问题，政策自然没有存在下去的可能，终止是必要的动作；

(2) 经过评估发现，无法解决所面临的问题是政策存在的局限性和失误造成的，继续执行下去，后果只能是浪费资源，所以终止是必须的。

但是，很多学者认为，政策终结并不是技术问题，而是政治问题。德龙和卡梅伦提出，价值观和意识形态非常重要，能够对终结决定产生巨大的影响。所以，德龙提出研究政策终结的人既要着眼于经济、效率等方面，更应该关注意识形态等动机。

但不管怎样，还是存在着几种推动政策终结的力量。巴达奇把他们分为三类：反对者、节约者和改革者。

(1) 反对者指的是反对现行政策的人士，他们是要求终结政策的最积极的力量，他们甚至可能在某项政策初步制定、推行的时候就是对其反对和制止的。他们之所以一定要将某项政策终结，就是因为他们认定某些政策是不好的。该项政策与他们坚持的价值观是相悖的，抑或是剥夺了他们的经济、社会、政治利益。

(2) 节约者指的是觉得只要是公共部门，就必须严格地遵守节约的群体，他们支持终结的依据就是节省开支，不再浪费公共资源就是他们的目的。

(3) 批判现行政策是改革者经常会做的事情。一些旧的政策或许是一种阻碍，在他们看来需要把旧政策终结，新政策才会有落地发展的条件，也就是传统意义上所说的废旧立新。

巴达奇提出，改革者和反对者会在意识上对立，或者在政治上有相应的考虑，然后才会有改变的动机，这都是从一个主体或者一个出发点进行讨论的，然后给出相应的思考结果，如经济和效率等。

2. 政策终结的作用

公共政策是一个国家社会生活和道德法治不可或缺的组成部分，每一项公共政策都与人民群众的生活息息相关，直接关系到国家和社会的稳定发展，甚至关系到民族和国家的兴衰存亡。因此，积极有效地终结一项错误的、失效的、多余的政策就显得极为重要。政策终结会让旧政策结束，新政策开始。从政策终结的情况来看，政策终结的作用表现在以下三个方面：

(1) 政策终结有利于政策资源的节约和合理配置。

任何一项政策的运行都需要消耗一定的政策资源，而政策资源是有限的。如果一项错误的、失效的、多余的政策没有被及时终止，反而任由其继续运行，那么非但不能产生效力，反而会给社会带来危害，造成社会资源的极大浪费和财政资源的沉重负担。相反，如果政策终结及时有效，那么不仅可以减少国家人力、财力、物力的无效消耗，还可以将有限的政策资源分配到必要的政策领域，使其精准高效地发挥作用。

(2) 政策终结有利于政策效率的提高。

公共政策并不以量取胜，真正的问题可能是制定了过多的政策，进而导致政策间出现相互牵绊、打架、冲突等现象。政策执行者更偏好于执行利益优厚的政策，没有利益或利益很少的政策谁都不愿意去做，致使政策效率低下。所以，提高政策效率，最需要做的就是将那些从一开始就不应该落地和执行的政策尽快终结。另外，在执行过程中，当某政策惨遭失败，面临的问题也没有办法解决时，政策终结就意味着新政策的诞生。这种政策创新不仅可以及时更换、淘汰绩效变得低下的旧政策，而且可以及时发挥新政策的效能，促进政策的新陈代谢，大大提高政策效率。

(3) 政策终结有利于公共政策的优化。

高水平的公共政策极大地促进着人民生活的稳定与社会发展的繁荣。因此，不断提高政策水平，优化公共政策是我国政府公共部门必须承担的责任。政策终结对公共政策的优化促进有积极的作用，具体体现在两个方面：

① 政策主体的优化。政策主体是公共政策中最重要的因素，没有政策主体的优化，也就没有公共政策的优化。政策主体的优化包括政策决策者和制定者，以及政策执行者和其他参与者的优化。一旦出现政策终结，人员的汰换、裁减也随之发生，所以，终结旧政策对政策人员的优化十分有利，政策自然能朝着更高的层次不断发展。

② 政策组织的优化。政策主体不断进行优化，在优化中组织主体会有很多的调整方式，要根据执行规定来做好优化。既然政策终结伴随着组织机构的撤并、更新和发展，那么政策终结必然有助于政策组织的优化，可以利用政策终结实现组织内部人员的最优组合，以此来促进政策组织体系的优化，建立更加高效合理的政策机构。

三、政策终结的障碍和策略

1. 政策终结的障碍

自然的结束不是政策终结的过程，相互作用和协调的各种政策因素才是其结果。既然涉及诸多的影响因素，那么政策终结自然就会遇到很多障碍和困难，了解和解决这些障碍和困难，有助于做出正确合理的终结策略。本书将政策终结的障碍总结为以下六点：

(1) 政策相关者的心理抵触。

价格刚性是指价格在确定后就不易变动的现象，公共政策亦是如此。人们极少愿意听到计划改变或计划失败，所以一旦公共政策有所变动尤其是面临终结，这种心理上的抵触就会阻碍政策终结的顺利进行。在心理上对政策终结有抵触的人有三种，即政策的制定者、执行者和受益者。政策制定者自然不能承认自己制定的政策是无用的，更不愿承认错误是自己所制定和执行政策所犯下的；政策执行者最不想看到正在执行的政策要立即被终止；

政策受益者不愿意已经得到的利益面临损失或失去。这种抵触心理作为首要障碍存在于政策终结的执行中。在人们解释政策失败的时候，最常见的行为是在政策本身之外找寻失误的原因。

(2) 政策机构的持续性。

寻求生存和自我扩张在很多政策执行机构中都是一种本能的存在，即使该政策机构已经没有存在的必要，它也会千方百计地延续自己的生命，这无疑是对政策终结顺利进行的阻碍。政策机构的持续性表现在两个方面：

① 机构的惯性。组织机构一开始就具有一种惯性，当不同的组织机构相互配合并开始执行某项政策时，这种惯性就会开始发生作用并使得执行中的政策很难停止，除非施加很大的外部力量。本能地反对变化，是很多机构经常会透露出来的态度，这是习惯所导致的一种情况。

② 机构稳定性。机构和个人相同，生存和适应能力都很强烈，某一机构的稳定性会随着存在的时间越长变得更加强大，自然就越难以被终结。所以，千方百计地减轻所面临的压力，是组织面临威胁时采取的下意识行动，其目的是生存。

(3) 行政组织的联盟。

当需要终结某项政策的时候，获得利益、执行该政策的行政组织很自然地结成联盟，共同反对政策终结的落地和执行。一方面，这些反对终结的行政组织会齐心协力共同抵制，要求自己内部成员结成同盟的同时，还会争取政府内外人士的认同和支持，尤其是有影响力的人共同进行对终结的抵制。这类行政组织一旦结成联盟，便能够有效制止政策终结的进行。其原因是行政组织与其他社会组织相比，开展政治活动更有便利条件，可借助自身的影响力和公信力及其他有利的地位，对公共政策的推进进行干预和影响。

(4) 法律程序的复杂性。

不管是怎么样的政策，必须要在法律的基础上进行执行。同样，终结政策、裁撤组织机构也必须参照一定的法定程序。无论是政策的制定还是政策的终结都需要按照法定程序来完成。因此，对于某项应该被终结的政策，立法机关会受到纷繁复杂的法律程序的影响，在考虑或执行时往往顾虑重重、优柔寡断，甚至因为程序的复杂而放弃终结的进行。受阻于法律的滞后性，许多政策终结的过程难以有效和及时地达成。

(5) 公共舆论的压力。

公共舆论指面对某个问题的时候，大众在看法或意见上存在的共同倾向性，它确定了公共政策的基本范围和方向。尤其是在现代社会，报纸、广播、杂志、互联网等大众传播媒介发展迅速，公共舆论的影响和作用越来越大。这既使社会的发展得到保障和促进，又能巩固政权和政治的稳定性。但同时，这种情况很难不影响政策终结的落地。如果公共舆论广泛支持某项被终结的政策，那么阻力一定存在于终结的执行和落地上。

(6) 终结成本的高昂。

现有政策的沉淀成本是指现有政策已经投入的大量人力、财力、物力等政策资源。终结该政策会造成已投入资源的浪费(即已经付出且不可收回的成本)，也会对目前投入的范围进行相应的限制，也就是说已经投入的资源限制了决策者下一步的行动计划。所以，政策终结者会面对进退两难的窘况，进则投入增加，更大的损失随机出现；如果退出相当于没有继续投入，这会让政策发生终结，资金很难收回。所以，政策终结所需成本是阻碍终结的重要因素。

2. 政策终结的策略

因为受到诸多因素的影响和阻碍，政策决策者想要进行政策终结，必须有高超的技巧与智慧，足够灵活的策略，处理的妥善程度也要更高。否则，不仅政策终结不能及时有效完成，甚至还会引起社会震动和政治危机。所谓政策终结的策略，就是要通过智慧和艺术的运用，促使政策终结顺利有效地进行。从我国政策实践的情况来看，政策终结的策略有以下六种：

(1) 加强宣传教育，重视说服工作，消除抵触情绪。

为了促使政策终结顺利进行，首先要做好宣传引导工作。可通过摆事实、讲道理等方法，使人们对政策终结的认识和理解得到进一步的强化，消除其不满和抵触心理。另外，宣传工作要做到适可而止，将选择自由给予人们，否则逆反心理就随之产生，宣传工作自然也不可能落到实处。

其次，说服工作也很重要。政策终结的倡导者和执行者应该及时通过有效的说服工作，让那些不理解、不支持政策终结的人明白：政策终结和人们想象的不同，新机会的出现一般以劣境改变、发展机遇等为前提。必要时可以争取第三方力量推动的策略，如争取上级政府、兄弟单位的支持，或者在一定的社团、组织中争取有较高威信的人的支持，利用其个人威信，来获取民众较高的理解和信任，从而推动政策终结的顺利进行。

(2) 废旧和立新并举，缓和终结压力。

政策终结总是会改变现有的政策现状，造成一部分组织和个人的利益受损，所以人们一般不愿意看到政策终结，对其多有抵触心理。一些新政策出现时，人们会选择观望的态度，不会马上进行反对。所以，为了降低政策终结的压力，在终结一项政策之前会找到新的政策进行及时的替代和转换，使人们在对旧政策失去希望之前，能有新的希望来填补感知上的空缺，这样一来，政策终结的阻力、压力等就会大大降低。当然，这种做法对于政策终结者来说难度和工作量是很大的。终结旧政策和出台新政策都需要耗费大量的资源和精力，稍有不慎就会顾此失彼，两项工作都得不到有效的解决。

(3) 公开政策过程，争取更多支持。

政策终结过程的成败，要看支持者的数量。决策者得到更多支持者的支持，才会有利于政策的推进，这是实现旧政策终结的关键要素。如何争取更多的支持力量呢？最重要的一点就是要做到政策评估过程及结果的公开和透明。通过实时公开和分享政策评估，让人们及时了解某项政策的低效或无效，让他们明白继续执行该政策对社会造成的损失和危害，不仅可以增加民众对政府的信任，而且会得到更多拥护政策终结的力量。需要注意的是，政策评估活动本身存在很大困难，有诸多因素会影响评估结论的公正和客观，如价值观、个人偏好、相关组织和人员的压制等。所以，促进政策终结时，政策终结者必须将干扰因素带来的影响都考虑到，才能落实相关措施，使得政策评估结论在实践的检验中能真正做到公正、客观和科学。

(4) 注重理念创新，营造改革氛围。

理论基础和理念框架是任何一项公共政策在制定的过程中都不可或缺的依据。理念框架的科学合理是衡量一项政策好坏的重要依据。随着时代的发展和观念的变迁，原有政策的理论基础会发生一定的变化，因此政策终结者要善于洞察和把握思想观念变迁的脉搏，注意抓住时机、因势利导，积极打造全新的理念框架，不断制造新的意识，更新人们的价值观念，这有利于公众的政策终结认知的形成和良好的改革氛围的营造，也能促进政策终结的落地和执行。

(5) 做出必要让步，减少终结代价。

当政策终结的阻力强大且持久时，政策终结要进行下去就不得不做出相应的让步。面临现实的压力，政府不得不正视其严重性，降低不切实际的期望与目标，有条件的退让的目的是换取可实现的有限目标。政府自然可以使用一定的强制性措施，但在之后付出的代价也必然是巨大的，尤其是很多消极影响也会随之而来。所以，适当让步和妥协不失为一种明智之举，但这并不代表软弱和投降。政策终结者在做出让步时，必须坚定终结的目标和动机，明确指出原有政策中必须被终结和可以让步的部分，不做没有原则的退让。这样比起完全不能实现政策终结还是进了一步的。实际在现实过程中，折中与妥协已经成为一种比较常见的终结策略。

(6) 提前试探试点，逐步扩大终结。

对于在政策终结前是否应该先进行试探和试点，目前还存在争议。因为试探本身会有双重作用。其积极作用体现在它为促进人们认识终结的必要性打下了坚实的终结实施的基础。另一方面，因为不全面的信息，试探会导致误解和错误的产生，并在信息和时间上给政策终结的反对力量以可乘之机。对于那些重要的新政策来说，一方面，它们涉及复杂的社会因素，如经济、政治、文化等，很难对其进行精准的判断和分析；另一方面，这些政策的执行一般都存在着深远的、难以预料的影响和后果，新政策又会缺少经验，所以就必须在一定范围内对其进行测试。否则，一项政策终结如果是突然宣布出来的，很可能直接激化矛盾，社会稳定很难保障，最终政策终结也很难开展。

第三节 公共政策的周期

公共政策并非是静态的，而是一个不断变化、发展的过程。旧政策逐渐终结，新政策相继产生，继而形成政策循环往复的周期现象。在此过程中需要预防政策僵化，以便新的政策能够有效产生，同时也需要政策周期研究发挥出更大的意义。

一、政策周期的内涵

周期是指“事物在运动、变化的发展过程中，某些特征多次重复出现，其接续两次出现所经过的时间”。由此可见，周期是一个有始有终的封闭的环，在这个过程中，事物得到了一定的发展，完成了一定的功能。在大多数情况下，它又是一个开放的循环过程，一个循环的终点也是另一个循环的起点，如此循环反复，接续发展，以至无穷。周期在公共政策中同样存在，其周期一般可分为政策生命周期、变动周期两种。

政策生命周期即一个完整的政策过程，是指由制定、评估、执行、监控、调整等多个环节组成，最后归于终结的过程。这一概念同时也证明了新政策的出现是有其逻辑和依据的，新政策是作为原有政策的接续形式存在的。因此，政策周期不是独立存在的，而是前后接续、不断发展的。旧的周期的结束意味着新的周期的开始，从而形成新老政策的交替循环。

根据我国政策实践，一个完整的政策周期可以划分为多个环节：公共政策问题需要经历很多的阶段，如形成、制定、执行、评估、监控、调整、终结等阶段；其中，基础是公共政策问题的形成，核心是制定，关键是执行，最具权威的检验是政策评估环节，政策监控是政策过程中必不可少的一个环节，政策调整是公共政策持续、稳定的保障，政策终结则意味着旧周期的结束或是新周期的开始。

政策变动周期是指公共政策在一定的时间范围内，同样或相似的政策现象有规律地反复出现。政策变动周期会在一定时间范围内发生，然后公共政策跟原来的政策之间存在相似的情况，而且有反复的规律。这个时候需要对影响公共政策产生周期性变动的因素进行讨论。

第一，政策主体的周期性更迭。亚瑟·施莱辛格认为周期性政策变动模型会涉及很多国家。尤其是两党制或者多党制的国家，执政党的政策会呈现出周期性变化。

第二，客体的周期性变化，即周期性在公共政策所指问题中存在。例如，周期性在某些自然灾害中就有所体现，雨季所带来的危害非常大，如果有相应的灾害发生，需要在政策工具上进行配置，积极进行资源的调配。

第三，经济外部环境发生变化，出现周期性波动。经济发展实践表明，周期性波动在经济活动中普遍存在，进而使公共政策发生相应变化，尤其是宏观层面的政策。经济在发展中和调控中不断变换，这在客观上就出现了经济周期性波动和政策周期性转变。

第四，人们对于规律的认识需要一定的过程，政策周期性的变动需要符合认识变化的规律。人们对客观世界的认识是一个复杂和曲折的过程，需要认识、实践、再实践、再认识的反复多次的过程才能很好地完成。因此，一项政策刚开始或许会不太完善，但其之后会呈现螺旋式发展以促使其更加完善，这样的政策发展之路才是合理的。而且，人类社会有其多元性，人们的利益各不相同，所以，受自身利益、意识形态等因素影响，人们会出现左摇右摆的政策偏好，政策周期的变更也就十分明显了。

不同的政策其周期长短也不尽相同，受许多因素影响，主要包括政策目标的可完成性，环境情况变化、达成的难易等。一般来说，政策目标如果很大，环境就会变得很复杂，而且实施难度会很大，政策周期自然会变得很长；反之政策周期越短。政策周期的长短还和具体的政策情况有相关性，一项作用很小或者根本就是错误的政策，人们会尽可能地缩短其生命周期，甚至马上结束它；而一项经过实践检验的正确、有效的政策，人们自然希望它可以一直执行下去，甚至希望将其法律化，使其可以长时间发挥效力。

二、研究政策周期的意义

对于政策周期的研究无论是理论上还是实践上都具有重大意义。就理论意义来说，政策周期研究可以丰富公共政策分析的理论内容，完善政策科学的理论体系。目前我国的政策科学研究已经初有起色，建立健全完整的、具有中国特色的政策科学体系已是大势所趋。但是，在我国现有的研究中，对政策周期的研究要么没有提及、要么不够丰富，而对于一个完整的政策科学学科体系来说，政策周期理论又是不可或缺的。因此，研究政策周期，对于填补和完善我国政策科学研究中的理论空白，促进政策科学的发展及其应用起到重要作用。

政策周期研究的实践意义主要表现为以下几点：

(1) 政策周期研究对公共政策的科学化发展有帮助。人们的认识发展规律和政策本身发展规律的具体体现叫做政策周期。不断发展变化的公共政策环境系统、政策问题，逐步深化了人们的认识和看法，这也决定了人们对政策问题、政策目标优化、政策方案改进总是要不断地去认识和界定，才能使政策真正为社会问题的解决做出贡献。另外，研究政策周期阶段化，可以实现政策制定系统的优化，尽可能地降低政策制定的错误率，充分地吸取经验教训，充分克服政策制定上的缺陷，不断打造科学化和规范化的公共政策，使得公共政策在更高更好的阶段上高速发展。

(2) 对政策周期进行研究，可以让公共政策变得更加连续、更加稳定。公共政策的连续和稳定是其有效解决公共问题、调节社会行为的基础；而政策的稳定和连续是建立在真实有效的政策周期研究基础之上的。这是因为：

① 通过研究政策周期，政策决策者、制定者能掌握政策是否可以到达预期设定的目标之上，政策执行偏差是否能得到把控，在社会环境和条件不断变化的今天，进行政策跟踪、反馈、再决策还是否有必要性。

② 对研究政策周期这一点，可以从研究的结果来发现，如果政策决策者终止政策，然后推行新政策，这都可以进行全新的评估。

③ 通过研究政策周期，参照政策成功、失败的经验教训，政策的执行者在新的政策执行周期中可以尽可能地扬长避短，充分提升政策的效力。

如果没有对政策周期的有效研究，政策的连续性和稳定性就失去了依据，政策的有效性也就失去了保障，这是我国社会繁荣稳定和经济发展进步所不愿意看到的。

(3) 政策周期研究是推动改革开放顺利进行、促进市场经济和社会经济稳定繁荣发展的必要保障。通过对各项政策周期进行研究，用更加合理和科学的方式进行政策改革，让政策有配套的条件，使机制发挥出相应的作用，改革事业才会变得更加顺利。同时，市场的发育和完善，也离不开正确、合理的政策的推进。随着社会主义市场经济的逐步发展和改革的深入，哪些政策应该继续，哪些政策需要修改和完善，哪些政策应当废止，哪些政策需要制定，都离不开政策周期的研究。提高对政策周期研究的重视，加强对政策周期的研究是我们目前重要的使命和任务。

综上所述，政策周期是政策运行中的一种现象，它反映了经济发展和社会发展周期性循环对政府改革政策的影响，也与政府权力的周期性更迭密切相关，反映着不同领导人管理社会事务的不同思路。同时，政策周期研究对政策稳定、社会发展、经济繁荣有着举足轻重的影响和作用。因此，科学、有效的政策周期研究对于准确把握政策运行规律、提高政府政策能力和政策绩效、促进社会和谐稳定具有重要意义。

三、政策变动模型

在现实的政策变动模型当中，很多学者都对此进行了相应的尝试，一些西方学者对于若干政策变动的模型进行研究，并且做出了总结性的概括。

1. 周期型

美国学者亚瑟·施莱辛格从美国政治历史当中得到了相应的结论，并提出了相应的想法。他认为，国家事务在利益机构的层面上会发生持续的变化，美国的政治是有规律的，按照某一个周期进行相应的运行，也就是说国家的态度并不是时时刻刻都是一样的，每一段时间都会发生相应的变化，展示了自由主义和保守主义来回切换的局面。国家在某一段时间会非常重视私人的利益，在另外一段时间则是会更加关注公共目的。此周期间隔的跨度大约为30年。例如，1901年，西奥多·罗斯福象征着改革的力量；20世纪30年代，富兰克林·罗斯福用新的政策打破了原来的局面；20世纪60年代，约翰·肯尼迪大力推广“新边疆”政策；20世纪80年代，罗纳德·里根时期则是很长一段时间的保守主义时期。这一切都印证了保守主义和自由主义都按照周期反复出现。施莱辛格认为这个周期的长度很有意思，正好是一代人的发展周期。人在年轻的时候会被主流意识所牵引，然后确立自己的政治思想；而当一些人掌握了权力开始执政之后，有可能会实现年轻时的政治觉悟，并随着时间的推移而不断地发生相应的改变。美国在过去一百多年的时间当中，发展模式是很不一样的：有时候会根据公共政策的发展而发展，有时会根据私有化发展而不断前进，即减少政府的干预，然后迅速发展，之后又会遇到重大的政府干预和改革，随之又会因为过度干预的问题而减少干预。如此一来，就实现了自由主义和保守主义的过渡和交替。

2. Z字型

埃德文·阿曼达和特达·斯考克坡认为，美国公共政策会不断地发生变化，需要进行刺激才会进行交替，可以说这叫“Z形效应”。他们认为，政策并不是在自由和保守之间来回切换，而是从有利于群体的角度变为了对另一个群体有利的情况，两者之间的关系呈现出一种反作用力。“阶级斗争”这个概念可以对这些变化进行很好的解释。比如19世纪末期，美国政策基本上由激进的共和党人把持，像内战抚恤金这样的利益是按照党派来分配的，主要流入北方人手里，以便他们能够维护合众国的存在。与共和党人的关系成了利益分配的首要标准。联邦政府的职位发布也主要向北部、中西部的共和党人逐渐开放。这些都引起了南方各州对激进的共和党人的反抗。而政府也在推进公务员制度的改革，并且在政府雇员中推行功绩制。除此之外，对于保护童工和限制妇女的劳动时间等各种有关公共卫生和安全的法律都一一提出通过。从这里就可以看得出来，南部和西部的民主党人已经提升了自己的权力，他们与工人结合起来并把其支持建立在社会开支上，一直延续到“新政”时期(1930—1950年)。另外，在公共政策辩论当中，民主党人有着很强的优势。他们在社会福利保障方面提出了很多的有用意见，联邦政府对“凯恩斯主义”表示高度的认可，大众开始支持社会开支、干预经济分配的社会福利机构。纵观社会开支政策，相比二战老兵、退休人员等靠工资生存的群体，其他社会群体的受益就相对较少。最后，两位学者发现在战后时期(1950—1980 年) 又开始了对前一时期民主党的自由开支的反作用，尤其是20世纪70年代和80年代的“新联邦主义”代表了对大规模联邦福利计划的反对。这时人们对待社会的公共态度发生了相应的改变，新经济的政策不是以自由主义作为基础的，而是把财政刺激放在了非常重要的层面，用其他的方式进行实践，而不是用减税的方式来实现。投入最多的可能只有军事，军事方面的工作跟公务员的职位持平。可以说，现在军事领域和老龄人是美国政府资助的重要对象，也是政策的享受者。阿曼达和斯考克坡认为，美国在以往百年时间用 Z 字模型的公共政策进行发展，下一个时期的政策会受到相应的影响，或者起到了反作用。

3. 学习型

萨巴提尔(P.A.Sabatier)认为政策学习模型有相应的作用，并且可以在政治学研究中提供相应的灵感。20 世纪 70 年代，赫克罗指出政策学习是研究的灵感，集团理论会聚焦于集团间的权力斗争，从而导致了政策的变动，那么这个时候应该把学习和适应作为研究的重点。萨巴提尔和詹金斯·史密斯认为这样的观点也是很容易理解的，政策的变动如果得到了相应的理解，那么对于信念和政策的学习就会呈现出动态的变化。毕竟学习政策需要有持续性，了解动机的转变并积累转变的经验，对于个人、集体信念、体系规则方面都有相应的研究。通过这样的政策变动的概念框架，将政策变动相关的因素进行总结，看共同作用的结果到底如何，然后可以从政策的亚系统竞争当中来实现相应的倡议互动；亚系统外部的变化；稳定的系统因素的影响。这样会有三个前提在框架当中呈现出来：首先，对于政策变动的理解需要长时间的钻研，最好能够持续进行十年以上的研究，才能对完整的政策周期观察到位。其次，政策变动的时间段需要划分清楚。比如，对“政策倡议联盟”组成的“政策亚系统”进行动态的观察，最后公共政策的变动和考察应该从信念体系当中体现出来。按照这样的情况来看，一些信念体系可以分为多个方面。比如，“深层核心(deep core)”“政策核心(policy core)”和“次级方面(secondary aspects)”三种，深层核心会比较关键，执行层面方面则会不太一样。学习型模式的基本观点是：政策变动需要政策取向进行综合的考量，让联盟信念体系的次级方面有着相应的变动，然后再从外部客观因素的影响来探讨问题，看政策核心方面会发生什么样的变化，如果出现新的统治集团或者联盟的兴起，这都会造成相应的影响。如果宏观经济条件和环境发生改变，也会影响到模型的变化。

学习可以提高对那些重要变量的状态的认识，也可以提升对信念体系内在逻辑和因果关系的理解，还可以确认并回应对信念体系的挑战。通过这样的方式来调整政策信念，就会探及政策的内心，再对政策进行学习，形成信念体系内、体系间的两种学习模式。其中比较简单的是体系内的学习，变量的状态会在因果关系的理解上不断深化，倡议联盟的成员会一直保持希望和进步，不同联盟间的政策学习的发生至少要具备两方面的条件：首先，一定水准的知识碰撞要在两个联盟间存在，这就在一定程度上对双方参加论辩的技术性资源的可能性提出了要求；一方的信念体系触碰到刺激方面的核心，那么这个时候双方的信念体系会集中在次级方面的探讨。其次，论坛的重要性是不言而喻的，不同联盟的专业人士要参与进来，形成权威的论坛；要由专业标准来控制。这样公共政策在操作层面上会保持学习的状态，并且体系间会有所变动，但是变动会非常合理。萨巴提尔和他的同事们对很多领域进行了模型验证，发现符合相应的情况。

此外，还有人构建了另外一些政策变动模型，如彼得斯的四模型说：

(1) 直线型，即现行政策被其他政策直接取代；

(2) 强化型，即将某些过去的旧政策并入新政策中，以强化新政策的内涵；

(3) 分离型，即将某项政策分解成两种或多种以上的内涵；

(4) 非直线型，这是一种比较复杂的变动模型，可能是成立新的行政机构，也可能是在许多旧政策中制定另一套新政策。

本章小结

政策调整是公共政策变动中最常见的一种形式，通过政策调整，可以在不废除原政策的基础上修改和制定出更加优秀、合理的公共政策。政策终结与其说是技术和科学的问题，不如说是政治和艺术的问题。能否顺利实现终结需要政策终结者运用智慧和策略巧妙地进行，否则就会适得其反。政策周期就是一个完整的政策过程。对于政策周期的研究应该及时、准确和有效，这样有助于制定和执行更加科学、合理的公共政策。实际上，无论是政策调整，还是政策终结，抑或是对政策周期的研究，都是为了给国家和社会的发展进步提供强有力的保障。

关键词

政策调整　政策终结　政策废止　政策替代　政策分解　政策合并　政策缩减　政策法律化　政策生命周期　政策变动周期

思考题

1. 政策调整的原因是什么？
2. 结合实例分析政策调整的原则有哪些。
3. 试比较政策调整的内容和政策终结的对象之间的差异。
4. 政策终结的含义是什么？为什么要进行政策终结？
5. 试举例分析政策终结的障碍。
6. 论述政策终结的策略。
7. 政策周期的研究意义是什么？

案例

我国计划生育政策的演进

建国后，由于人口过快增长而引发的人口总量急剧增加。1982 年，我国政府提出实施计划生育政策，并将计划生育政策纳入我国的基本国策。

计划生育政策的提出，是当时我国经济与社会发展背景的产物。随着我国社会的不断发展，计划生育政策在实施过程中也出现了各种问题：其一，引起了人口老龄化及出生率下降问题。据国家统计局数据显示，2019 年我国全年人口出生率为 10.48‰，是我国自 1949 年以来出生率的最低值；其二，人口出生性别比偏高。我国历次人口普查数据反映了我国人口出生性别比持续不断上升的现状，而且在短时期内依然会保持该趋势；其三，“失独”家庭问题凸显。我国实行严格的计划生育政策后，“失独”家庭数量不断增加，“失独”家庭养老问题成为我国社会养老问题的重中之重，给政府工作带来严峻的挑战。独生子女政策实施后，中国人口总数的确有所下降，但政策本身存在的缺陷，也一直备受质疑。

随着人口结构老龄化的速度越来越快，生育政策的理念逐渐从“只生一个好”转变为“单独二孩”。在21世纪初，卫计委就已经着手进行调研。2011年，各地全面实施双独二孩政策。2013年十八届三中全会公布决定我国“单独二孩”政策全面实施。2015年，中国共产党第十八届中央委员会第五次全体会议公报指出：积极开展应对人口老龄化行动，实施全面二孩政策。

2021年5月11日，国新办就第七次全国人口普查主要数据结果举行发布会，“二孩”生育率明显提升。但全面二孩政策实施以来，我国出生人口出现一波反弹回落，虽然我国人口总体上还在增长，但增速下降，人口老龄化程度加深。因此为了积极应对人口老龄化，进一步优化生育政策，2021年5月31日，中共中央政治局召开会议，会议指出，进一步优化生育政策，实施一对夫妻可以生育三个子女政策及配套支持措施，有利于改善我国人口结构，落实积极应对人口老龄化国家战略，保持我国人力资源禀赋优势。

纵观我国生育政策的转变，从单独二孩到全面二孩再到三孩政策，既考虑了原有政策的惯性和我国人口实情，通过先释放一部分累积起来的生育力量，最大限度地规避风险，又保证了政策目标群体的清晰性与政策执行的衔接性，实现了人口规模与结构的均衡发展。而生育政策从提出到试点，再到全国范围内的实施，也是一个循序渐进、不断调整的过程。

思考题：

结合案例分析我国独生子女政策终结的原因以及生育政策调整的作用。

第九章 公共政策分析

现代社会中存在着各种各样的社会问题和考验，如环境污染、人口剧增、教育不均衡、贫富差距等都在威胁着人们的日常生活。这些问题一方面为政策制定者制定政策和执行政策提出了更高的要求和标准；另一方面也进一步促进了政策分析及其相关研究的进步和发展。在信息化和大数据的发展背景下，社会公众的日常生活中会更多地受到公共政策制定、执行等多方面的影响，它无处不在，如影相随。社会群体越来越关注政策的具体内容，政府部门为何制定这一类政策，以及政策实施的结果。不仅如此，人们会更关心公共部门即将做出的行为、出台的政策以及想要去做的事情，并且希望其未来的行动能够更好地实现人们的自身利益，这些都是政策分析需要解决的问题。

第一节 政策分析的内容

知识的价值体现在其具体应用上，运用这些知识能够解决哪一类问题是我们学习知识的重点。政策学知识的价值的具体体现就是政策分析。那么到底什么是政策分析、政策分析有什么类型与价值、构成政策分析的要素和原则有哪些，是我们进行政策分析研究时首先需要弄清楚的最基本的问题。

一、政策分析的含义

长时间以来我们对政策有了广泛的研究和了解。政策的源头可以追溯到人类文明之初。“政策分析”“政策科学”和“公共政策”(public policy)是几个经常用来表示政策研究领域的术语。在许多国外的文献中，这些术语有时会被当做同义词交替使用，也有部分研究会对其加以区别界定。

作为一种特殊的人类活动，政策分析是随着社会组织的变化不断调整发展的，而作为一门相对独立的研究领域的政策科学则是在20世纪40年代到50年代的事情。学界普遍认为“政策科学”最早见于1943年美国政治科学家哈罗德·拉斯韦尔的一个备忘录中。而“政策分析”一词则是于1958年由查尔斯·林德布洛姆首先提出和使用的。20世纪40年代末到 50 年代初，一些政治学家将微观经济学中解决和分析效率(O/I)问题的技术手段逐步引入社会政治领域，由此政策分析初期的基本框架逐步建立起来。政治学家期望用最低的投入来达成事先确立的目标，通过这一理论可以看到，最初的政策分析实质上只是一种效率研究。它仅是有助于决策的分析工作，涉及问题的确认、资料的收集，最终为决策者提供决策依据。这种侧重效率研究的政策分析在20世纪50年代开始首先应用于军事领域。20世纪60年代政策分析逐渐普及到了社会的一般决策领域。同一时期，由奥斯汀·兰尼编辑的一次学术讨论会论文集的出版标志着政策分析作为一门学科出现。1980 年美国社会学家斯图亚特·尼格尔主编的《政策研究手册》一书的正式出版以及 1983 年其主编的《政策科学百科全书》的正式出版标志着政策分析这一学科已渐趋成熟。20 世纪 80 年代开始美国兰德公司正式培养政策分析博士研究生，社会上开始出现政策分析家。

就近代政策分析的研究而言，学者们发现，将政策分析局限于具体行动方案的挑选和选择过程中是非常狭隘的，在政策分析中将政策过程的各个环节融合一体进行研究是明智的，因而对政策分析的界定也是一直动态变化的。当政策分析一词被用于学科名称时，它所代表的含义就更为广阔。学者对其的具体解释也各有不同。

美国耶鲁大学经济学家查尔斯·林德布洛姆在其《政策分析》一文中首次提出“政策分析”，并将其定义为：一种将定性与定量相结合的比较分析类型。这一概念问世后越来越多的政策研究学者将视线从拉斯韦尔—德洛尔的政策科学传统转向政策分析的相关研究。

爱德华·奎德认为政策分析是用来获得对社会技术问题的更深刻理解。他提出政策分析是一种对政策的调研、制定、分析、筛选、实施以及评价的全过程进行研究的方法，也是为提出更好的解决办法的一种应用研究的形式，也称作政策科学。

威廉·邓恩强调政策分析是一种探寻多种研究方法的总和。他认为政策分析是一种通过使用各种研究和论证方法，产生并转变政策相关信息，以便政府部门解决政策问题的一门应用型的社会科学学科。

我国的公共政策学者对政策科学或政策分析也有一定的看法和研究，大体可以概括为四类：一是认为政策分析主要研究政策制定的理论和方法，是研究如何制定正确的政策、避免错误政策的学科领域；二是认为政策分析是关于制定政策方案、规划政策的具体实施、评价政策的执行结果以及预测政策的方向的一门学科；三是认为政策分析是研究政策的属性、特质以及了解政策制定和执行规律的科学；四是从狭义的政策分析研究层面可以将政策分析界定为对目标、方案及社会效果之间的相互关系的研究，从广义的层面来看，政策分析是对不同的公共政策的性质、原因和结果进行的研究。

综合学者们对政策分析的观点可以看出，从应用性的(社会科学)学科的角度对政策分析进行界定是较为准确的。因而本书将政策分析界定为：政府部门为解决各类公共政策问题所采取的对政策的本质、产生原因以及实施效果的一种研究。政策分析的最终目的在于为政策制定者提供政策相关知识，帮助改善公共决策系统、提高公共政策质量。

二、政策分析的价值

总体上看，政策分析的意义在于发现问题的症结所在、拟定政策方案、建立评估标准、依据这些标准来权衡政策方案的利弊得失、设计执行计划并对政策执行进行评估，以避免或减少政策过程中的消极状况。为了能够确保政策顺利实施，对政策进行细致详细的分析是很有必要的。政策分析的价值具体表现在以下三个方面。

(一) 发现问题的要害和症结所在、减少决策失误

要提高我国决策科学化、民主化水平，就必须大力提倡和发展政策分析的相关研究。通过整合性与科技性的技术分析来发现所要解决的公共问题的症结，并确定问题的根本性质。只有通过深入细致的政策分析工作才能做到这一点，因为公共政策分析工作，除

确定并查验一个公共问题的各种向度外，还注重考量问题发生的原因及其产生的后果的复杂性。

此外，政策分析不仅有助于消除政策制定中存在的问题，同时能够判断决策所必需的信息、资料、证据是否完备，通过利用决策中有效的信息、数据、资料准确地避免决策中的部分失误，并对政策实施计划和所需资源提出具有参考价值的建议以及有效地对其进行配置和利用。可以看到，不论就何种决策而言，独立的、科学的职业政策分析都能帮助决策者做出更好的选择，减少决策失误。

(二) 改善公共部门在决策上的低效状况

造成公共部门决策低效有三个方面的原因。首先，参与决策的决策者人数众多，这就导致决策者所代表的利益集团之间目标、利益难以统一、拖延决策时间。其次，公共部门决策方法落后、决策程序陈旧，缺乏利用大数据、互联网技术等新兴资源快速处理决策所需的信息和数据的技术和能力，常以社会危害巨大的“试错法”作为常见的决策方法。最后，公共部门工作人员以及领导集团的知识不足、素质低下，责任心不足。要消除或改善造成公共部门在决策上低效、失误的根源，一种行之有效的方法就是借助于职业化，即由政策研究者和研究组织进行的政策分析。

(三) 增强决策的预期性和取向性

独立的、科学的政策分析往往会比直接决策者更全面地考虑到那些不确定和不稳定因素，并且具有强烈的以社会为中心的政策伦理取向。这一点无疑会促使公共部门在决策时进行更全面的考量和权衡。

总而言之，人类社会离不开决策，现代社会的发展也离不开政策。公共政策在指导和促进社会的政治、经济和科技文化的发展中起着巨大的作用，它们也决定着社会中的每个成员“从摇篮到坟墓”的一生。政策研究与人类、国家、社会以及个人的前途命运都密切相关。

三、政策分析的类型

拉斯维尔在《政策科学展望》(A Preview of Policy Sciences) 一书中，对政策分析的类型划分提供了基本思路，由此公共政策的研究进入到了一个新的高度。那么政策分析如何划分、具体划分为几个类型呢？

(一) 政策分析与政策倡议

美国著名公共政策学教授托马斯·戴伊认为政策分析(policy analysis)与政策倡议(policy advocacy)是存在巨大差别的。戴伊认为政策分析涉及：处于政治生活当中的人们从中得到了什么，为什么能够得到这些以及得到这些后对他们自身的生活或行为活动有什么影响和改变。这一定义将政府的“为”和“不为”完全暴露在公众面前。戴伊认为政策倡议的过程是需要运用说服、组织、实践以及加以修饰的技巧的。而政策分析则是政策研究人员通过借助相应的调查工具从而对政策，尤其是重大的政策进行细致研究、分析和最终判断，从而试图发现构建公共政策的基本因素以及公共政策带来的附加影响的一个过程。

政策分析活动产生的知识是提出政策倡议的先决条件；同时政策分析也不仅仅局限于考察单一项或具体的某一领域的相关政策，而在于试图发展与公共政策因果关系有关的一般性命题，从而构筑一个可靠的、具有普遍意义的理论框架或模型。

具体而言，政策分析表现出如下特征：

(1) 解释而非描述公共政策；

(2) 探究公共政策的原因和结果；

(3) 尝试发现适用于各种政策领域的一般性理论。

(二) 研究型政策分析与快速分析

美国著名政策分析学家卡尔·帕顿和大卫·沙维奇两位学者依据政策分析项目要求的不同将政策分析划分成为研究型政策分析和快速分析。研究型的政策分析(researched analysis)也称为政策研究(policy study/policy research)，一般是由受到雇佣的政策研究和咨询机构内部的一些学者、专家以及智库内的工作人员等组成的团体，对一些公共政策问题进行专门、系统的研究。

研究型政策分析的研究方法具有以下特点：首先，研究型政策分析主要面向一些长期或规模较为大型的政策项目，因而研究型政策分析往往具有高度的复杂性和精确性；其次，研究型政策分析周期长，相对而言需要投入的成本较多，占有大量的资源和资料，且见效慢，因而研究型政策分析的回应能力很贫乏；再次，将研究型政策分析放于政策制定前或政策执行之后是较为合适的，同时研究型政策分析存在一些常规性的操作步骤和已经为人们所普遍接受的科学标准，因而其分析程序具有相对稳定性。

快速分析的特点则具体表现在以下几个方面：首先，它以简洁、快速的分析过程以及及时提供准确的分析结果而引起了决策者们的广泛青睐；其次，快速分析能够凸显出其与现实存在因素之间的密切关联，这主要体现在政策分析人员与政策服务对象之间进行沟通时都存在相互间的影响和制约；同时快速分析还面对时间紧迫、政策服务对象的监督以及实施环境的压力。因此，学界一些政策研究人员更愿意将快速分析划归为政策分析的技巧。

(三) 前瞻性政策分析、回溯性政策分析与综合性政策分析

邓恩认为，政策分析程序产生的动态变化会使得政策信息也处于不断的变化中。由此产生出政策分析的三种类型，分别是前瞻性政策分析、回溯性政策分析和综合性政策分析。

前瞻性政策分析属于在政策付诸实施之前进行的政策分析步骤，由于这一步发生在政策实施之前，因而也称之为事前的分析、预见性分析、预期性分析或前期分析等。前瞻性政策分析侧重于对政策未来发展的预测，是政策分析的一项非常重要的内容。在前瞻性政策分析中通常使用定量分析等科学方法进行分析，力求使分析结论更接近实际情况。然而前瞻性政策分析所提供的信息或建议与政府解决政策问题的实际需求之间存在着很大的差距，这些信息或建议仅有很少的一部分会付诸实施。

回溯性政策分析属于政策付诸实施之后进行的政策分析。回溯性政策分析主要包括以研究实际问题为目的的分析、以学科研究为目的的分析和以实用为目的的分析三种类型。回溯性政策分析主要涉及政策方案实施之后政策相关信息的获取与转变过程，目的是为决

策者提供政策执行、政策结果等信息，从而为分析政策制定过程的得失以及进一步改善政策提供依据。

在政策付诸实施之前与之后进行的政策分析是综合性政策分析。综合性政策分析是一种涵盖面较为广泛的政策分析形式，主要涉及政策实施前后的政策相关信息的获取与转换，其目的是既为决策者提供政策问题、政策方案未来后果的信息，又提供政策执行与政策结果的信息，从而为改善整个政策运行过程提供依据。

(四) 内容分析与过程分析

斯图亚特·尼格尔在其编著的《政策研究百科全书》一书中对麦考尔—韦伯模式(McCCall.Weber mode)进行了详细的介绍。依据麦考尔—韦伯模式的政策分析分类模式，政策分析可以划分为两种类型：一种是针对政策具体内容的分析，另一种是针对过程的分析。

针对政策具体内容的分析，即内容分析，主要包括政策未来会影响到的特定目标或目标系统，可供政策选择的活动方式、政策期望的特定事件过程，相关意图的特定表述和说明，以及需要采取的特定行动等。针对政策过程的分析也称为过程分析，主要包括政策采取的一系列活动以及这些活动之间的相互影响。该分析是通过对行动和影响进行分析从而优化最终选择的方案，即对一个看似满意的特定政策内容做出权威性的选择。

从政策内容与过程来看，政策分析使用的方法有规范性分析(normative analysis)与描述性分析(descriptive analysis)两种。两种方法的交叉使用产生了四种不同类型的政策分析，即公共政策内容的规范性分析、公共政策内容的描述性分析、公共政策过程的规范性分析及公共政策过程的描述性分析。

公共政策内容的规范分析主要关注公共政策的本质属性。这类分析主要包括两种方式：一是使用质询方式分析某个特定的政策；二是进行未来分析或预期分析。公共政策内容的描述性分析是将政策内容中的一个或多个因素作为解释变量，分析它们对部分或整个政策内容的影响。

公共政策过程的规范性分析主要关注政策运行的程序并对此进行评价。这种类型的分析是对现行的政策程序提出批评和改进意见或重新设计出一套新的政策程序以提高政策效率。公共政策过程的描述性分析强调的是阶段性的研究，即对政策周期中的一个或几个阶段进行分析。

四、政策分析的要素与原则

在进行政策分析的环节时政策分析的主体可以是直接决策者本身，也可以是间接、辅助性的决策者，包括职业化的政策研究者和研究组织。那么，在进行政策分析时，要着重了解政策分析都具有哪些要素、进行政策分析时需要遵循哪些原则。

(一) 政策分析的要素

在政策分析的主体和服务对象一定的前提下，政策分析的基本要素主要分为分析客体、政策信息、政策模型、评估标准、分析路径和政策方法六种。

(1) 分析客体。政策分析首先要解决的是对什么进行分析。政策分析的对象就是政策本身及其运行的过程和结果，主要有以下各个组成要件：

① 政策问题。詹姆斯·安德森认为："搞清问题的性质有助于确定政策过程的性质。"公共政策的顺利提出，与人们对政策问题是否达成共识有很大的关系。政策问题是从大量公共问题中选取出来的，人们对政策问题的性质、产生的原因以及可能出现的后果等方面所做的判断是否准确，与其知识、经验、价值观念等都息息相关。

② 政策目标。只有明确且具体的政策目标才能够保证政策的拟定和评估工作的顺利进行，明确的政策目标处于政策分析过程的中心位置。

③ 拟订方案。可通过采用多种政策工具、整合各种方法以及调整达成目标的步骤来实现政策目标。为了让决策者更顺利地制定出优质的政策，需要拟制一定数量的备选方案以进行对比和选择，但备选方案的数量不宜过多，否则会浪费有限的资源。

④ 实施效果。实施效果是试图达成政策目标这一过程后所取得综合成果。一般通过对所用成本以及产生效益(包括受益和有效性)进行对比来对政策效果进行衡量。

(2) 政策信息。政策信息是进行政策分析工作的基础材料和根据。充足、准确、高质量的政策信息以及科学有效的信息处理能够对政策分析的质量起到保障作用。

(3) 政策模型。政策模型是一种对研究对象某一本质属性进行的抽象化表达，这种抽象化表达往往能将复杂问题简单化。政策模型是由变量及其相互间的关系组成的，变量反映随时间及其他条件变化的数值的变更程度。

(4) 评估标准。评估标准是政策分析中的衡量标尺。整个政策过程和各个环节，无论是系统、方案评估还是执行、结果评估都需要建立适当的评估标准。评估标准包括政治、经济、技术等多个方面。

(5) 分析路径。分析路径是由一定的概念、命题和因果关系表述构成的逻辑上相互融洽的框架。它能够使政策分析有明确的逻辑起点、流程和终点，指明政策分析的方向。

(6) 政策方法。正确的操作手段和方法是保障政策分析的有效的必不可少的手段和工具。

(二) 政策分析的原则

政策分析实际上是一个制度创新、部分或全部地改变原有规则的复杂过程。在这一过程中，有一些对任何政策分析过程都有效用的基本原则是需要遵循的。

(1) 民主化原则。哈罗德·拉斯韦尔认为，政策科学是关于民主的一门学问。公共政策过程与民主是分不开的。民主的内涵与实质是公众的权力问题，它既是一种程序也是一种权力。

(2) 系统性原则。人类社会是有组织、有秩序的系统。社会上存在的一切事物相互联系、相互依赖，从而组成了多层次的具有复杂性的社会系统。因此，在政策分析过程中，政策研究者和研究组织要对整体利益和局部利益、内因与外因、眼前利益和长远利益等进行全面、综合的考虑，要善于把独立的政策置于宏观的政策体系中进行考虑，梳理政策之间的逻辑关系。

(3) 协调性原则。协调性原则即根据政策总系统的任务、目标要求，使各子系统相互间协同配合，并以各个子系统局部最优作为基础，通过调节和控制，实现总系统的最优化。

公共政策协调的最基本特征是利益的协调，协调的目的是达到或保持某种平衡。

(4) 分解整合原则。分解整合原则要求政策分析必须在对政策系统整体把握的前提下，对其实行科学的分解和整合。分解是将具有密切相关关系的要素按照类别分组化。对政策系统而言，分解就是要梳理和归纳出政策总系统中相对独立、层次不同的子系统。整合则是新系统出现的过程，即选择合适、性能好的子系统，厘清它们之间的关系，从而形成具有更广泛价值的政策系统。

分解的规则是既要有利于政策系统设计，保障系统的可靠性，又要便于论证、实施与管理。分解方法是多种多样的，一般可按结构要素、功能要求、时间序列和空间状态等方面分解。分解整合要做到“宜统则统，宜分则分，统分结合”。

(5) 预测性原则。公共政策是着眼于未来的。因为在制定政策时，其基本目的是要按照政策制定者的意愿和设想安排未来，去实现一定目标。要达到这个目的，首先要估计未来会出现的各种后果，以适应未来的多种变化。同时，政策制定是对公共部门的未来行为所做的一种预测性分析与选择，故而具有明显的预测性。

(6) 多样性原则。多样性是一个政策系统复杂性的量度。如果政策系统多样性增加，而对多样性的认识和反应能力却没有相应增强，那么政策系统就会变得充满不确定性和不稳定性。

第二节　政策分析的过程

对政策分析是如何进行的这一问题，学界迄今为止并没有统一的程序、框架。许多研究者和实践者提出了各种分析过程框架，其中的大部分属于政策分析的理性主义模式。本节通过了解学者们对政策分析过程的具体划分，对政策分析的过程进行细致的了解。

奎德在《公共决策分析》一书中认为，政策分析的过程可以看作经由初始、持续阶段向终结阶段所组成的过程。他认为政策分析过程一般包括五个逻辑上相联系的环节：① 规划(formulation)——澄清和约束问题，并决定目标；② 搜索(search)——辨别、设计和筛选方案；③ 预测(forecasting)——预测未来的环境或运行情况；④ 模拟(modeling)——建立和应用模型去决定结果；⑤ 综合(synthesis)——比较和排列方案(如图 9-1 所示)。

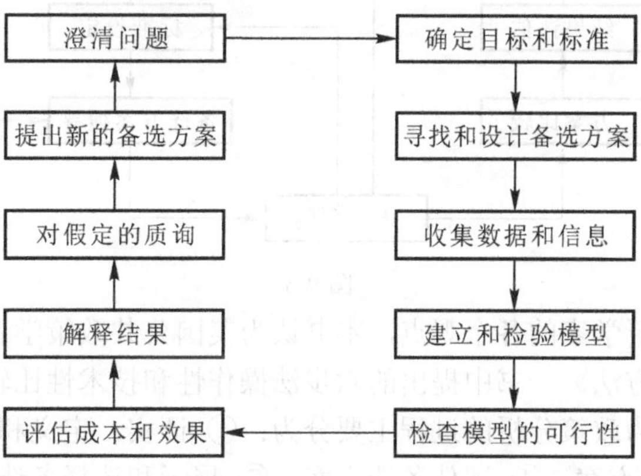

图 9-1

美国政治科学家尤金·巴达克教授在其代表作《政策分析八步法》一书中提出了“政策分析八步法”，他认为政策分析应当经历一个这样的过程：① 定义问题(define the problem)；② 收集资料(assemble some evidence)；③ 构建选项(construct the alternatives)；④ 选择标准(select the criteria)；⑤ 预测结果(project the outcomes)；⑥ 权衡得失(confront the trade offs)；⑦ 做出决定(decide)；⑧ 总结陈述(tell your story)。

威廉·邓恩建构了一个以政策问题为中心的分析框架。它包括两个大的构成部分，即政策相关信息和政策分析程序，各分析程序应用于相应的政策信息。政策相关信息包括政策问题的信息、政策绩效的信息、预期政策结果的信息、优先政策的信息和观察到的政策结果的信息五类。政策分析程序包括监控、预测、评估、建议和问题构建(如图 9-2 所示)。

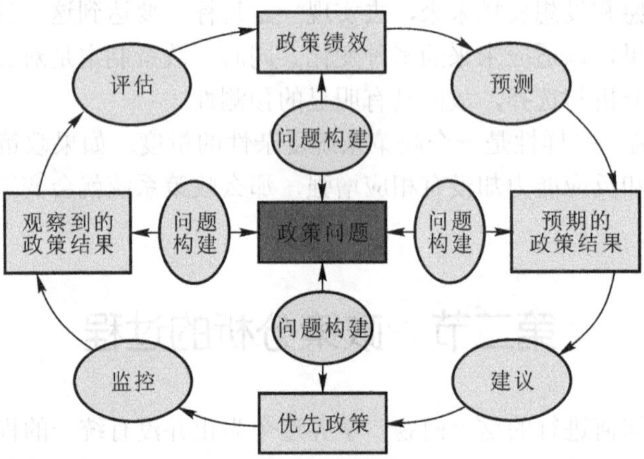

图 9-2

我国公共政策学者陈振明认为政策分析过程主要包括六个步骤，分别是：① 问题界定；② 目标(标准)设定；③ 备选方案搜寻；④ 未来预测；⑤ 方案比较；⑥ 结果评估(如图 9-3 所示)。

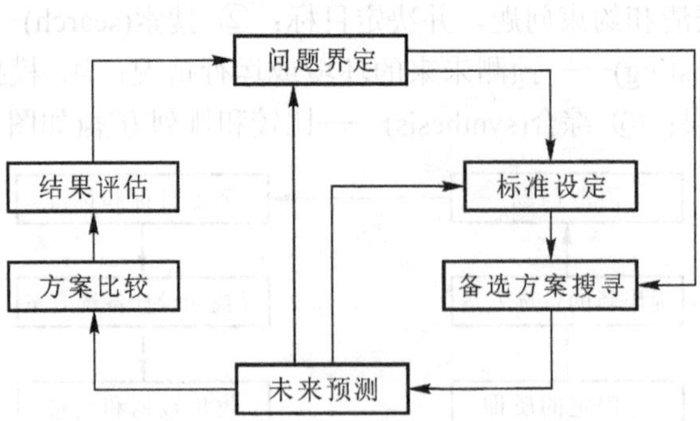

图 9-3

通过综合政策分析学家的各个观点，本书认为美国公共政策学者帕顿和沙维奇在《政策分析和计划的基本方法》一书中提出的六步法操作性和技术性比较强。

帕顿和沙维奇认为政策分析的过程主要分为：① 证实、定义和详述问题；② 确定评估标准；③ 查明备选方案；④ 评估备选方案；⑤ 展示和选择备选方案；⑥ 监控政策结果(如图 9-4 所示)。

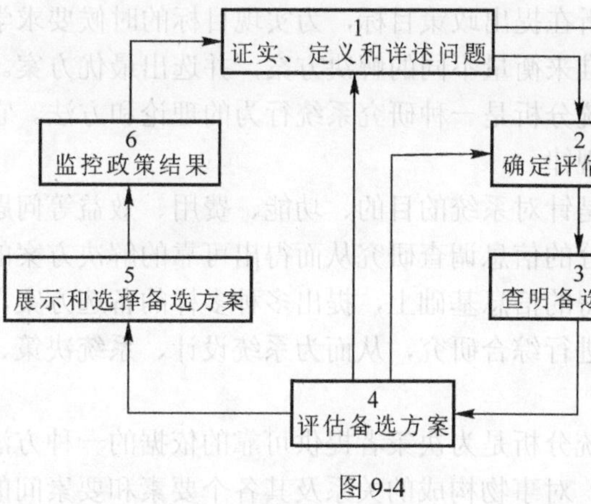

图 9-4

(1) 证实、定义和详述问题。政策分析者通过定义和不断重新界定政策问题这样一个循环往复的工作从而达到有意义地陈述政策问题。

(2) 确定评估标准。通过建立评估标准从而在备选方案之间进行权衡和做出选择是很有必要的。评估标准有成本、效益、平等以及政治可行性等。

(3) 查明备选方案。通过思考、研究分析、经验总结、集体研讨等各种方式产生出众多的备选方案。受到政策影响的个人和团体都可以提出自己的看法，并经过总结升华从而形成备选方案，且需要查明备选方案的数量，数量不宜过多。

(4) 评估备选方案。政策分析者或决策者可以通过各种手段和方法对备选方案进行评估，筛选出最满足主要标准和与政策问题最为贴切的备选方案。

(5) 展示和选择备选方案。经过对备选方案的评估，政策决策者或者政策分析人员提供有关备选方案、评估标准细则和每种备选方案符合标准程度的报告。备选政策的展示可通过各种技术手段进行，表现出各备选方案的优缺点、技术可行性以及政治可行性等。

(6) 监控政策结果。在一项政策实施之后，决策者需要对实施的政策进行监督和检查，确保政策方案的准确实施，考量政策的影响及其是否实现了政策预期的效果，并决定政策是否应当继续、修改还是终止。

第三节　政策分析的方法

系统分析(system analysis)最早是在第二次世界大战结束前由美国兰德公司提出并使用的。系统分析方法的成熟很大程度上推动了政策科学的形成与发展，为政策科学的产生奠定了方法论基础。本节将详细介绍系统分析。

一、系统分析的概念

随着系统分析在各个领域和各类型问题中的应用不断扩展，在对系统分析一词的概念解释上就不可避免地出现了分歧，各学派都有其各自所强调的重点和侧重点。

政策科学家克朗认为，系统分析的方法论源于众多如科学方法论、系统论以及涉及选择对象的科学分支的由定性、定量或两者相结合的方法所组成的一个集合。

贝塔朗菲认为，系统分析在提出政策目标，为实现目标的时候要求学者和专家们依照最大效益和最小费用这一标准来衡量不同的解决方案，并选出最优方案。

我国学者宋健认为，系统分析是一种研究系统行为的理论和方法。它的研究对象是系统结构和状态的变化或演化规律。

汪应洛认为，系统分析是针对系统的目的、功能、费用、效益等问题并通过运用科学的分析工具和途径，进行充分的信息调查研究从而得出可靠的解决方案的一种程序。系统分析在收集、分析处理所获得的信息基础上，提出多种多样的备选方案，借用视型仿真实验和优化分析，对各种方案进行综合研究，从而为系统设计、系统决策、系统实施提出可靠的依据。

综上所述，本书认为系统分析是为决策者提供可靠的依据的一种方法。它通过借鉴和运用现代科学的方法和技术，对事物构成的关系及其各个要素和要素间的相互关系进行分析、比较、评价，从而选出最优化可行方案的一种技术。

二、系统分析中的定量分析方法

由于借助了经济学、概率论、计算机科学等理论，系统分析中的定量分析方法适用于系统结构清晰、收集到的信息准确、可建立数学模型等情况。

定量分析方法所涉及的范围十分广泛，可以从不同的角度或侧面对政策分析的定量方法加以分类。

1. 确定型分析技术

如表 9-1 所示，确定型定量分析技术较多，本节根据其重要程度，主要选择线性规划、排队论和马尔可夫分析进行介绍。

表 9-1　确定型分析技术的方法

模型、工具或技术	应用	基础知识
线性规划	解决在商业、交通、库存、建筑、后勤及网络的配置、分配和优化问题	计算机科学、敏感性分析、代数解法、单纯形表、经济学
排队论	人或事物或事件的等待服务问题	蒙特卡罗法、模拟、统计学
马尔可夫分析	销售经营、预测	矩阵代数、经济学
规划管理技术	生产和建设计划	PERT(成本或时间)、CANTT 图、网络分析(CPN)、决策树
对抗分析	商业、心理学、国防研究	博弈论
质量保证	工业、国防	科学、技术
损益分析	资源分配	经济学、统计学

(1) 线性规划。

线性规划(linear programming)最早称作线性结构的相关活动规划，是运筹学中研究较早、应用较广、比较成熟的一个重要分支。线性规划同其他学科一样也是随着管理的需要而产生和发展的。它是研究一定数量的人力和物力资源条件下，如何科学恰当地运用这些资源获得最大的效益，或在一定技术条件下，寻求最优化的设计。在有限的条件下，公共政策的制定者和执行者必须考虑如何最好地利用有限的资源来使政策效益达到最大化，在此基础上要考虑以下两个因素：

① 目标，即公共政策所要达到的最优结果；

② 约束条件，即对公共政策所能产生的结果的限制。

这类既存在最优的政策目标，又存在限制条件的问题称作政策过程中有约束的最优化问题。线性规划就是解决带有约束条件的最优化问题的常用方法。线性规划技术可以用来为涉及约束条件的资源配置决策提供科学的解决方案。解决政策过程中的线性规划问题有三个步骤：建立模型，即用恰当的数学式子表示问题；问题求解，即求出问题的最优解；敏感性分析，即查验当问题有所变化时会发生什么情况。

(2) 排队论。

排队论(queuing theroy)起源于20世纪初期丹麦数学家埃尔用数学方法研究电话作业，又称随机服务系统理论，主要研究要求获得某种服务的对象所产生的随机性聚散现象。使用这种理论的目的在于对排队现象的规律进行科学的描述，为进一步进行资源分配奠定基础。在排队理论中，将顾客设定为任何等待一项服务的人或事情，而将任何提供这项服务的人或事情设定为服务台。一个排队系统就是一个由顾客和服务台组合而成的系统。排队论通过对每个随机服务现象的统计研究，找出反映这些现象的平均特性规律，从而改进服务系统的工作状态。排队现象在生产、生活中广泛存在，当顾客超过了服务台的容量时，也就是说到达的顾客不能立即得到服务时，就形成了排队现象，表9-2是一些经典的排队例子。

表9-2 典型的排队例子

顾客	服务内容	服务台
病人	看病	医生
客户	法律咨询	法律咨询人员
在公路收费站排队的车辆	收费	收费车道
到达机场上空的飞机	着陆	跑道
不能运转的机器	修理	修理工
需要加油的车辆	加油	加油站的加油机器
到达港口的货船	装货、卸货	装卸码头或泊位

(3) 马尔可夫分析。

马尔可夫分析又称为马尔可夫概率预测法。它是利用某一系统的现在状态及其发展动向去预测该系统未来状况的一种分析方法。俄国数学家马尔可夫经过观测发现：在一系统内某些因素的概率分布的转换过程中，第几次转换获得的结果常决定于前几次(第n－1次)试验的结果。马尔可夫指出：对于一个系统，由一个状态转换至另一个状态的过程中，存在着转换概率，而且这种转换概率可以依据其紧接的前一状态推算出来。因而我们将系统由一种状态转移为另一种状态的过程称为马尔可夫过程。马尔可夫分析的主要内容是：根据目前的变量情况结合概率来预测这些变量今后将如何变动。马尔可夫分析过程是一种随机时间序列，它在将来取的值只与它现在的取值有关而与过去取什么值无关。或者说，未来的状态与当前的状态有关而与过去的状态无关，这种性质称为无后效性。

在公共政策学的意义上，利用马尔可夫分析可以推算出预测对象的未来状况和发展趋势，为政策制定提供各种资料和数据，特别是在人口、就业、环保、生态、犯罪、贸易等政策领域的应用更为广泛。

2. 随机分析技术

随机分析技术弥补了确定型分析技术所涉及不到的领域，克朗将动态规划、计算机模型、随机库存论、取样、决策树等列入随机分析技术之中(如表 9-3 所示)。

表 9-3 随机分析技术的方法

模型、工具或技术	应用	基础知识
动态规划	在生产、配置活动中的多阶段决策	计算机科学和概率论
计算机模拟	系统内部的相互作用	计算机科学和蒙特卡罗法
库存论	需求或提前时间是随机的情况	概率论和期望值统计
决策树	系统行为	代数和统计学
随机模型	计算系统转换的概率	矩阵代数、微积分
取样、回归、指数平滑	总体的问题解	统计学和概率论
贝叶斯定理	条件概率下的预测、相关和因果分析	代数、概率论以及有关先验概率的知识
损益分析	资源分析	经济学和统计学

随机定量分析技术的计算大都纷繁复杂。考虑到政策分析的实际需要，此处主要介绍动态规划、库存论、决策树、计算机模拟等技术的基本思想。

(1) 动态规划。

动态规划(dynamic programming)是由美国数学家贝尔曼和丹齐格在 20 世纪 50 年代提出的一种数学规划方法。它是在动态条件下，使用多重决定或多级问题的解以实现最优化而采取的一种数学方法。动态规划就是把一个动态的决策问题，按时间标准或按照空间的某些标准分解成若干相互联系的阶段。在每一个阶段中，具有一个或多个状态，针对每一个状态都可以做出决策。在各阶段的决策确定以后，就构成了一个决策序列。由于每个阶段有多种决策，因此，在整体上必然形成有多种政策序列可供选择的局面；政策序列不同，政策效果也不一定相同。然后在允许选择的政策序列内选择一个最优序列，使在预定的标准下，达到最好的政策效果。

由于动态规划把比较复杂的问题划分成若干阶段，这样不论问题本身是否与时间有关，只要按阶段来依次解决，就具有明显的时序性。“动态”的含义是，变量及其指标函数的状态随阶段变更而变化。因此，动态规划方法不仅能解决一些随时间而变化的问题，也能通过人为地划分阶段来研究和解决一些静态问题。

(2) 库存论。

库存论是研究库存系统的性质、运行规律以及最优运营的一门理论。它研究的主要问题是如何保持合理的存储水平，使总的损失费用达到最小。库存论研究的对象是存储系统。所谓存储系统，是一个由补充、存储、需求三个环节构成的运行系统，并且以存储为中心环节。对一个存储系统而言，最关键的控制步骤是存储的输入过程。在输入过程里，有两个基本问题需要做出决策：一是“期”的问题，即何时补充的问题；二是“量”的问题，即补充多少的问题。政策制定者可以通过调控“期”与“量” 这两个决策变量，来调节存储系统的运行，以达到最优的运营效果或者说政策效果。政策分析中常常通过对存储系统影响“期”与“量”的诸要素的研究，得出存储策略，并以此为根据来优化有关政策的执行过程。存储策略以一系列数学模型来表达，每种数学模型对应于不同的适用条件。这些模型主要包括经典经济批量模型、非即时补充的经济批量模型、允许缺货的经济批量模型等。

(3) 决策树。

决策树法是一种风险型决策的评价方法，是利用树枝形状的图像模型来描述决策问题的，主要用于预测政策方案及其结果。它也是一种用树型图来描述各方案的未来收益的方法。它将各种方案以及这些方案的可能性的大小、可能出现的状态以及可能产生的结果都绘制在一张图上，使得决策分析可直接在做决策树上进行，其决策标准可以是益损期望值或经过变换的其他指标值。决策树的基本图形如图 9-5 所示。

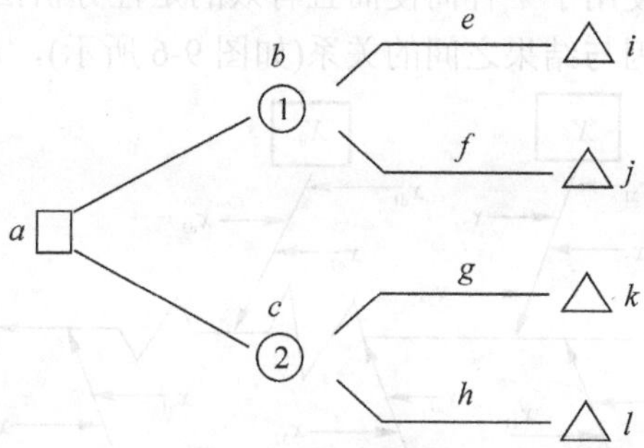

图 9-5 决策树基本图形

图 9-5 中，□表示决策点，是被分析的主要决策。由此引出的两条直线叫方案分支，表示决策时可以选择的不同政策方案，有几个政策方案就有几个分支；*a* 表示最终损益期望值。

①和②表示自然状态点，由此引出的直线叫概率分支或状态分支，表示方案在未来执行时可能遇到的几种不同自然状态，有多少个状态就有多少个分支；圈中的数字为节点号。节点上的字母(*b* 和 *c*)表示数据，是该方案的损益期望值。在状态分支上的字母(*e*、*f*、*g*、*h*)是数字，表示该状态出现的概率。

△表示结果节点，即政策方案的执行结果。结果节点后边的字母(*i*、*j*、*k*、*l*)表示数值，是每一方案在相应的状态下的损益值。

(4) 计算机模拟。

政策分析中的计算机模拟技术，是以数据分析和建模定量分析为基础，通过人机交互作用、使用仿真模型，以计算机和其他附属设备为工具对真实或假定的政策系统进行仿真实验，通过对实验结果进行分析研究，进而对政策制定、执行、评估和监控等环节做出决策的一种过程。目的在于协助政策行为者和政策研究者处理各种政策问题，提高政策分析效能和公共管理水平。计算机模拟结果的输出形式既可以是数据，也可以是文字，还可以是各种色彩丰富、形象逼真的静态或动态、平面或立体的图形。采用何种输出形式可根据政策研究者的需要而定。计算机模拟是政策分析的一种辅助方法。目前，由于计算机的普及，各种各样的政策模拟系统层出不穷，如经济决策模拟系统、区域发展决策拟系统、数字城市决策模拟系统，以及模拟真实战争情况的军事运筹辅助决策系统等。计算机模拟可以辅助各种政策分析层次的分析过程。

三、系统分析中的定性分析方法

系统分析中的定性分析方法的基本逻辑是归纳法，即从具体的、个别的、经验的事例中逐步抽象出概念和理论。

定性分析方法经常采用的形式大致可以分为三大类：因果分析法、目标—手段分析法和 KJ 法。

1. 因果分析法

因果分析法是利用因果分析图来分析影响系统的因素，并从中找出产生某种结果的主要原因的一种定性分析方法。系统某一行为(结果)的发生，绝非一种或两种原因造成，往往是由于多种复杂因素的影响所致。为了分析影响系统的重要因素，找出产生某种结果的主要原因，系统分析人员使用了一种简便而且有效的定性分析法——因果分析法。这种方法是在图中用箭头表示原因与结果之间的关系(如图 9-6 所示)，形象简单，一目了然。

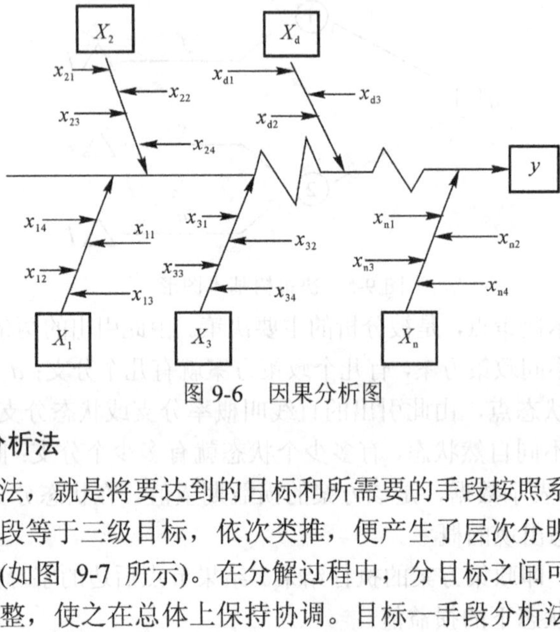

图 9-6 因果分析图

2. 目标—手段分析法

目标—手段分析法，就是将要达到的目标和所需要的手段按照系统展开，一级手段等于二级目标，二级手段等于三级目标，依次类推，便产生了层次分明、互相联系又逐渐具体化的分层目标系统(如图 9-7 所示)。在分解过程中，分目标之间可能一致、也可能不一致，这就需要不断调整，使之在总体上保持协调。目标—手段分析法的实质是运用效能原理不断进行分析的过程。

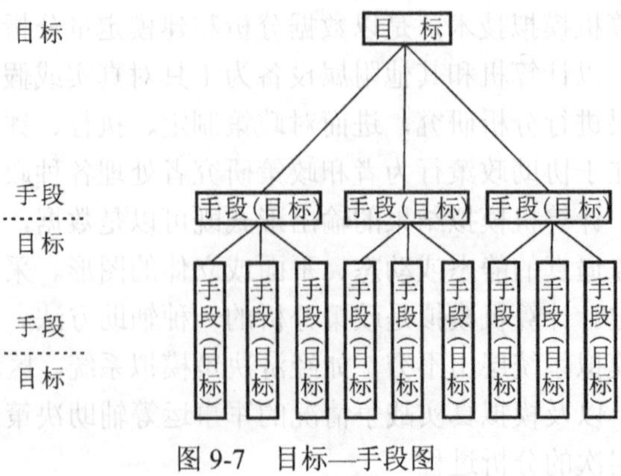

图 9-7 目标—手段图

3. KJ 法

KJ 法是一种直观的定性分析方法，它是由日本东京工业大学的川喜田二年教授开发的。KJ 法是从很多信息中归纳出问题整体含义的一种分析方法。它的基本原理是把每个信息做成卡片，将这些卡片摊在桌子上，然后综观全面的卡片，把有“亲近性”的卡片集中起来合成子问题。依次做下去，最后求得问题整体的构成。这种方法把人们对图形的思考功能与直觉的综合能力很好地结合起来，不需要特别的手段和知识，不论是个人还是团体都能简便地实行。因此，KJ 法是分析复杂问题的一种有效方法。

KJ 法的具体实施步骤如下：

第一，尽量广泛地收集与问题可能有关的信息，并用关键的语句简洁地表达出来。

第二，一个信息做一张卡片，卡片上的标题要简明易懂。如果是团体实施，则要充分协商好内容，以防止误解。

第三，把卡片摊在桌子上，通过综观全局，充分调动人的知觉能力，把有“亲近性”的卡片集中到一起作为一个小组。

第四，给小组取个新名称，其注意事项同第一个步骤。这个小组是由小项目(卡片)综合起来的，应把它作为子系统来登记。这个步骤不仅要凭直觉，而且要运用综合分析能力，发现小组的意义所在。

第五，重复步骤三和四，分别形成小组、中组和大组，但对难以编组的卡片不要勉强地编组，可把它们单独放在一边。

第六，把小组(卡片)放在桌上进行移动，根据小组间的类似关系、对应关系、从属关系和因果关系等进行排列。

第七，将排列结果画成图表，即把小组按大小用粗线框起来，把一个个有关系的方框用“有向枝”(带箭头的线段)连接起来，构成一目了然的整体结构图。

第八，观察结构图，分析它的含义，取得对整个问题的明确认识。

第四节　政策分析的具体应用

政策分析在现代社会的具体应用主要体现在两个方面：现代政策研究组织以及政策分析师。现代政策研究组织是政策科学的摇篮，同时在以知识和信息为主要特征的环境背景下，更是凸显了政策研究组织的重要地位。在现代政策研究组织之中或者之外都存在着政策分析师、政策分析的从业人员，这些人员从业于政府部门或政府部门以外行业的各个层级以及私人咨询领域及学术领域。可以看到，这两者对政策分析的发展和研究都有着重要作用。

一、现代政策研究组织

在西方国家，政策研究组织的成熟程度一度成为衡量一个国家公共决策水平高低程度的重要标尺，并在社会利益和权势集团中发挥着桥梁和纽带作用。本节将从现代政策研究组织的起源入手，对政策研究组织的基本概念、特征及具体类型划分等相关内容进行介绍和学习。

(一) 现代政策研究组织的起源

现代政策研究组织首次出现于第一次世界大战后的美国，1929 至 1933 年间，美国罗斯福总统为推行新政建立了第一期政策研究组织，其中比较著名的有革命与和平研究所、布鲁金斯学会等。然而在这一时期，有关政策研究的组织和机构数量有限、规模较小，组织的严密性较弱，采取的研究方法、涉及的研究领域和方向都非常有限，组织体系也并不严密。因而在这一时期政策研究手段和研究组织并没有被社会或政府人员广泛认同和使用。第二次世界大战后，涌现出了大批现代政策研究组织，如 1948 年建立的兰德公司(Research and Development，RAND)，1958 年建立的英国的伦敦国际战略研究所，1965 年建立的日本的野村综合研究所以及加拿大 1972 年建立的公共政策研究所等。这些政策研究机构后期大多服务于企业和政府公共部门。政策咨询研究的领域也逐步扩展到了政治、军事、经济等领域。到了 20 世纪六七十年代，美国、英国和日本掀起了“脑库浪潮”，北美、西欧、日本三个地区 14 个国家建立了民间组织——三边委员会，政策研究组织得到了空前的发展。

就现代社会而言，西方国家的经济发展、科学技术的进步为智库的扩展和活动提供优越环境的同时，智库也促进着该地区政治、经济的发展。不仅如此，智库的发展也为全球的进步以及各国国内的政策制定提供信息、咨询和保障。自从智库概念被提出以来，经过多年的发展，全球智库的数量快速增加。美国宾夕法尼亚大学詹姆斯·麦甘领导的“智库与现代社会项目(TTCSP)”从 2007 年开始进行全球智库发展状况的调查评价，2008 年起每年出版全球智库评价研究报告(Global Go To Think Tank Index Report) 。从数量上看，2021 年 1 月 28 日公布的《全球智库报告 2020》中指出，全球智库数量整体增长，欧洲和北美仍为全球智库最多聚集地。TTCSP 全球智库数据库中列出的所有 8248 家智库中，美国以 2203 家政策研究组织成为全球拥有智库机构数量最多的国家，中国有 1413 家，位居第二。从研究领域上看，初期的《全球智库报告》在划分智库的研究领域时仅划分了“环境领域智库”，2012 年新增了“能源资源领域智库”，2017 年新增了“食物和水安全领域智库”，由此可以看出：智库的研究领域正逐步从环境安全向能源、资源、水资源安全拓展。同时，大量新兴的资源环境类智库不断涌现，如美国自然资源治理研究所、英国第三代环境保护研究所。随着气候变暖问题进入公众视野，研究气候变化的智库也不断涌现，如西班牙巴斯克气候变化中心等。

可以看到对现代政策研究组织的需要和依赖已经成为公共决策的一种必然趋势。由各领域专家学者们共同组成的综合性政策咨询机构推动着政府部门的各项决策朝着科学化、民主化的方向迈进，同时为社会发展提供信息、技术服务，推动着现代化国家决策的多样化和科学化发展。

就政策研究组织的概念而言，日本情报社会研究所学者增田米二认为，政策研究组织是以开发大型科学(如宇宙、海洋)和开发社会(如防治公害、城市建设)等综合性更强的技术和系统为对象的研究咨询机构。

国内学者李永洪认为，公共政策研究组织是指由各领域专家、学者、离任官员等共同组成的对公共政策进行跨学科的理论研究、咨询、规划、分析以及评估等工作，以帮助有关部门和机构特别是政府部门和机构进行决策，从而提高公共政策质量的组织。

综合国内外学者的看法，本书认为，政策研究组织就是指由各行业领域的专家、研究者、离任的行政官员等共同从事政策研究、政策规划、政策评估和政策咨询等具有跨学科且综合性强工作的组织，其以帮助决策者提升决策科学性和质量为目的。

(二) 现代政策研究组织的特征

现代社会是一个高度组织化的社会，现代政策研究组织作为一种指导人们行动、进行跨学科综合性研究的新型机构，对现代社会的影响更是非同一般。了解和知晓现代政策研究组织的特征特点，对建立完善的政策研究组织是非常有必要的。具体而言，现代政策研究组织具有如下几个特征。

1. 组织内部人员结构的跨学科性

政策研究组织需要解决的问题大多带有学科综合性特征，这就加大了问题的复杂性和难度。因而，试图去寻求破解这些复杂问题的方法和技术，仅靠某一门学科的知识和技术是很难达到的。政策研究组织作为现代社会发展的产物，其通过评估社会发展方向并依据相关课题研究的需求，从社会的人才库中大力组合多样专业的人才，期望各学科专业人员能够在政策研究当中相互协调并以此来达到最优组合，通过广泛采用跨学科、多样式的研究方法，实现优势互补、相互促进和拓宽思路的目的。

2. 以推进政策制定更完善为目标

无论何种类型的政策研究组织，都以推进政策制定向更完善发展作为终极目标。政策研究组织开展的各项活动都是为了不断靠近并最终实现政策目标，影响着组织的行动和发展方向。尽管政策研究组织接受服务机构和部门的报酬，但它们只收取为维持组织内部的可持续性运转及提升研究工作外部条件环境的费用，而不以赢利为目的。其目标始终是改进有关机构和部门的政策制定，促进决策科学化、民主化。

3. 具有独立或相对独立的政策咨询和分析环境

从历史的发展长河中可以看到，古代的智囊团或某个智囊人物凭借其团队或个人的优秀学识为某一官僚或贵族进行私密性极高的咨询服务，主体与客体之间存在人身依附关系。而现代政策研究组织所进行的政策研究行为则是在尊重科学、实践以及客观存在的基础之上，从客观事实出发，通过科学、有理、有据的方法进行检验，得出科学的结论。其最终成果不是为了支撑涉及的政策或者依附的团体。因而，现代政策研究组织是相对独立存在的，其在进行政策研究或分析等行为时具有明确的活动自主权，不依附于任何单位或个人的意志。

4. 多主体联合共同进行政策研究

现代政策研究组织能够架起政府部门、商业行业和学术界等多环境的智慧、资金和信息沟通的桥梁，融合这三个领域的学识、见识和经验，在解决政界、企业界决策过程中产生和凸显的重大问题的基础上最大程度地保留各领域、各行业的利益。该组织通过多方面知识的融合、渗透以及排列组合，力图提出最优的解决方案，将政策效益最大化。当前，以西方国家为主，尤其以美国和日本两国为代表的政策研究组织的多主体的新型政策研究组织在政府和企业决策中不断展示出其优越性。

5. 采用科学研究理论以及先进技术手段

现代政策研究组织的发展侧重于借用系统分析论、控制论、网络理论等科学的理论技术来为其提供行之有效的研究方法和技术。其科学性、实用性和有效性在政策研究中多次得到证实。另外，现代政策研究组织还试图借助以计算机、互联网等现代化技术为特征的现代通信手段以及建立数据库和模型等保障其决策研究活动的科学性、民主性、可靠性和准确性。

(三) 现代政策研究组织的类型

世界各国现有的政策研究组织数量庞大，其类型、规模和种类纷繁复杂。根据收入形式、工作内容、组织的隶属性质等，本书将现代政策研究组织划分为纯官方政策研究组织、半官方政策研究组织、纯民间政策研究组织以及跨国政策研究组织四种类型。

1. 纯官方政策研究组织

纯官方政策研究组织通常隶属于不同国家或地区的执政党组织或政府及其职能部门，带有非常明确的官方和政治色彩，反映了国家和政府一定的态度、立场和倾向，其在政府部门的组织体系中占据一定的地位，如美国的白宫办公厅、总统顾问以及中国的中共中央政策研究室。官方政策研究组织直接研究国家的政策问题，为官方做出的决策提供咨询和评估。纯官方政策研究组织同时存在多种附属类型：

(1) 最高行政长官的研究咨询机构，由其办事机构和专门的委员会所构成，如美国总统科学咨询委员会、荷兰政策科学评议会、法国总统府中的总秘书处等。这种政策研究机构与最高决策者保持着密切的联系，随时对其提供有关政策的情报和信息，对最高决策者起着巨大的影响作用。

(2) 具有相对独立性的研究咨询机构。其与行政系统紧密相关，该机构人员由政府直接任命，但同时保有内部相对独立的组织架构和研究手段。这一类咨询机构具有极高的地位，对西方国家的立法、行政等都会产生影响，如法国经济和社会委员会，素有“第三会议”之称。

(3) 部门内部咨询机构，主要以为政府各部门提供政策咨询、参谋、研究等为工作，其样式丰富，层级分明。例如，日本通产省设有三个审议会，厚生省设有二十一个审议会，各审议会对其所在省进行政策研究，提出方案。

我国的中共中央政策研究室简称中央政研室，是帮助中央了解与分析情况并制定与贯彻执行政策的助手之一，为党的政策提供参谋，其具体职能有：

(1) 负责起草全国党代会中央委员会的工作报告；根据中央领导同志指示，单独或组织、协同有关方面起草、修改中央的有关重要文件；起草中央领导同志部分重要讲话。

(2) 对党的建设、思想理论重要课题和中央重大决策的可行性进行调查研究，提出政策性建议。

(3) 参与党中央大型会议的文件起草。

(4) 对全国经济形式跟踪、收集、分析、整理，以及报送党建和思想理论的重要综合信息、动态，为中央决策提供建议和咨询。

(5) 承办党中央交办的其他事项。

2. 半官方政策研究组织

为了让学者或专家们能够将其学识和智慧充分地利用于政府部门，帮助政府部门进行和从事政策分析或研究工作以及起到作为与民间沟通的桥梁的作用，西方国家建立了许多半官方性质的政策研究组织。半官方政策研究组织是指获得执政党或政府部门的资金支持，但并不直接隶属于执政党组织或政府部门的组织，其服务对象不局限于党政机关。这些半官方性质的政策研究组织主要可以划分为三种：

首先是政府部门通过财政投资或资金资助部分研究领域和方向，把这类接受资助的政策研究组织纳入到为政府服务的范畴中来。例如，日本的“脑库总管”，作为一个综合研究开发机构，该机构的主要任务就是根据日本政府的要求来拟订研究课题，并将这些研究课题按比例划分给一个或多个民间的政策研究机构。

其次是官方与政策研究组织签订合同，组建相互依赖、长期稳定的密切合作关系。例如，美国斯坦福国际咨询研究所，该研究所主要服务于政府和军方等国家性质的部门或组织，为其提供政策咨询、评估等相关工作，斯坦福国际咨询研究所每年的总收入中政府和军方的合同收入占比为近百分之七十。

第三是与政府各职能部门直接对口的政策研究组织。这类挂钩性质的政策研究组织中政府的资助只占其总资金的一小部分，虽然在资金占比上只有很小的比例，但由于其直接为对口的政府职能部门提供政策研究、评估等服务，因而他们实质上也属于半官方性质的政策研究组织。例如，美国对外关系委员会(直接与美国国务院挂钩)、美国经济发展委员会(直接与美国商务部对口)。

3. 纯民间政策研究组织

纯民间政策研究组织具有独立性和客观性的特征，它不为个人或政府意志所随意左右，能够直接体察到民意、接近实际，其政策研究成果更具有客观性和系统性。纯民间政策研究组织具有两大独特优势：一是在真实信息的获取和收集方面有优势和先天有利条件，能够避免和克服行政性政策研究机构在获取信息上的壁垒；二是可以保持政策研究的可持续性，能消除由于国家领导人的更替或领导和发展方向的转变而导致政策研究发生断层的弊端，促进社会政治经济的稳定发展。

4. 跨国政策研究组织

跨国政策研究组织主要是由世界各国的经济学家、政治学家、企业家、政策分析家等共同组成的，以研究全球性问题为主的政策研究组织。首先，该类智库在规模上具有全球性；其次，跨国政策研究组织中的学者们经常与一些国家的领导人、元首或世界范围内著名的政治家们举行联席会议、共同讨论问题，如罗马俱乐部。跨国政策研究组织研究的课题不为任何国家、政党的利益所服务，只为关心全人类的利益和以促进人类未来发展为目标。

(四) 政策研究组织的功能

现代政策研究组织以其独特的组织体制以及研究方式在政治运行和国家的运转当中扮演着重要的角色，在各国的当代公共决策系统和过程中占有重要的地位，是各国公共决策不可缺少的有力助手。

1. 作为辅助咨询性机构：向决策者提供政策建议和意见

在制定政策时，政策研究组织起着连接上下层的纽带和沟通作用，其作为中介环节将权力集团和政策的决策者相关联起来，起到了将政治环境与社会生活全面联结的作用。首先，掌握权力和金钱的团体在政策研究组织的作用下将其利益所在之处有效地表达出来，并将其握有的经济资源转化为政治权力。政策研究组织为其所服务的权力集团提供有效的信息、人力资源，集中各界的建议意见并通过筛选进行有效的利益表达。这些组织帮助解决突出矛盾，促进机构和各界之间的融合，一定程度上成为权力集团的代言人和发言人并向政府部门提出政策制定的建议和方向。其次，政策研究组织通过利用科学的工具和广泛论证，归纳出解决政策问题的具体方案，从而将组织所代表的权力集团的意志直接传送至“直接决策者”，而政府部门与国会就是在这些方案中进行选择。

2. 作为学术知识性机构：提供学术思想

政策研究组织的任务在于发现和传播短期内不会成为公共政策的学术思想。首先，政策研究组织提出代表某个权力集团的未来政策思想。其次，政策研究组织及时为人类社会所面临的严峻问题敲响警钟。比如，乔治城大学的战略和国际研究中心从战略角度出发，对世界经济和能源以及科技和通信信息等项目进行政策研究，其研究内容侧重于“预测未来”。该组织内的研究员们多年前曾提出20世纪70年代的能源和80年代的信息是各国政府面临的紧要问题，还提出了“信息就是力量”的口号，他们的一些论断已被证明或正在被实践所证明且对各国政府的决策起着指导性、方向性作用。

3. 作为结果评估性机构：提供相关信息资讯及问题解决方案

政策研究组织一般注重评估政府部门的各种政策和计划。它通过对政策进行检查、评估和衡量，来对政府政策的利弊得失、是否有效运转等进行评判，并寻找存在的问题，从而改进政策的实施战略和程序。政策研究组织诊断社会问题，寻找其原因并对症下药，具有非常积极的意义。首先，政策研究组织的评价可以超越少数政策制定者的有限见识从而实现决策的科学化。其次，政策研究组织有利于决策民主化。专家、学者们参与对政策实施效果、所用资源成本等各个环节的评估，是他们的一项基本民主权利。同时，专家、学者们通过政策评估，也促进了政府决策行为的民主化。

4. 作为资源储备性机构：向政府等公共部门输送高素质人才和专家

作为资源储备性机构政策研究组织的功能主要体现在以下几个方面。首先，政策研究组织的这种作用直接表现为把政策研究组织专家安排到政府部门的重要岗位。在美国不论谁当总统，都必须聘请政策研究组织内的专业人士来管理政府。据资料显示，美国政府中约有三分之一以上的高级官员来自于著名的政策研究组织。其次，政策研究组织专家直接参与政策制定工作。在美国，由于政治家缺乏技术和时间，专家和学者便在核能、环境保护、平等就业等领域和行业有了充足的活动空间。专家学者利用其丰富的知识、先进的技术，对复杂的社会问题有详细了解，因而其研究成果常常成为提案的基础。第三，参与竞选，影响公共政策制定。政策研究组织活动在西方是民主参与制的其中一种形式。政策研究组织成员依靠自己对政治过程的了解和专业的分析技能参与竞选或支持候选人，并借助自己的思想和价值观来帮助候选人制定政策和策略。

5. 作为传播宣传性机构：经舆论的方式来传播思想并进行政策教育

大众传播媒介的发展，使社会逐步成为一个开放的系统。现代政策研究组织起到把政府的基本政策传播给大众，把各界的观念传播给决策者的作用。他们十分重视利用舆论工具来扩大自己的影响。首先，每当一个国家或地区内发生重大问题尤其是政治问题时，政策研究组织可以在电视台等媒体平台进行背景介绍、原因分析、提出对策等引起公众和舆论的关注从而达到宣传效果并左右相关决策。其次，通过借助出版大量的丛书和刊物等纸质资料来宣传其研究成果，从而影响人们的思想观念。比如，美国企业研究所每年出版多达 110 多种出版物并将其分发给政府、大学、社会团体等。再次，组织名目繁多的会议和讲座。最后，组织名目众多的会议和讲座，并派送学者走出大门，到外部进行演讲、演说。

二、政策分析师

德里昂认为，政府每年都有几亿甚至数十亿美元花费在政策分析师身上。而这些政策分析师大多作为城市管理部门、财务部门、教育董事会中的参谋和助理。可以看到，他们都在关键部门身居要职，对其进行细致的分析和了解研究是很有必要的。本节将从政策分析师的角色定位及职业特征、政策分析师的素质要求以及任职场所等方面对其进行简单的介绍。

(一) 政策分析师的角色定位及职业特征

哪一类人属于政策分析师？政策分析师主要的工作内容有哪些？他们扮演何种角色？发挥什么作用？这些问题涉及政策分析师的角色定位。对此叶海卡·德洛尔在美国兰德公司出任高级研究员时指出，政策分析师的职位应该在行政机构中较为靠近高层的公共政策决策的职位中进行考虑。因为一般情况下，政策分析师应当作为高级行政首长或高级领导的顾问，并且与他们形成合作关系，在他们进行决策时提供建议。但从各个国家的现实情况来看，政策分析师大多在应用性政策研究组织或智库里工作和任职。高级政策分析师则能够在政策研究组织和行政部门共同任职，如美国的乔治·布什政府里任国务卿的赖斯等。在学术性的政策研究组织和社会科学各学科研究组织以及高等教育机构中，也有一批专门的学者和教授擅长于分析现实问题，尤其是具有时效性的社会公共问题并从事应用性的公共政策研究，扮演着政策分析师的角色。其中，也有一批优秀的学者和教授凭借其出色的分析水平从而能够达到上述高级政策分析师那样的角色职位。关于政策分析师的角色定位，叶海卡·德洛尔认为，需要注意以下几点：

(1) 政策分析师不应将其看作是全知全觉的主体，而应该是公共政策制定过程中的补充者和完善者，向制定过程贡献更好的分析，还有非传统的、合乎未来的导向，以及系统的思考。

(2) 政策分析师需要起到纽带和连接的作用，尤其要将科学与政治两个领域联系起来。

(3) 为了给政策制定做出贡献，政策分析师可以通过适当引入相互竞争的不同利益代表和其他因素之间的博弈和互动，并以此作为提高集体政策制定质量的方式。

(4) 政策分析师在政府部门中的角色定位，应是向公共决策贡献出良性的职业竞争，且这种竞争应当是建立在系统分析和定量决策理论，以及对政治科学和公共行政有详细认识且有新视角的基础之上的。通过借助广阔的知识背景，依靠更系统的分析工具来进行充分的考量。

除叶海卡·德洛尔的观点外，我国公共政策学者谢明在其所著的《政策分析概论》一书中提出政策分析的从业人员或多或少都有相互重叠的关注内容也是其职业特征，这主要体现在以下几个方面：

(1) 政策分析从业人员聚焦于社会问题，关注社会热点问题以及这些问题与公共政策制定之间存在的逻辑关系。

(2) 政策分析从业人员关注出台的各类公共政策以及各领域的公共政策中的具体内容。

(3) 政策分析从业人员关注政策制定者和决策者计划做哪些事情、具体做了哪些事情、还有哪些事情需要去做和完成。

(4) 政策分析从业人员关注每一条公共政策的具体实施效果及其形成的积极和消极影响，以及是否达到了政策预期的目标。

(二) 政策分析师的素质要求

一名合格、优秀的政策分析师需要兼有良好的专业素养和一定的政治素养。也就是说，想要成为一名出色的政策分析师，除了掌握必需的有关公共政策学的知识，还需要进一步丰富自己的社会经历和知识储备。就政策分析师的基本素质而言，公共政策学者叶海卡·德洛尔认为，想要成为一名政策分析师，首当其冲应该具备以下几个方面的基本素质：

(1) 政策分析师应当具有一定的政治性头脑。他们必须把注意力集中在公共决策的政治方面并着重考虑其可能产生的影响，在政治可行性方面争取支持。

(2) 政策分析师应当具有宏观性的大局观念，在思考和解决问题时应突破资源分配的概念框架。

(3) 政策分析师应当致力于技术创新，不拘泥于现有的方案比较研究，应当本着革新的创造性精神，致力于发现和拟定新的政策备选方案。

(4) 政策分析师应当具有洞察力，要能够观察到政策内容的实质并进行细致的分析，而不是关注外在的形式和技术方法。同时，政策分析师应具有丰富的想象力、敏锐的洞察力和观察能力，并善于在多领域和多角度的交流学习中，构建行之有效的政策模型。

(5) 政策分析师应当立足现实、放眼未来，将研究视角和视线更多地放眼于未来，用社会科学理论和经验方法来对备选方案的可行性进行评估和判断，并且把未来因素纳入当前的政策分析中。

(6) 政策分析师应当具有弹性思维。政策分析师应更多地关注系统性和弹性的有机结合，不求细致全面而是抓住要点、重点，以较为简洁便利的方式来实现政策目标。

(三) 政策分析师的任职场所

政策分析师因其特殊的工作内容和性质导致其职业环境受限，但同时也因其工作内容涉及范围广泛，涵盖社会的方方面面，因而使得政策分析师有广阔的职业前景。通过整理研究发现，政策分析师主要在以下环境中任职较多：

(1) 教育行业。调查发现，政策分析师普遍对教育领域，尤其是高等教育的相关岗位和职位较为感兴趣，因为教育行业通常对公共政策的制定、公共问题领域以及相关政策的实施研究更为关注。

(2) 独立的政策研究组织和智库等。这些组织同时收纳合同制雇员和专职的雇员。

(3) 体制内的政策制定部门。政策分析师在体制内工作，主要负责收集和分析情报信息等工作。

(4) 利益集团和其他活动团体。在利益集团内部工作的政策分析师通过监控政策的执行过程，提出政策主张及建议。

(5) 政党内政策制定部门。在政党内部工作的政策分析师往往与该政党具有统一意志和思想，希望通过自己的工作来支持其关注的政党的政治活动，维护该政党的利益。

(6) 自由职业的政策咨询人员。这一类政策分析师根据自己与所属机构或单位签署的相应合同和所付的酬劳来进行政策研究和分析活动。

三、政策分析的职业伦理

自20世纪70年代以来，政策分析的相关工作在西方发达国家逐渐成为一种正式的职业，许多接受过专业培训的人员越来越多地就职于政府部门和政策研究组织等。这些政策分析人员还成立了相应的职业协会，如美国“公共政策分析与管理学会(The Association for Public Policy Analysis and Management)”。公共政策研究组织和分析人员所分析的是涉及公共利益的问题，因此他们承担着向直接决策者提供信息和建议的责任，对公共决策也发挥着重要作用。政策分析的职业伦理更是一种特殊的职业伦理，涉及公共责任和目标群体利益的实现问题。具体来说，其职业伦理的基本内容主要包含以下三点。

1. 道德品质要求

公共决策者和政策研究者需要同时具备社会成员的一般道德以及作为政治角色的职业道德。这种职业道德实质上就是责任和义务的体现，它要求决策者和研究者对国家和人民负责，为国家和人民的利益服务，实现目的性和责任性的统一。

2. 行为规范要求

公共决策者和政策研究者都要依照规章制度行事，坚持正确的政治方向和思想，从实际出发，树立责任感和诚信意识，为政策目标的实现创造有利条件。任何一个政策选择都要注意体现广大人民的利益并协调好各方面的利益关系。

3. 价值判断要求

价值判断要以事实为依据，决策者和研究者要把价值判断和事实判断相结合。价值判断要以公共利益为重，还应是责、权、利的统一。

帕顿和沙维奇认为，要使政策分析人员承担起道德责任，应当建立一个四角度的职业伦理框架，依据四个角度的框架来对自我进行反省，这四个角度分别是：

(1) 从自身的角度。审视和反省自己进行政策分析是否有正确的价值指导、是否使用了负责任的手段方法、是否用了多重方法来揭示备选方案、自己的分析是否会导致知识的增多。

(2) 从雇主和顾客的角度。审视自己进行的政策分析是否出于独立判断，以自己的能力来说是否胜任，自己能否取得决策者的信任，是否存在利益冲突，所进行的政策分析能否满足顾客需求。

(3) 从同事和职业的角度。审视和反省自己对同事是否站在公平角度，有必要与自己同事进行共享信息吗，进行的行动对自己的职业是否有负面影响。

(4) 从普通公众的角度。审视和反省自己做的政策分析会否造成不公正的损害，会否使哪些人的权利受到侵害，是否存在隐瞒了党派偏见或主观倾向，自己的分析是否有市民适当参与，是否为寻求远期正面效益做了努力，是否提供了全面、清晰和标准的信息。

四、中国政策研究组织

政策研究组织是公共决策的重要组成部分，我国的政策研究组织数量众多、发展迅速、涉及范围广，形成了独具特色的中国特色社会主义智库并发挥着特殊的作用。

(一) 中国智库的发展

事业单位型的半官方性质的智库(半官方政策研究组织)，是我们国家智库的最初发展形式，它开始于20世纪七八十年代的改革开放之初。随着改革开放的幕布徐徐拉开，农村发展问题首当其冲地摆在领导者的面前，农村发展问题也成为撬动改革和中国智库同步发展的逻辑起点。1980年成立的“中国农村发展问题研究组”是我国智库的早期版本之一。在经历了20世纪90年代初邓小平南方谈话以及党的十四大之后，我国进入社会主义市场经济体制创建的阶段，我国的一部分知识分子受到改革开放的影响，“下海”组建第一批社会智库，这些社会智库是政府与社会团体、基金会、企业加强联系的产物，由此纯民间性质的政策研究组织的数量和规模在我国尤其是东南沿海地区迅速扩大。到20世纪末21世纪初，为让我们的教育资源更加充足、更具有优势和竞争力，同时为争取使我国若干所大学和一批重点学科进入世界一流水平，我国领导人做出建设“985工程”高校的决策之后，国内众多大型的具有研究型水平的大学等纷纷成立政策研究和咨询机构，高校智库也开始走向建制化，这一历程成就了中国的智库发展。社会智库、高校智库的蓬勃兴起，彰显出中国智库体系多元化、市场化时代的到来，即中国的政策研究组织开始向多元化、多领域、综合性学科的态势稳步发展。

进入21世纪以来，党的十六大报告明确提出：“完善专家咨询制度，实行决策的论证制和责任制。”在这一阶段后期，随着政策过程中决策咨询分量的加重，智库在国家治理方面的智力引领作用也逐步凸显。党的十七大报告中强调，我们要充分发挥出智库的作用，将对决策民主化、科学化的重视，提高到了决策咨询制度建设的层面。全国各地纷纷积极响应中央的号召，这一阶段也成为各地决策咨询委员会成立的高峰期。进入21世纪的第二个十年，为了积极应对国内外环境的多重变化，中国智库以其汇聚不同领域专业化研究的协同创新能力，在影响决策、拓展公众思维及开阔眼界、提供多元化思想及研究成果等方面，愈发深刻地改变和影响到民众、企业、社会和国家的思想与决策。与此同时，中国智库也逐渐深入到经济、政治、文化、社会、生态、党建、科技、国防和国际关系等各个领域。2013年11月，中共十八届三中全会提出了我国智库建设的“22字”方针，即“加强中国特色新型智库建设，建立健全决策咨询制度”。这是在正式公开文件中首次出现“中国特色新型智库”的表述。2015年和2017年，中央全面深化改革领导小组还分别就国家高端智库和社会智库的发展，发布了《国家高端智库建设试点工作方案》和《关于社会智库健康发展的若干意见》等文件，分别对我国高端智库和社会智库的组织形式和管理形式以及发展方向给予了指导意见和规范。至此，中国特色新型智库建设，不仅上升为国家战略，而且也进入了公众视线。从我国智库的发展历程当中可以看到，在日益复杂的国际国内经济社会发展与竞争中，信得过、靠得住、用得上是对一个国家智库的基本要求。根据《全球智库报告 2020》(2020 Global Go To Think Tank Index Report)中的数据报道，中国智库的数量已从 2019 年的 507 所增至 2020 年的 1413 所，增幅达到引人注目的 178.7%。同时中国多家智库入选全球“国防和国家安全研究”“国内经济政策研究”等不同领域。这些数据都反映出我国智库发展呈现出的良性积极的态势。浙江大学信息资源分析与应用研究中心(CIRAA)智库研究小组撰写的《全球智库影响力评价报告 2020》中指出，虽然我国现代智库起步较晚，但近几年发展迅猛，传统智库不断转型发展，影响力不断增强，新型智库不断涌现。

(二) 中国特色新型智库的重要作用

中国特色新型智库主要有以下重要作用。第一，中国特色新型智库是促进中国共产党和我国政府部门决策科学化、民主化的重要支撑。改革开放以来，中国智库建设事业迅速发展，借助于智库提供的有力的智力支持和决策支撑体系，党和政府能够以科学咨询支撑科学决策从而破解难题和应对全球性问题。第二，中国特色新型智库逐渐成为国家治理体系中不可或缺的组成部分，以及推动国家治理体系现代化和治理能力现代化的必备的中坚力量。第三，中国特色新型智库是提高国际竞争力、增强国家软实力的重要因素之一。

(三) 中国特色新型智库发挥作用的方式

中国智库具有多种发挥作用的方式和机制，主要可以概括为：内参和政策报告、咨询机制、承接课题项目、参与公共外交、公开渠道及社会影响、个人渠道和为中国政治精英授课等几种。

1. 内参与政策报告

通过提交内参与政策研究报告发挥智库影响力是中国各类型智库目前存在和发挥作用最为常用的方式。各个智库基于其研究所所长，将政策研究成果转化成政策内参、研究通讯、政策研究报告、政策建议等形式，定期或不定期地发布成果，并力争送达相关政府部门或政治精英，以期产生政策影响力。例如，中国社会科学院的《中国社会科学院要报》、中央党校的《思想理论内参》、清华大学国情研究院的《国情报告》等都是通过内参和政策报告等形式发挥智库作用的典型代表。

2. 咨询机制

智库的咨询机制主要有咨询委员会和咨询会议两种方式。咨询委员会是通过正式的组织机构建制而形成的常设型决策咨询机构。咨询会议则是当有关部门需要就某一问题寻求答案时通常会召开会议，就特定议题发表意见。会后，召集会议的部门会综合会议上发表的看法，形成简报并进入政府决策的相关过程。

3. 承接课题项目

承接课题项目是知识运用的主要形式之一。公共事务的日益繁杂、多样致使国家治理面临诸多挑战。为了提高治理绩效，政府往往会根据需要设立应急课题，以“招标”或者“竞标”等形式委托相关智库开展理论或者实践研究等。

4. 参与公共外交

21 世纪以来，国际问题纷繁复杂，公共外交受到了中国政府有关部门的空前重视，外交部在新闻司内设立了公共外交处，后又提升为公共外交办公室，增加人员，配备较高级别的负责人员。公共外交面向外国公众或政府之外的各界。智库专家具有专门知识，又有比较自由的身份和言论空间，在“向世界说明中国”方面有着突出的优势和作用。

5. 公开渠道及社会影响

信息时代，智库专家通过媒体平台进行知识传播，就社会热点问题进行解读、发表观点等，供社会大众和政府部门参考。对公开渠道的实际影响进行衡量存在一些困难，但这也是智库专家产生社会影响的一种方式。例如，凤凰网设立智库专栏，绝大多数的智库都开设了微信公众号，分享、传播研究成果。

6. 个人渠道

智库专家以个人身份参与政策研究和咨询活动，也是智库发挥影响作用的一种重要方式。专家学者以其学术成就、广泛的人际关系，以各种形式介入政策咨询的过程，提出意见和建议，写出和递送了大量政策内参，发挥了积极的建设性作用。

7. 为决策者授课

21 世纪以来，国家从制度安排方面建立了集体学习机制，围绕国民经济与社会发展重要领域、重大问题，邀请智库成员为决策者做专题授课。这一机制为智库发挥影响力提供平台，并成为一种独特的知识运用方式。

我国统筹推进世界一流大学和一流学科“双一流”建设和中国特色新型智库建设两大战略举措，为高校智库发展带来了前所未有的重要机遇和繁荣局面。广大高校智库要进一步增强服务决策能力，就要依托高校学科和人才基础，充分发挥高校智库的核心优势，在研究方向、人才体系、智库产品、机制创新、协作平台等方面找准着力点，真正激发智库活力和创造力。

国家高端智库的发展经验表明，高校学科基础是高校智库的天然优势，也是中国智库的一大特点，只有将这种天然优势转化为智库的专业研究优势，才能真正体现“新型”要求，办出“特色”风格，不仅保持专业发展，还能反哺学科建设和人才培养，成为名副其实的中国特色新型高校智库。

本章小结

本章内容主要从政策分析的基本含义和概念入手，对政策分析在现代社会的具体应用进行详细的介绍。通过本章节的学习，应该掌握政策分析的概念、类型划分、政策研究组织和政策研究师的基本概念，熟悉政策分析的现实意义、进行政策分析的要素以及遵循的原则，了解政策分析的过程、运用的技术以及政策研究组织的起源、特征等，知晓中国政策研究组织的作用。

关键词

政策分析　系统分析　政策研究组织　政策分析师　中国政策研究组织

思考题

1. 政策分析的含义是什么？
2. 政策分析有哪些类型划分？
3. 进行政策分析时需要遵循哪些原则？
4. 政策分析都有哪些过程？
5. 什么是系统分析？有哪些技术方法？
6. 什么是现代政策研究组织？它具有哪些特征？
7. 现代政策研究组织分为几类？
8. 成为一名合格的政策分析师应当具备哪些基本素质？
9. 我国特色新型智库的重要作用有哪些？
10. 我国的政策研究组织发挥作用的方式有哪些？

案例

“一带一路”建设中的智库参与和影响

作为“一带一路”民心相通工作的重要组成部分，智库交流为推动政策沟通、增进民心相通、促进务实合作发挥了独特作用，日益成为“一带一路”建设中的一道靓丽风景线。“一带一路”智库合作联盟自成立以来围绕智库交流工作进行努力探索，在开展政策研究、传播合作理念、助力政策沟通和民心相通等方面取得了积极进展。

为积极推动“一带一路”框架内的智库交流工作，2015 年 4 月，由中共中央对外联络部牵头，联合复旦大学、中国社会科学院、国际经济交流中心、国务院发展研究中心等智库，共同发起成立“一带一路”智库合作联盟(下称“智库联盟”)。智库联盟的工作目标是引领、协调和服务国内外智库对“一带一路”的研究工作，发挥智库在“一带一路”研究中的“思想源”“政策源”“舆论源”等作用。经过多年的努力，智库联盟在发展合作伙伴、组织调查研究、开展交流活动、发挥社会效益等方面做了大量工作，发挥了重要作用。

一是广泛发展合作伙伴，不断扩大智库联盟“朋友圈”。智库联盟自成立以来，以国内智库为切入点，以“一带一路”沿线国家智库为重点，不断拓展合作伙伴的地域覆盖面。目前，智库联盟已拥有国内成员单位 138 家、国外成员单位 114 家。国内成员单位包括中央和国家机关直属智库、高校研究机构、社会智库、媒体智库以及专业民调公司等，基本涵盖了国内开展“一带一路”研究的主要智库和研究机构。国外成员单位具有广泛代表性，基本涵盖了沿线重要国家的主流智库。此外，智库联盟还成立了由希腊前总理乔治·帕潘德里欧、斯洛文尼亚前总统达尼洛·图尔克、法国前总理多米尼克·德维尔潘、意大利前总理马西莫·达莱马等多名国外前政要组成的国际顾问委员会，围绕陆上六大经济走廊、21 世纪海上丝绸之路、澜湄合作机制搭建了 8 个分支网络，成立了专家委员会。国际顾问委员会委员和专家委员会委员围绕如何推动“一带一路”高质量发展等议题，提供了许多好想法和好建议。

二是深入开展系列调研，切实发挥咨政建言作用。智库联盟紧跟“一带一路”建设进展，推动国内外成员单位开展政策研究。从宏观角度开展顶层设计调研，围绕服务“一带一路”国际合作高峰论坛、“一带一路”合作机制建设、“一带一路”热点难点问题等提出智库见解和政策建议。其次，深入开展区域国别调研，增进对东南亚、南亚、中东欧、中东等地区国家情况的了解，以及对各方参与“一带一路”态度的认识。第三、围绕地方省区市及港澳台如何参与“一带一路”建设开展调研，为地方融入“一带一路”建设提供政策咨询。第四，开展行业领域调研，围绕“一带一路”建设中的法律制度、宗教信仰、人文环境、安全形势、产能合作、园区建设、投融资环境等问题进行深入分析，为具体工程项目推进提出工作建议。经过一段时期的实践探索，智库联盟研究领域不断拓展，研究内容不断深入，研究水平不断提升，先后形成数百篇较高水平政策研究报告。

三是积极开展国际交流，努力发挥公共外交功能。智库联盟自成立以来，坚持“走出去”与“请进来”相结合，广泛宣传介绍“一带一路”倡议，努力为“一带一路”建设营造良好软环境。其一，依托智库联盟成员单位网络，在天津、广州、深圳、厦门等多个国内城市举办了多场“一带一路”国际研讨会，邀请国内外政产学研界人士参加，深入探讨“一带一路”的理念和主张，努力打造“一带一路”多国多方交流平台。其二，积极走出去开展国际交往，智库联盟秘书处及成员单位先后赴沿线60多个国家访问，与对方智库共同举办不同规模、不同规格、不同主题的双多边研讨活动，系统宣介“一带一路”倡议及建设进展情况，引导各方认识到“一带一路”建设不仅仅对中国有利，对沿线国家、相关国家乃至全世界都有利。其三，邀请国外智库学者来华开展专题研讨，鼓励国内外专家学者深入研究和解读“一带一路”倡议，深化沿线国家民众对“一带一路”倡议的认知和了解。其四，鼓励成员单位组织开展“一带一路”主题访学、“一带一路”高级政务研讨班、“一带一路”博士论坛、“一带一路”专题人才培训班等丰富多彩的活动，切实发挥政策沟通和增进了解的作用。

四是主动发挥社会效益，切实推进务实合作。智库是居于政产学研之间的社会行为体，可以在政产学研间发挥桥梁纽带作用，积极推动务实合作。自成立以来，智库联盟坚持基于但不限于智库的原则，确定了“既要有思想力、又要有行动力”的工作目标，加强与地方政府、企业、媒体等对接，为推进各领域务实合作提供智力支持。

思考题：

1. 在“一带一路”建设中，联盟内的智库分别属于哪类政策研究组织？这类政策研究组织具有哪些优势？

2. 结合材料思考，智库联盟通过哪些途径参与和影响“一带一路”建设？还可以通过哪些其他途径参与？

参考文献

[1] 谢明. 公共政策分析概论[M]. 北京：中国人民大学出版社，2017.
[2] 谢明. 政策分析概论[M]. 北京：中国人民大学出版社，2004.
[3] 谢明. 公共政策导论[M]. 4 版. 北京：中国人民大学出版社，2015.
[4] 谢明. 政策分析的主要类型及其评述[J]. 北京行政学院学报，2012(03)：45-48.
[5] 宁骚. 公共政策学[M]. 北京：高等教育出版社，2017.
[6] 宁骚. 现代化与政府科学决策[M]. 北京：经济科学出版社，2000.
[7] 陈振明. 政策科学[M]. 2 版. 北京：中国人民大学出版社，2003.
[8] 陈振明. 公共政策分析[M]. 北京：中国人民大学出版社，2002.
[9] 陈振明. 政策科学教程[M]. 北京：科学出版社，2015.
[10] 陈振明，和经纬. 政府工具研究的新进展[J]. 东南学术，2006（06）：22-29.
[11] 吴定. 公共政策辞典[M]. 台北：五南图书出版社公司，2004.
[12] 于军. 英国地方政府行政改革研究[M]. 北京：国家行政学院出版社，1999.
[13] 杨志荣. 公共政策评估：标准与过程—兼议北京市拟征收“交通拥堵费”[J]. 行政科学论坛，2015，2(06)：29-34.
[14] 余致力. 民意与公共政策[M]. 台北：五南图书出版社公司，2002.
[15] 陈庆云. 公共政策分析[M]. 北京：北京大学出版社，2006.
[16] 丘昌泰. 公共政策：当代政策科学理论之研究[M]. 台北：巨流图书公司，1995.
[17] 张成福，党秀云. 公共管理学[M]. 北京：中国人民大学出版社，2001.
[18] 徐镭，朱宇方. 政策工具的制度属性：以德国住房投资模式为例[J]. 经济社会体制比较，2013(04).
[19] 李允杰，丘昌泰. 政治执行与评估[M]. 台北：元照出版公司，2003.
[20] 张世贤. 公共政策析论[M]. 台北：五南图书出版社，1986.
[21] 张金马. 公共政策分析：概念、过程与方法[M]. 北京：人民出版社，2003.
[22] 刘斌，王春福，等. 政策科学研究[M]. 北京：人民出版社，2000.
[23] 刘圣中. 公共政策学[M]. 武汉：武汉大学出版社，2008.
[24] 胡宁生. 现代公共政策研究[M]. 北京：中国社会科学出版社，2000.
[25] 黄红华. 政策工具理论的兴起及其在中国的发展[J]. 社会科学，2010（04）：13-19.
[26] 黄伟. 试析政策工具研究的发展阶段及主题领域[J]. 国家教育行政学院学报，2008(09): 24-30.
[27] 《毛泽东选集》第 1 卷[M]. 北京：人民出版社，1991.
[28] 《毛泽东选集》第 3 卷[M]. 北京：人民出版社，1991.
[29] 邱永林，等. 政策学原理[M]. 哈尔滨：黑龙江人民出版社，1989.
[30] 林水波，张世贤. 公共政策[M]. 台北：五南图书出版公司，1997.
[31] 刘斌，王春福，等. 政策科学研究[M]. 北京：人民出版社，2000.
[32] 林水波. 公共政策新论[M]. 台北：智胜文化事业有限公司，2001.
[33] 桑玉成，刘百鸣. 公共政策学导论[M]. 上海：复旦大学出版社，1991.

[34] 朱志宏. 公共政策[M]. 台北：三民书局，1995.
[35] 任晓. 第五种权力：论智库[M]. 北京：北京大学出版社，2015.
[36] 薛澜. 智库热的冷思考：破解中国特色智库发展之道[J]. 中国行政管理，2014(05): 6-10.
[37] 安德森. 公共政策[M]. 唐亮，译. 北京：华夏出版社，1990.
[38] 邓恩. 公共政策分析导论[M]. 谢明，译. 北京：中国人民大学出版社，2002.
[39] 福克斯，米勒. 后现代公共政策[M]. 楚艳红，等译. 北京：中国人民大学出版社，2002.
[40] 伊斯顿. 政治体系：政治学状况研究[M]. 马清槐，译. 北京：商务印书馆，1993.
[41] 格斯顿. 公共政策的制定[M]. 朱子文，译. 重庆：重庆出版社，2001.
[42] 克鲁斯克，杰克逊. 公共政策词典[M]. 唐理斌，等译. 上海：上海远东出版社，1992.
[43] 拉斯韦尔. 政治学：谁得到什么？何时和如何得到？[M]. 杨昌裕，译. 北京：商务印书馆，1992.
[44] 凯尔曼. 制定公共政策[M]. 商正，译. 北京：商务印书馆，1990.
[45] 林德布洛姆. 政治与市场[M]. 王逸舟，译. 上海人民出版社，1995.
[46] 阿尔蒙德，宾厄姆·鲍威尔. 比较政治学：体系、过程和政策[M]. 曹沛霖，译. 上海：上海译文出版社，1987.
[47] 汉克. 私有化与发展[M]. 北京：中国社会科学出版社，1989.
[48] 休斯. 公共管理导论[M]. 2 版. 北京：中国人民大学出版社，2001.
[49] 内格尔. 政策研究百科全书[M]. 林明等，译. 北京：科学技术文献出版社，1990.
[50] 亨廷顿. 变化社会中的政治秩序[M]. 北京：三联书店，1996.
[51] 阿尔蒙德，小鲍威尔. 比较政治学：体系·过程·政策[M]. 上海：上海译文出版社，1987.
[52] 大岳秀夫. 政策过程[M]. 北京：经济日报出版社，1992.
[53] 戴伊. 理解公共政策[M]. 彭勃等，译. 北京：华夏出版社，2004.
[54] 帕累托. 精英的兴衰[M]. 刘北成，译. 上海：上海人民出版社，2003.
[55] 克朗. 系统分析和政策科学[M]. 北京：商务印书馆，1985.
[56] 林德布洛姆. 政策制定过程[M]. 朱国斌，译. 北京：华夏出版社，1988.
[57] 帕顿，沙维奇. 政策分析和规划的初步方法[M]. 孙兰芝，胡启生，等译. 北京：华夏出版社，2001.
[58] 斯图尔特. 公共政策导论[M]. 3 版. 韩红，译. 北京：中国人民大学出版社，2011.
[59] 徐硼，罗帆. 政策工具视角下的中国科技创新政策[J]. 科学学研究，2020(05)：14-19.
[60] 隋建利，张龙，申瑛琦. 结构性货币政策工具的学术镜鉴、政策应用与未来实践展望[J]. 经济学家，2021(12)：12-23.
[61] 李翠英. 政策工具研究范式变迁下的中国环境政策工具重构[J]. 学术界，2018(01)：32-39.
[62] 施锋娇. 自媒体情境下公民网络政策参与的机遇与挑战[J]. 中国行政管理，2019(09)：113-117.
[63] 毛劲歌，庞观清. 公共政策过程中政策主体的伦理建设途径研究[J]. 中国行政管理，2015(07)：117-120.
[64] 欧阳景根. 作为政策分析框架的政策基因、政策环境和政策诊疗[J]. 中国行政管理，2019(11)：86-91.
[65] 张海柱，林华旌. 政策扩散中"政策再创新"的生成路径与内在逻辑：基于 16 个案例的定性比较分析[J]. 公共管理学报，2022，19(01)：27-39.
[66] 魏淑艳，高登晖，孙峰. 新时代政策议程设置：场景、行动逻辑与未来趋向[J]. 理论导刊，2022(02)：4-11.
[67] 向玉琼. 建构时间：论政策过程中的时间与管理[J]. 浙江学刊，2020(02)：177-182.

[68] 孔繁斌. 全过程民主：政策参与过程优化的新情景[J]. 探索与争鸣，2020(12)：20-23.
[69] 张振华. 寻找中国争议政治的理论基础：范式选择与政策启示[J]. 社会科学，2018(04)：86-94.
[70] 李广文. 公共政策议程中自主性力量博弈过程分析：基于美国控枪法案始末的探究[J]. 牡丹江大学报，2021，30(01)：62-69.
[71] 杨志军，支广东. 完全还是有限：政策议程建立的型构条件与耦合机理：基于"关键个人"变量的新多源流模型解释[J]. 中国行政管理，2020(12)：104-111.
[72] 任彬彬，周建国. 地方政府河长制政策工具模型：选择偏好与优化路径：基于扎根理论的政策文本实证研究[J]. 中南大学学报(社会科学版)，2021，27(06)：145-157.
[73] 杨志军. 从垃圾桶到多源流再到要素嵌入修正：一项公共政策研究工作的总结和探索[J]. 行政论坛，2018，25(04)：61-69.
[74] 刘跃志，孙莉莉，唐书清. 多因素耦合：新时代政策议程设置的深层次逻辑：基于定性比较分析(QCA)方法[J]. 智库理论与实践，2021，6(05)：24-32.
[75] 邹琪，樊丽. 从"减负"到"双减"：基于史密斯模型的政策执行偏差分析[J]. 宁波大学学报(教育科学版)，2022(05)：1-8.
[76] 李辉. "层层加码"反制科层组织执行衰减的一种策略[J]. 中国行政管理，2022(05)：1-7.
[77] 周碧华. 公共政策执行中的激励扭曲问题研究[J]. 华侨大学学报(哲学社会科学版)，2022(01)：101-111.
[78] 郭忠兴，张亚玲. 模糊的客体、弹性的空间与策略性的政策执行：以N市低保政策为例[J]. 学习与实践，2022(01)：88-97.
[79] 黄爱宝. 制度执行力及其程度测量的辨析与澄明[J]. 行政论坛，2022,29(02)：32-38.
[80] 袁方成，范静惠. 政策执行模式的转换及其逻辑：一个拓展的"模糊-冲突"框架[J].中国行政管理，2022(03)：13-21.
[81] 李卓，郭占锋，郑永君. 政策更迭与策略应对：基层政府"反复整改"的逻辑及其治理：以A镇精准扶贫政策执行为例[J]. 中国行政管理，2022(03)：30-38.
[82] 陈思，黄舒琦. 公共危机治理中地方政府行动的制度逻辑与调适路径[J]. 中国地质大学学报(社会科学版)，2021，21(06)：134-141.
[83] 雷浩伟，廖秀健. 省级政府大数据发展应用政策的规制导向与执行优化研究：基于政策文本的分析[J]. 公共管理与政策评论，2022，11(02)：114-134.
[84] 应晓妮，吴有红，等. 政策评估方法选择和指标体系构建[J]. 宏观经济管理，2021(04)：40-47.
[85] 向俊杰. "一刀切"式环保政策执行过程中的三重博弈：以太原市"禁煤"为例[J].行政论坛，2021，28(05)：65-76.
[86] 陈振明，吴勇锋. 中国公共政策执行的实践优势与制度逻辑[J]. 科学社会主义，2021(04)：113-118.
[87] 鄞益奋. 公共政策评估：理性主义和建构主义的耦合[J]. 中国行政管理，2019(11)：92-96.
[88] 杨代福，云展. 大数据时代公共政策评估创新研究：基于过程的视角[J]. 电子政务，2020(02)：92-99.
[89] 刘玮辰，郭俊华，史冬波. 如何科学评估公共政策：政策评估中的反事实框架及匹配方法的应用[J]. 公共行政评论，2021，14(01)：46-73.
[90] 李琪，王兴杰，武京军. 新时期我国公共政策评估的原则、标准和要点[J]. 干旱区资源与环境，2019，33(10)：1-8.
[91] 温美荣. 公共政策综合评估的5P框架：基于创新驱动发展政策的理论模式建构与案例阐释应用[J].

内蒙古社会科学，2020，41(04)：24-32.

[92] 彭忠益，石玉. 中国政策评估研究二十年(1998—2018)：学术回顾与研究展望[J]. 北京行政学院学报，2019(02)：35-43.

[93] 李帆，马亮，李绍平. 公共政策评估的循证进路：实验设计与因果推论[J]. 国家行政学院学报，2018(05): 132-138.

[94] 李琪，王兴杰，武京军. 新时期我国公共政策评估的原则、标准和要点[J]. 干旱区资源与环境，2019，33(10)：1-8.

[95] 陈水生. 公共政策失败及其治理：一个整合性分析框架[J]. 学术月刊，2022，54(02)：91-102.

[96] 蒋硕亮，潘玉志. 问题政策引发政策问题：含义、机理及防治[J]. 江汉论坛，2018(02);68-73.

[97] 曲纵翔. 公共政策终结：基于"过程"角度的阐释[J]. 中国行政管理，2017(11)：79-83.

[98] 周建新. 我国公共政策监控机制中存在的问题及对策分析[J]. 领导科学论坛，2018(03)：23-25.

[99] 伍启元. 公共政策(上编)[M]. 香港：香港商务印书馆，1989.

[100] 汪应洛. 系统工程导论[M]. 北京：机械工业出版社，1982.

[101] 翁兴利，施能杰，郑丽娇. 公共政策[M]. 台北：空中大学, 1999.

[102] 李永洪. 大力发展多元化的现代公共政策研究组织论析[J]. 学术论坛，2008(08)：54-58.

[103] 蒋硕亮. 论公共政策体系与政策能力现代化[J]. 武汉科技大学学报(社会科学版)，2021，23(04)：394-400.

[104] 杜专家，杨立华. 如何防止转型期公共政策公共性的流失：基于四种类型划分的案例比较研究[J]. 公共行政评论，2021，14(03)：119 - 140 + 199.

[105] INGRAHAM P W. Toward More Systematic Consideration of Policy Design[J]. Policy Studies Journal, 1987,15(4),611-628.

[106] SCHNEIDER L A, INGRAM H. Policy Design: Elements Premise and Strategies[J]. Policy Theory and Policy Evaluation. NY: Greenwood Press, 1990.

[107] NAGEL S S. Encyclopedia of Policy Studies[M]. New York: M.Dekker,1983.

[108] HOWLETT M, RAMESH M. Patterns of Policy Instrument Choice: Policy Styles, Policy Learning and the Privatization Experience[J]. Policy Studies Review, 1993,12/1: 3-24.

[109] DROR Y. Policy Analysts: A New Professional Role in Government Service[J]. PulbicAdministration Review, Vol.27,No 3(sep., 1967) 197-203.

[110] GUBA E G, LINCOLN Y S. Fourth Generation Evaluation[M]. Newbury Park: Sage Publication ,1989.

[111] GERSTON L N. Public Making: Process and Principles. New York: M.E. Sharpe, Ine, 1997.

[112] BRUDNEY J L, SALAMON L M, LUND M S. Beyond Privatization: The Tools of Government Action[J]. Public Administration Review, 1990, 50(3).

[113] HANEKOM S X. Public Policy[M]. New York: International Thomson Publishing Ltd. 1984.

[114] SCHNEIDER L A, INGRAM H. The Behavioral Assumption of Policy Tools[J]. Journal of Polities, 1990, 52/2: 510-529.

[115] VAN METER D S, VAN HORN C E. The Policy Implementation Process: A Conceptual Framework[J]. Administration and Society , Vol. 6, No 4,(Feb, 1975), 46.

[116] WEIMER D L, VINING A R. Policy Analysis: Concepts and Practice[M]. NJ: Prentice Hall, 1992.

[117] STEPHEN L, GUY B P. Instrument of Government: Perceptions and Contexts[J]. Journal of Public

Policy, 1989,9/1: 35-38.
[118] HEALEY P. Policy Process in Planning[J]. Policy and Politics,Vol.18,No. 1: 91-103.
[119] STARLING G. Strategies for Policy Making[M]. Chicago:Dorsey,1988.
[120] MAY J, WILDAVSKY A. The Policy Cycles[M]. Beverly Hills,CA: Sage Publications, 1978.
[121] HOWLETT M, RAMESH M. Studying Public Policy:Policy Cycles and Policy Subsystems[M]. Toronto and New York: Oxford University Press,1995.
[122] ANDERSON C W. Public Policy-making[M]. New York: Praeger,1975.
[123] HILSMAN R. The Politics of Policy-making in Defense and Foreign Affairs[M]. New York: Harper and Row, 1971.
[124] DYE T R.Understanding PublicPolicy[M]. NJ: Prentice Hall,1998.
[125] SCHLESINGER A M. The Cycles of American History[M]. Boston: Houghton Miffin, 1986.
[126] LYNN L.Managing Public Policy[M]. Boston: Little Brown,1987.
[127] LASSWELL H D, KAPLAN A. Power and Society[M]. New York: McGraw-Hill Book Co., 1963.
[128] CASTLES F G.Comparative History of Public Policy[M]. New York: Oxford University Press, 1989.
[129] HOOD C. The Tools of Government[M]. London:Macmillan, 1983.
[130] SABATIER P A, SMITH H G J. Policy Change and Learning: An Advocacy Coalition Approach[M]. Boulder，CO: Westview Press, 1993.
[131] GUY B P , FRANS K M.Public Policy Instruments[J]. Northampton:Edward Elgar Policy, 1989,9/1:35-38.
[132] GUY B P. American Public Policy: Promise and Performance[M]. New Jersey: ChathamHouse Publishers Inc, 2004.
[133] AUSTIN R. Political Science and Public Policy[M]. Chicago: Markham, 1968.
[134] QUADE E S. Analysis For Public Decision[M]. 3rd ed. New York: Elsevier Science Publishing Co., Inc. 1989
[135] SAVAS E S. Privatization,The Key to Better Government[M]. Chatham,NJ:Chatham House, 1987.
[136] HOWLETT M, RAMESH M. Studying Public Policy:Policy Cycle and Policy Subsystems[M]. [S.I.] Oxford University Press, 1995.
[137] COHN M, MARCH J, OLSEN J. A Garbage Can Model of Organizational Choice[J]. Administrative Science Quarterly 17,1(1972) , p1-25.
[138] MARCH J, OLSEN J. Organizational Choice Under Ambiguity, in Ambiguity and Choice in Organizations[M]. Bergen: Universities for-laget, 1979.
[139] SCHMITTER P C. Still the Century of Corporation[J]. Review of Politics,1974,p85-131.
[140] KICKERT W J M，VAN VUCHT F A. Public Policy and Administration Science[M]. Hemel Hempstead:Harvester Wheatsheaf,1995.
[141] PATTON C V, SAWICKI D S. Methods of Policy Analysis and Planning[M]. New Jesey: Prentice-Hall Inc.,1986.
[142] STOKEY E, ZECKHAUSER R. A Primer for Policy Analysis[M]. New York: W.W. Northon, 1978.
[143] SIMON H A. The New Science of Management Decision[M]. NY:Haper & Row,I960.
[144] SORENSEN T C. Decision-making in the White House[M]. NY:Columbia University Press,1963.

[145] NELSON R , DELEON P , NATHAN R P . Advice and Consent: The Development of the Policy Sciences[M]. New York: Russell Sage Foundation, 1989.

[146] MAJONE G. Evidence, Argument, and Persuasion in the Policy Process[M]. CT: Yale University Press, 1989.

[147] WEIMER D L, VINING A R. Policy Analysis:Concepts and Practice[M]. NJ:Prentice Hall,1992.

[148] HOWLETT M, RAMESH M. Studying Public Policy:Policy Cycle and Policy Subsystems[M]. [S.I.]Oxford University Press,1995.

[149] RICHARD E F. Instruments and Strategy in Public Policy[J].Policy Studies Review,1987,7/1:174-186.

[150] BERTALANFFY L V. General System Theory[M].New York:Braziller,1968.

[151] EYESTONE R. The Threads of Public Policy: A Study in Policy Leadership. [M]. Indianapolis: Bobbs-Merrill Company, 1971,18.